Excel 2019

SÉRIE
INFORMÁTICA

Dados Internacionais de Catalogação na Publicação (CIP)
(Simone M. P. Vieira – CRB 8ª/4771)

Sabino, Roberto
    Excel 2019 / Roberto Sabino. – São Paulo : Editora Senac
São Paulo, 2021. (Série Informática)

    ISBN 978-65-5536-596-2 (impresso/2021)
    e-ISBN 978-65-5536-597-9 (ePub/2021)
    e-ISBN 978-65-5536-598-6 (PDF/2021)

    1. Microsoft Excel (Programa de computador) 2. Microsoft
Excel 2019 (Programa de computador) 3. Planilhas eletrônicas
I. Título. II. Série

21-1252t   CDD – 005.369
                                BISAC COM058000

Índice para catálogo sistemático:

1. Microsoft Excel 2019 : Computadores :
Programas   005.369

Excel 2019

Roberto Sabino

Editora Senac São Paulo – São Paulo – 2021

ADMINISTRAÇÃO REGIONAL DO SENAC NO ESTADO DE SÃO PAULO
Presidente do Conselho Regional: Abram Szajman
Diretor do Departamento Regional: Luiz Francisco de A. Salgado
Superintendente Universitário e de Desenvolvimento: Luiz Carlos Dourado

EDITORA SENAC SÃO PAULO
Conselho Editorial: Luiz Francisco de A. Salgado
                    Luiz Carlos Dourado
                    Darcio Sayad Maia
                    Lucila Mara Sbrana Sciotti
                    Luís Américo Tousi Botelho

Gerente/Publisher: Luís Américo Tousi Botelho
Coordenação Editorial: Verônica Pirani de Oliveira
Prospecção: Andreza Fernandes dos Passos de Paula, Dolores Crisci Manzano, Paloma Marques Santos
Administrativo: Marina P. Alves
Comercial: Aldair Novais Pereira
Comunicação e Eventos: Tania Mayumi Doyama Natal

Edição e Preparação de Texto: Heloisa Hernandez
Coordenação de Revisão de Texto: Marcelo Nardeli
Revisão de Texto: AZ Design Arte e Cultura
Projeto Gráfico e Capa: Antonio Carlos De Angelis
Editoração Eletrônica: Manuela Ribeiro
Impressão e Acabamento: Gráfica CS

Todos os direitos desta edição reservados à
Editora Senac São Paulo
Av. Engenheiro Eusébio Stevaux, 823 – Prédio Editora
Jurubatuba – CEP 04696-000 – São Paulo – SP
Tel. (11) 2187-4450
editora@sp.senac.br
https://www.editorasenacsp.com.br

Sumário

Apresentação   9

     O que é a Série Informática   11

     Estrutura do livro   11

     Como baixar o material da Série Informática   11

1   Conhecendo o Excel   13

     O que é e para que serve uma planilha eletrônica   15

     Muito prazer, sou o Excel 2019!   15

     Criando a primeira planilha (*Alunos Excel Senac*)   16

     Formatação básica da planilha   18

     Salvando a planilha   23

     Exercícios resolvidos   25

     Exercícios propostos   27

2   Recursos de produtividade   29

     Produtividade e as ferramentas de escritório   31

     Barra de ferramentas de acesso rápido   31

     Edição de dados nas células   33

     Menus de contexto   34

     Inserção e exclusão de dados, linhas e colunas   35

     Copiar, colar, desfazer e refazer   37

     Exercícios resolvidos   40

     Exercícios propostos   43

3   Recursos de formatação   45

     Formatando as células   47

     Formatando como tabela   52

     Formatação condicional   59

     Exercícios resolvidos   66

     Exercícios propostos   68

4   Modos de visualização, imprimir e salvar   71

     Para cada necessidade, um modo de visualizar   73

     Usando múltiplos modos de visualização   75

     Configurar impressão   79

Opções avançadas para *Salvar como...* 80

Exercícios resolvidos 83

Exercícios propostos 85

5 Recursos de cálculo 87

Usando fórmulas e funções 89

Criando cálculos com percentual (%) 95

Criando a média dos alunos 97

Referências relativas *versus* referências absolutas 100

Referências a outras planilhas 104

Exercícios resolvidos 106

Exercícios propostos 107

6 Funções mais usadas 109

Introdução sobre o uso de funções 111

Funções matemáticas 112

Funções estatísticas: *MÁXIMO* e *MÍNIMO* 114

Funções de Lógica: *SE* e *SES* 115

Funções de Pesquisa e Referência: *PROCV* 119

Exercícios resolvidos 124

Exercícios propostos 127

7 Classificação e filtragem 129

Quando usar classificação e filtragem 131

Classificação de dados 131

Classificando por múltiplas colunas 133

Outras formas de usar os recursos de classificação 135

Utilizando os filtros 135

Tipos de filtros diferentes 137

Filtro avançado 138

Exercícios resolvidos 140

Exercício proposto 144

8 Criando gráficos 147

Visualizando os dados graficamente 149

Usando gráficos recomendados 149

Principais tipos de gráficos 151

Alterando o gráfico 153

Gráficos em 3D 161

Minigráficos 162

Exercícios resolvidos 163

Exercício proposto 167

9 Recursos adicionais 169

Formato do capítulo 171

Validação de dados 171

Proteger a planilha 173

Estilo de Célula 175

Colar Especial 178

Ocultar e reexibir planilhas 181

Congelar Painéis 182

Recursos de revisão 183

Funções aninhadas 184

Incluir links 185

10 Novidades do Excel 2019 189

Entendendo o versionamento do Microsoft Office 191

Facilidades para compartilhar 191

Novas funções 193

Modelos 3D 195

Novos gráficos 196

Recursos de escrita na tela (tinta) 196

11 Colaboração on-line 199

O que é, e para que serve a colaboração on-line? 201

Como acessar a versão on-line do Excel 201

Diferenças entre a versão on-line e a versão desktop 204

Usando o OneDrive 205

Editando com colaboração on-line 207

O Excel como ferramenta de desenvolvimento profissional 208

Aperfeiçoamentos gerais 211

Capítulo bônus – Guia de consulta rápida e dicas 213

Funções mais utilizadas 215

Teclas de atalho 225

Resolução: exercícios propostos 229

Capítulo 1 231

Capítulo 2 231

Capítulo 3 232

Capítulo 4 233

Capítulo 5 233

Capítulo 6 234

Capítulo 7 235

Capítulo 8 236

Sobre o autor 239

Índice geral 241

Apresentação

O que é a Série Informática

A Série Informática foi criada para que você aprenda informática sozinho, sem professor! Com ela, é possível estudar os softwares mais utilizados pelo mercado, sem dificuldade. O texto de cada volume é complementado por arquivos na web disponibilizados pela Editora Senac São Paulo.

Para utilizar o material da Série Informática, é necessário ter em mãos o livro, um equipamento que atenda às configurações necessárias e o software a ser estudado. Neste volume, estruturado com base em atividades que permitem estudar o software passo a passo, são apresentadas informações essenciais para a operação do Microsoft Excel 2019. Você deverá ler com atenção e seguir corretamente todas as instruções. Se encontrar algum problema durante uma atividade, volte ao início e recomece; isso vai ajudá-lo a esclarecer dúvidas e resolver dificuldades.

Estrutura do livro

Este livro está dividido em capítulos que contêm uma série de atividades práticas e informações teóricas sobre o Microsoft Excel. Para obter o melhor rendimento possível em seu estudo, evitando dúvidas ou erros, é importante que você:

- leia com atenção todos os itens do livro, pois sempre encontrará informações úteis para a execução das atividades;

- conheça e respeite o significado dos símbolos colocados na margem esquerda de determinados parágrafos do texto, pois eles servem para orientar seu estudo;

- faça apenas o que estiver indicado no passo a passo e só execute uma sequência após ter lido a instrução do respectivo item.

Como baixar o material da Série Informática

É muito simples utilizar o material da Série Informática. Inicie sempre pelo Capítulo 1, leia atentamente as instruções e execute passo a passo os procedimentos solicitados.

Para a verificação dos exercícios dos capítulos e das atividades propostas, disponibilizamos no site da Editora Senac São Paulo os arquivos compactados contendo o conjunto de pastas referentes aos projetos que serão desenvolvidos ao longo do livro.

1. Para fazer o download, acesse a internet e digite o link:

   http://www.editorasenacsp.com.br/informatica/excel2019/planilhas.zip

2. Ao ser exibido em seu navegador, faça o download da pasta com o nome de *Planilhas* na área de trabalho (ou no local de sua preferência).

3. Descompacte os arquivos.

Bom estudo!

1

Conhecendo o Excel

OBJETIVOS

» Entender o que é uma planilha

» Compreender como é o "ambiente de trabalho" do Excel

» Criar uma planilha simples

» Realizar a formatação básica de uma planilha

» Aprender como podemos "gravar" nosso trabalho

No primeiro capítulo, vamos entender os conceitos fundamentais de uma planilha e como uma ferramenta especializada, como o Excel, pode ajudar nas tarefas diárias. Para tanto, vamos nos concentrar em termos e conceitos centrais.

O QUE É E PARA QUE SERVE UMA PLANILHA ELETRÔNICA

O Excel é o representante mais ilustre de uma categoria de softwares conhecidos como editores de planilhas eletrônicas. Inicialmente elas eram apenas tabelas com dados e cálculos, porém, com o passar do tempo, tornaram-se ferramentas indispensáveis para vários tipos de negócios e hoje são usadas em quase todas as empresas.

O Excel permite, além da realização das tarefas mais básicas de uma planilha, muitas outras funcionalidades, como: inserir imagens nas planilhas, criar funções automáticas de cálculo, formatar partes da tabela, criar bases de dados, integrar a planilha com outros aplicativos, automatizar processos e muito mais.

MUITO PRAZER, SOU O EXCEL 2019!

O Excel 2019 trouxe algumas novidades, como novas fórmulas e recursos, mas também aprimorou funcionalidades que já existiam desde o Excel 2016. A estrutura anterior foi mantida, porém a colaboração on-line ganhou mais destaque, pela integração com o Office 365.

A seguir, apresentamos a tela inicial do Excel, destacando os recursos mais utilizados:

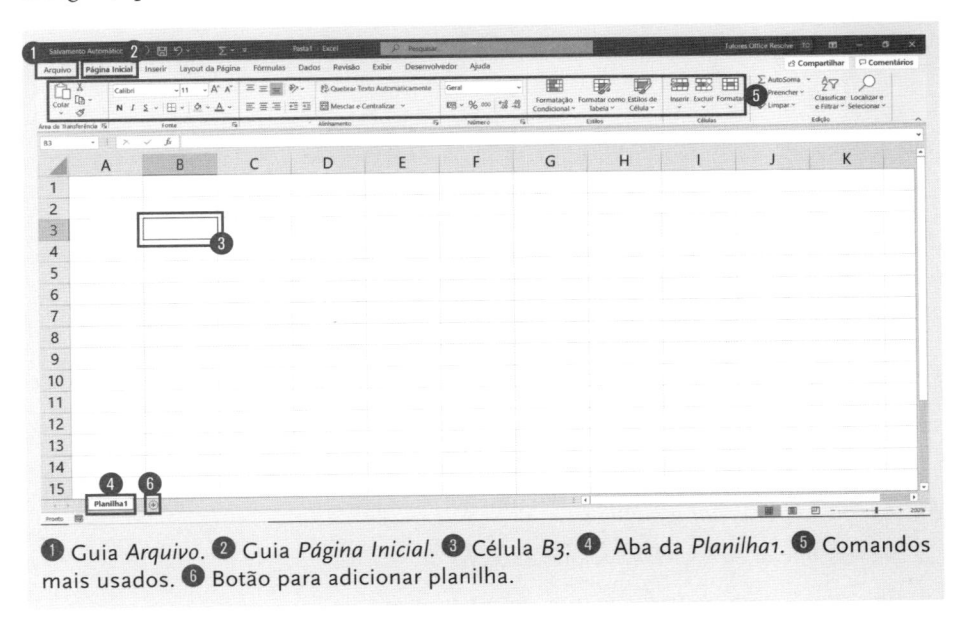

❶ Guia *Arquivo*. ❷ Guia *Página Inicial*. ❸ Célula *B3*. ❹ Aba da *Planilha1*. ❺ Comandos mais usados. ❻ Botão para adicionar planilha.

CRIANDO A PRIMEIRA PLANILHA (ALUNOS EXCEL SENAC)

A maneira mais fácil de aprender a utilizar o Microsoft Excel é criando planilhas e utilizando os seus recursos. A partir de exemplos didáticos, mostraremos como utilizar as principais funcionalidades do Microsoft Excel na sua versão 2019. A primeira planilha que criaremos será uma tabela com os alunos participantes dos cursos de Excel do Senac.

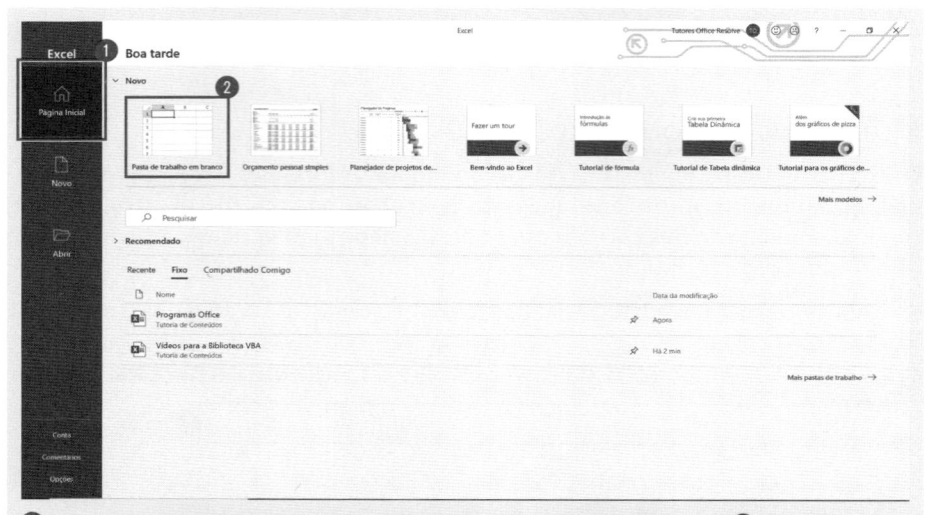

❶ Página inicial: possibilita iniciar a confecção de pastas de trabalho. ❷ Permite a utilização de uma pasta em branco.

 Dica: O Excel apresenta algumas sugestões de planilhas prontas que podem ser úteis, como de planejamento financeiro, modelo de calendário, de agenda, entre outras.

Passo a passo para criar a planilha

1. Na tela *Inicial* do Excel, selecione *Arquivo*.

2. Em *Novo*, selecione *Pasta de trabalho em branco*.

3. Crie uma planilha em branco para iniciarmos a confecção da tabela com as notas dos alunos.

4. Conforme imagem a seguir, localize a célula *A1* e preencha o título da planilha: *Alunos Excel Senac*.

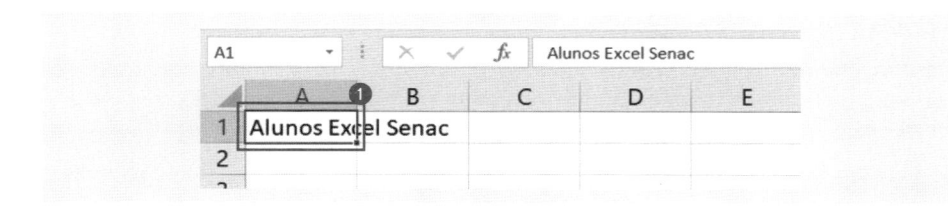

5. Selecione a célula *A2*, clicando com o mouse na junção da coluna *A* com a linha *2*; digite *Aluno*.

6. Selecione a célula *B2*, clicando com o mouse na junção da coluna *B* com a linha *2*; digite *Conhecer Excel*.

7. Selecione a célula *C2*, clicando com o mouse na junção da coluna *B* com a linha *2*; digite *Praticar Funções*.

8. Selecione a célula *D2*, clicando com o mouse na junção da coluna *C* com a linha *2*; digite *Conhecer Excel com VBA*.

 Dessa forma, a linha 2 representa o cabeçalho da nossa tabela de nota dos alunos. As colunas (*B*, *C* e *D*) representam as matérias para as quais daremos as notas.

9. Na célula *A3*, digite o nome do primeiro aluno, *Luciano*.

10. Na célula *B3*, digite a nota *8* para o aluno no curso *Conhecer Excel*.

11. Continue selecionando as células e digitando os valores até que a planilha fique como na imagem a seguir:

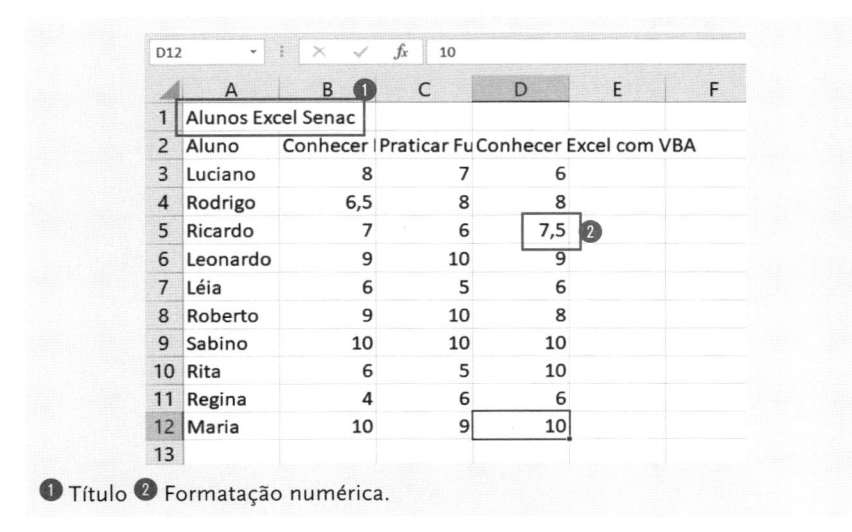

❶ Título ❷ Formatação numérica.

Inclusão de dados em uma planilha

Observe que nesta primeira etapa apenas fizemos a inclusão de dados. Algumas coisas podem ser observadas ao digitar os dados em uma planilha no Excel pela primeira vez:

- O título está ultrapassando o limite da célula *A1* (isso não é um problema, pois o Excel consegue separar o conteúdo de cada célula).

- Também não existem bordas e as colunas não estão alinhadas com o título.

A primeira coisa que precisamos aprender ao usar uma planilha é que após a inclusão de dados devemos fazer uma formatação básica da planilha. O objetivo dessa formatação é permitir que os dados sejam lidos de forma mais fácil e interpretados rapidamente por quem utilizar a planilha.

FORMATAÇÃO BÁSICA DA PLANILHA

A formatação básica consiste em fazer alguns ajustes simples em elementos básicos da planilha, como: título, rótulos de dados, largura das colunas, altura das linhas, cor de preenchimento, bordas e ajuste das fontes (letras).

Principais funcionalidades de formatação

Os comandos mais utilizados no dia a dia para criar a formatação básica de uma planilha estão localizados na guia *Página inicial*.

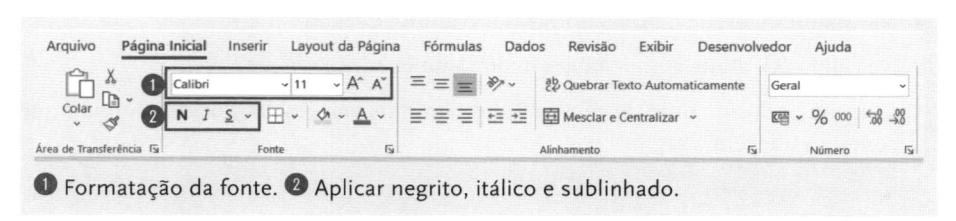

❶ Formatação da fonte. ❷ Aplicar negrito, itálico e sublinhado.

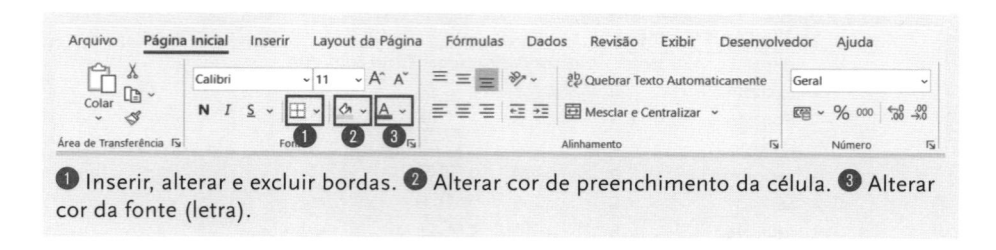

❶ Inserir, alterar e excluir bordas. ❷ Alterar cor de preenchimento da célula. ❸ Alterar cor da fonte (letra).

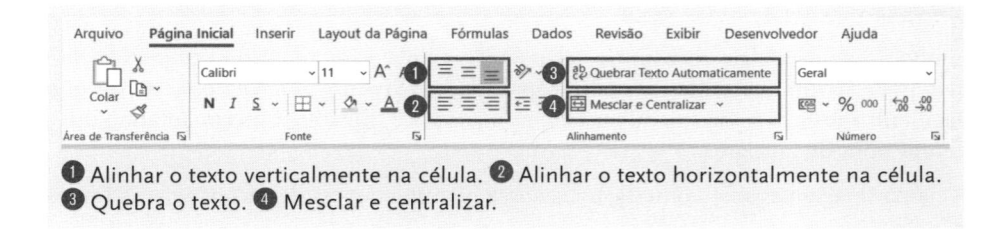

● Alinhar o texto verticalmente na célula. ❷ Alinhar o texto horizontalmente na célula. ❸ Quebra o texto. ❹ Mesclar e centralizar.

Alterando as colunas e as linhas

Alterar a largura da coluna e altura da linha pode ajudar a fazer com que os dados fiquem mais organizados na planilha.

1. Clique sobre o rótulo da coluna *A* (clicar sobre o rótulo "seleciona" uma coluna inteira).

2. Clique, segure e arraste com o mouse a seleção até a coluna *D*.

3. Na guia *Página Inicial*, clique em *Formatar*.

4. Na caixa de diálogo que se abre, selecione *Largura da Coluna*.

5. Digite 15 e confirme em *OK* (perceba que as colunas de *A* até *D* ficarão com o mesmo tamanho).

> **Dica:** O Excel permite outro modo de alterar a largura das linhas e colunas, clicando na junção e arrastando até o tamanho desejado (se houver mais de uma linha ou coluna selecionada, todas serão dimensionadas com o mesmo tamanho).

	A	B	C	D	E
1	Alunos Excel Senac				
2	Aluno	Conhecer Excel	Praticar Funções	Conhecer Excel com VBA	
3	Luciano	8	7	6	
4	Rodrigo	6,5	8	8	
5	Ricardo	7	6	7,5	
6	Leonardo	9	10	9	
7	Léia	6	5	6	
8	Roberto	9	10	8	
9	Sabino	10	10	10	
10	Rita	6	5	10	
11	Regina	4	6	6	
12	Maria	10	9	10	
13					

● Para aumentar ou diminuir a largura da coluna. ❷ Para aumentar ou diminuir a altura da linha.

Alterando células, bordas e fonte

Embora não seja algo obrigatório formatar as células e as fontes em uma planilha, isso pode facilitar bastante a visualização de dados. Procure perceber os recursos que facilitam a utilização das planilhas com as quais você trabalha, experimentando diferentes tipos de formatos.

Veja na imagem abaixo como ficará a nossa planilha depois de formatadas as fontes e as células:

	A	B	C	D
1		Alunos Excel Senac		
2	Aluno	Conhecer Excel	Praticar Funções	Conhecer Excel com VBA
3	Luciano	8,0	7,0	6,0
4	Rodrigo	6,5	8,0	8,0
5	Ricardo	7,0	6,0	7,5
6	Leonardo	9,0	10,0	9,0
7	Léia	6,0	5,0	6,0
8	Roberto	9,0	10,0	10,0
9	Sabino	10,0	10,0	10,0
10	Rita	6,0	5,0	10,0
11	Regina	4,0	6,0	6,0
12	Maria	10,0	9,0	10,0

Formatando o título da planilha

1. Mesclar células: clique sobre a célula *A1* e, segurando o botão do mouse, arraste até *D1*. Isso criará uma seleção do Intervalo *A1:D1*.

2. Na guia *Página Inicial* clique sobre *Mesclar e Centralizar*.

	A	B	C	D
1		Alunos Excel Senac		

Formatando os rótulos de dados

1. Selecione o intervalo *A2:D2*.

2. No grupo *Alinhamento* da guia *Página Inicial*, clique no ícone *Quebrar Texto Automaticamente*.

3. No grupo *Células* da guia *Página Inicial*, clique em *Formatar* e em seguida em *AutoAjuste da Altura da Linha*.

4. Observe que o Excel ajustou o tamanho da linha para caber o conteúdo todo, aumentando automaticamente a altura da linha.

5. Para centralizar os rótulos, no grupo *Alinhamento*, clique em *Centralizar*.

6. Por fim, adicione negrito, usando o comando disponível no grupo *Fonte*.

Formatando as bordas

1. Selecione o Intervalo *A1:D12* para definir as bordas.

2. Na guia *Página Inicial* (grupo *Fonte*), clique no ícone *Todas as Bordas*.

	A	B	C	D
1		Alunos Excel Senac		
2	Aluno	Conhecer Excel	Praticar Funções	Conhecer Excel com VBA
3	Luciano	8	7	6
4	Rodrigo	6,5	8	8
5	Ricardo	7	6	7,5
6	Leonardo	9	10	9
7	Léia	6	5	6
8	Roberto	9	10	10
9	Sabino	10	10	10
10	Rita	6	5	10
11	Regina	4	6	6
12	Maria	10	9	10

Formatando os números

1. Selecione o intervalo *B3:D12*, onde estão os dados numéricos.

2. Na guia *Página Inicial* (grupo *Número*), clique em *Aumentar Casas Decimais*.

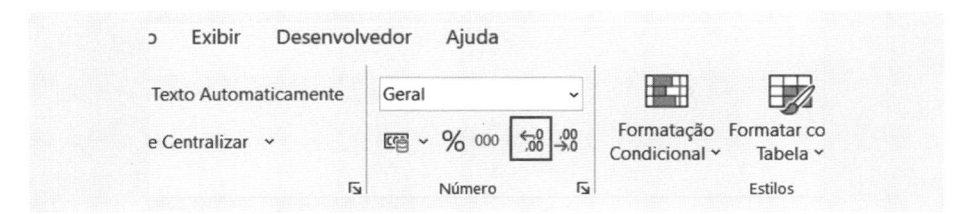

3. Observe que, como temos alguns números com uma casa decimal, o Excel criará duas casas decimais em cada número.

4. Use o botão ao lado *Diminuir Casas Decimais* para deixar os números todos apenas com uma casa decimal.

5. No grupo *Alinhamento*, escolha *Centralizar*.

	A	B	C	D
1	Alunos Excel Senac			
2	Aluno	Conhecer Excel	Praticar Funções	Conhecer Excel com VBA
3	Luciano	8,0	7,0	6,0
4	Rodrigo	6,5	8,0	8,0
5	Ricardo	7,0	6,0	7,5
6	Leonardo	9,0	10,0	9,0
7	Léia	6,0	5,0	6,0
8	Roberto	9,0	10,0	10,0
9	Sabino	10,0	10,0	10,0
10	Rita	6,0	5,0	10,0
11	Regina	4,0	6,0	6,0
12	Maria	10,0	9,0	10,0

Formatando as células (cor de fundo e cor da fonte)

1. Selecione a célula *A1* e na guia *Página Inicial* (grupo *Fonte*) clique na *seta à direita do botão Cor de Preenchimento*, escolhendo a cor *Verde, Ênfase 6, Mais escuro 25%*.

2. Ainda na célula *A1*, clique na seta à direita do botão *Cor da Fonte* e, nas *Cores Padrão*, escolha *Amarelo*.

3. Selecione o intervalo *A2:D2* e escolha a *Cor de Preenchimento Verde, Ênfase 6, Mais claro 40%*.

4. Em seguida escolha a cor da fonte *Branco, Plano de Fundo 1*.

5. Para o intervalo *A3:D12*, escolha o preenchimento *Verde, Ênfase 6, Mais claro 80%*.

6. Sua planilha deve estar como a figura seguinte.

	A	B	C	D
1	Alunos Excel Senac			
2	Aluno	Conhecer Excel	Praticar Funções	Conhecer Excel com VBA
3	Luciano	8,0	7,0	6,0
4	Rodrigo	6,5	8,0	8,0
5	Ricardo	7,0	6,0	7,5
6	Leonardo	9,0	10,0	9,0
7	Léia	6,0	5,0	6,0
8	Roberto	9,0	10,0	10,0
9	Sabino	10,0	10,0	10,0
10	Rita	6,0	5,0	10,0
11	Regina	4,0	6,0	6,0
12	Maria	10,0	9,0	10,0

Salvando a planilha

Agora que finalizamos a primeira parte do trabalho, é muito importante guardar os dados que já temos em nossa planilha, e para isso usaremos o recurso *Salvar*.

No Excel, você pode salvar uma planilha quando finalizada ou simplesmente guardar as informações para continuar o trabalho mais tarde. Também é uma boa prática salvar o trabalho de tempos em tempos para evitar a sua perda em caso de falta de energia ou de erro no computador.

Quando for salvar a planilha, é possível escolher se gravará localmente ou na nuvem (na internet).

Escolhendo o local de gravação da planilha

Salvar uma planilha na nuvem significa que ela não estará fisicamente no seu computador, mas sim na internet. Existem vários serviços de armazenamento em nuvem, mas o que melhor funciona com o Excel é o serviço da própria Microsoft, chamado OneDrive. Nos capítulos à frente, falaremos sobre ele e sobre como usar a versão on-line do Excel. Portanto, por enquanto, gravaremos localmente.

Gravando uma planilha localmente

Salvar a planilha localmente significa que a planilha estará fisicamente no seu computador e estará acessível apenas quando estiver usando o Excel instalado (Excel Aplicativo para Desktop).

1. Na guia *Arquivo*, escolha a opção *Salvar*. Como o documento ainda não foi gravado, o Excel abrirá o quadro *Salvar como*.

2. Digite o nome do arquivo como desejar (o Excel fará sempre uma sugestão de nome).

3. Escolha a opção de gravação local *Este PC*.

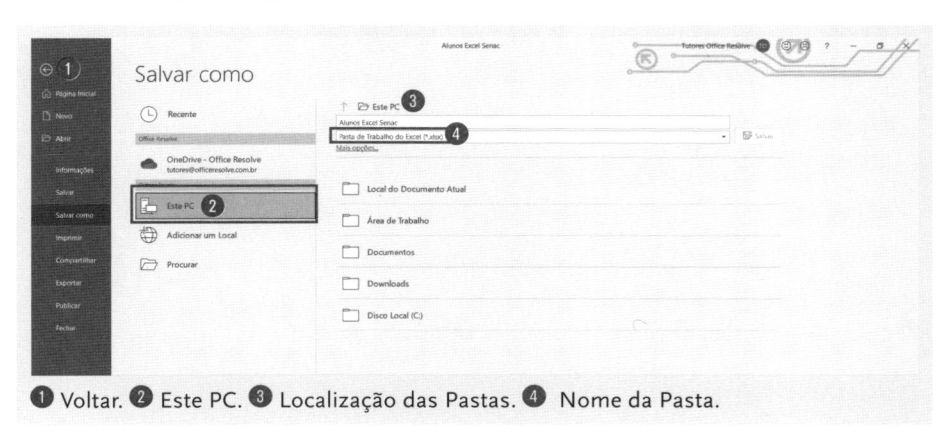

1 Voltar. **2** Este PC. **3** Localização das Pastas. **4** Nome da Pasta.

Escolhendo a pasta para gravação

Quando desejamos gravar a planilha em nosso computador, é possível escolher, antes de gravar, a pasta onde a planilha ficará.

Existem diferentes formas de escolher a pasta onde queremos gravar a planilha. Uma delas é clicando na "seta" que aparece ao lado da pasta atualmente selecionada ou na própria descrição da pasta. Por padrão, o Excel selecionará a pasta onde a planilha já esteja salva, ou a pasta *Documentos*, caso uma planilha ainda não tenha sido salva neste computador.

Continuando o passo a passo de gravação, vamos escolher a pasta onde queremos gravar a planilha. Usaremos a seguir a forma mais "clássica" de alterar o local de gravação:

1. Clique em *Mais opções...*, logo abaixo do nome e do tipo de arquivo (4 na imagem anterior).

2. Agora o Excel abrirá uma caixa de seleção de pastas (conhecida dos usuários das versões anteriores).

3. Escolha a pasta onde deseja gravar a planilha (em nosso exemplo, escolheremos *Documentos*.

4. Defina o nome de gravação da planilha como *Alunos Excel Senac*.

5. Clique em *Salvar*.

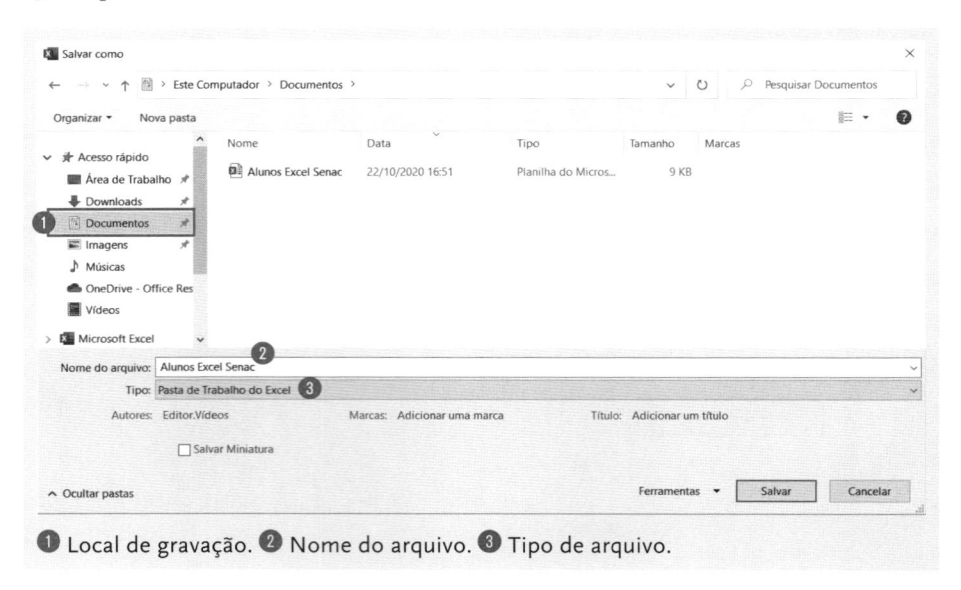

❶ Local de gravação. ❷ Nome do arquivo. ❸ Tipo de arquivo.

Exercícios resolvidos

Os exercícios resolvidos são uma oportunidade de exercitar o que vimos até agora no capítulo e acrescentar um pequeno aprendizado. Vamos aprender a abrir uma planilha e fazer pequenas modificações, como descrito a seguir. Cada exercício terá o passo a passo descrito na sequência.

1. Abra a planilha *Alunos Excel Senac*.

2. Incluir um aluno no final da planilha.

3. Incluir um aluno no meio da planilha.

Exercício resolvido 1: Abrir uma planilha (passo a passo)

1. No Excel, na guia *Arquivo*, escolha *Abrir*.

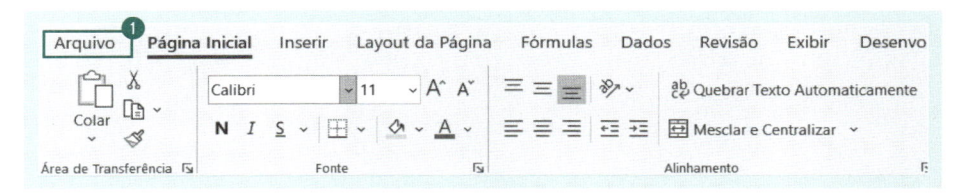

2. Na lista de trabalhos recentes, localize a planilha *Alunos Excel Senac*.

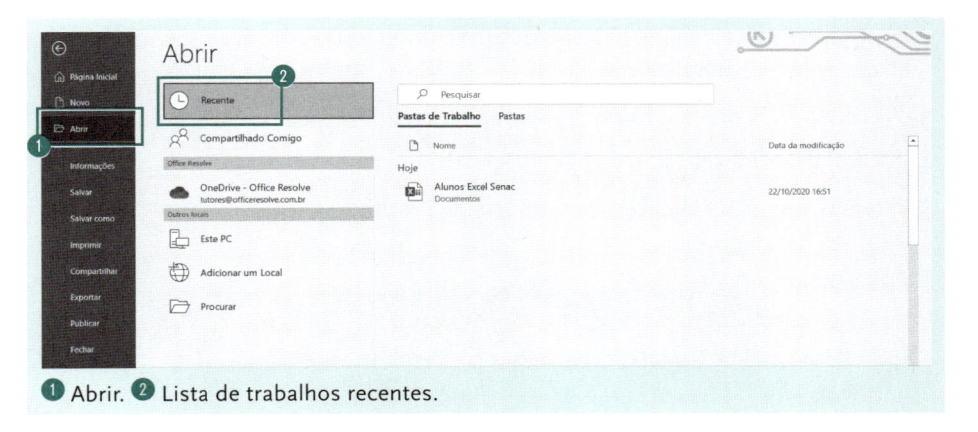

❶ Abrir. ❷ Lista de trabalhos recentes.

Exercício resolvido 2: Incluir um aluno no final da planilha (passo a passo)

1. Selecione a célula *A13*.

2. Digite o nome do aluno *João*.

3. Selecione *B13* e digite 9 para a nota do curso *Conhecer Excel*.

4. Selecione *C13* e digite 8 para a nota do curso *Praticar Funções*.

5. Selecione *D13* e digite 7 para a nota do curso *Conhecer Excel com VBA*.

6. Selecione o intervalo *A13:D13*.

7. Formate as bordas e fundo de células como fizemos durante o capítulo (mais à frente aprenderemos uma forma diferente, e mais fácil, de fazer essa formatação).

	A	B	C	D
1	Alunos Excel Senac			
2	Aluno	Conhecer Excel	Praticar Funções	Conhecer Excel com VBA
3	Luciano	8,0	7,0	6,0
4	Rodrigo	6,5	8,0	8,0
5	Ricardo	7,0	6,0	7,5
6	Leonardo	9,0	10,0	9,0
7	Léia	6,0	5,0	6,0
8	Roberto	9,0	10,0	10,0
9	Sabino	10,0	10,0	10,0
10	Rita	6,0	5,0	10,0
11	Regina	4,0	6,0	6,0
12	Maria	10,0	9,0	10,0
13	João	9,0	8,0	7,0

Exercício resolvido 3: Incluir um aluno no meio da planilha (passo a passo)

1. Selecione a linha *10* (a linha que contém a aluna Rita) clicando sobre o rótulo da linha.

2. No grupo *Células* da guia *Página Inicial*, clique sobre *Inserir* (não use a seta ao lado, clique sobre a palavra *inserir*).

3. Na célula *A10*, digite o nome do aluno: *Edmundo*.

4. Nas células *B10*, *C10* e *D10*, digite respectivamente *7, 8* e *10*.

5. Observe que as formatações já ficam corretas sem que se precise formatar.

	A	B	C	D
1	Alunos Excel Senac			
2	Aluno	Conhecer Excel	Praticar Funções	Conhecer Excel com VBA
3	Luciano	8,0	7,0	6,0
4	Rodrigo	6,5	8,0	8,0
5	Ricardo	7,0	6,0	7,5
6	Leonardo	9,0	10,0	9,0
7	Léia	6,0	5,0	6,0
8	Roberto	9,0	10,0	10,0
9	Sabino	10,0	10,0	10,0
10	Edmundo	7,0	8,0	10,0
11	Rita	6,0	5,0	10,0
12	Regina	4,0	6,0	6,0
13	Maria	10,0	9,0	10,0
14	João	9,0	8,0	7,0

Exercícios propostos*

1. Abra a planilha *Alunos Excel Senac* e altere a cor da fonte do cabeçalho de *Amarelo* para *Vermelho*.

2. Use a formatação de célula para destacar com fundo amarelo as notas *10,0*.

3. Grave a planilha alterada dos exercícios 1 e 2 em uma nova pasta, com o seguinte nome: *Capítulo 01 - Exercícios Propostos - Alunos Excel Senac Alterada*.

*A resolução está no final do livro e essas atividades não influenciam na sequência dos capítulos.

Anotações

2

Recursos de produtividade

OBJETIVOS

» Entender como uma ferramenta de escritório ajuda a otimizar atividades cotidianas

» Usar a barra de ferramentas de acesso rápido

» Aprender formas de editar dados nas células

» Utilizar menus de contexto

» Fazer a inclusão e exclusão de linhas e colunas

» Copiar, colar, refazer e desfazer.

No segundo capítulo, compreenderemos como o Excel pode nos ajudar na produtividade. As ferramentas de escritório têm o objetivo de facilitar nosso trabalho com informações e cálculos. Se analisarmos com detalhe, muitas das tarefas que fazemos em casa ou no trabalho podem ser feitas mais facilmente se usarmos uma ferramenta de apoio, desde organizar uma simples lista de compras até fazer complexas análises financeiras nas empresas.

Produtividade e as ferramentas de escritório

Quando buscamos conhecer mais sobre as ferramentas de escritório, percebemos que o grande objetivo ao usar essas ferramentas é ganhar produtividade. O pacote Office é desenvolvido para trazer funcionalidades que agilizem o dia a dia das empresas e de seus colaboradores, por isso incluem uma série de "facilidades" que precisamos conhecer.

Neste capítulo, mostraremos algumas dessas ferramentas. Assim, cada profissional e aluno poderá escolher aquelas que mais lhe ajudarão nas tarefas cotidianas, buscando conhecer mais sobre elas.

Barra de ferramentas de acesso rápido

A barra de ferramentas de acesso rápido, criada para agilizar o acesso aos recursos mais utilizados, é um conjunto de botões de comando. Essa barra está destacada na parte superior esquerda da janela do Excel 2019, como na figura a seguir:

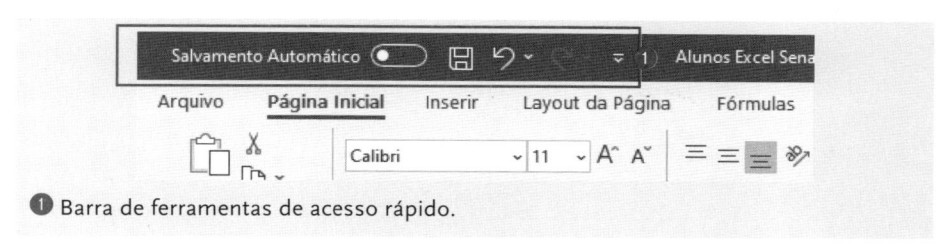

❶ Barra de ferramentas de acesso rápido.

O formato padrão da barra de ferramentas, que pode ser alterado pelo usuário, possui os seguintes comandos:

1. **Salvamento Automático:** permite que o Excel grave automática e periodicamente o arquivo que está aberto, sendo necessário apenas que a planilha esteja na nuvem (como veremos nos capítulos seguintes).

2. **Salvar:** salva a planilha atualmente em uso, de forma não automática (apenas quando acionado).

3. **Desfazer/Refazer:** possibilitam voltar alguma ação executada ou refazer uma ação que foi desfeita. É equivalente ao acionamento das teclas *CTRL + Z* e *CTRL + Y*, respectivamente.

4. **Personalizar:** permite incluir ou excluir comandos na barra de ferramentas de acesso rápido, facilitando o uso desse recurso e aumentando a produtividade do usuário. A seguir, faremos a inclusão de um botão na barra para exemplificar essa alteração.

Incluindo um botão na barra de ferramentas de acesso rápido

Personalizar a barra de ferramentas de acesso rápido pode ajudar muito quando deixamos à disposição os comandos mais usados no dia a dia. Quando iniciamos a personalização, o Excel já deixará para fácil inclusão os comandos mais usados pelos usuários de forma rápida (marcar / desmarcar), mas também possibilitará a inclusão de comandos específicos, selecionando diretamente o comando desejado. A seguir, veja o passo a passo para inserir o comando *Abrir*:

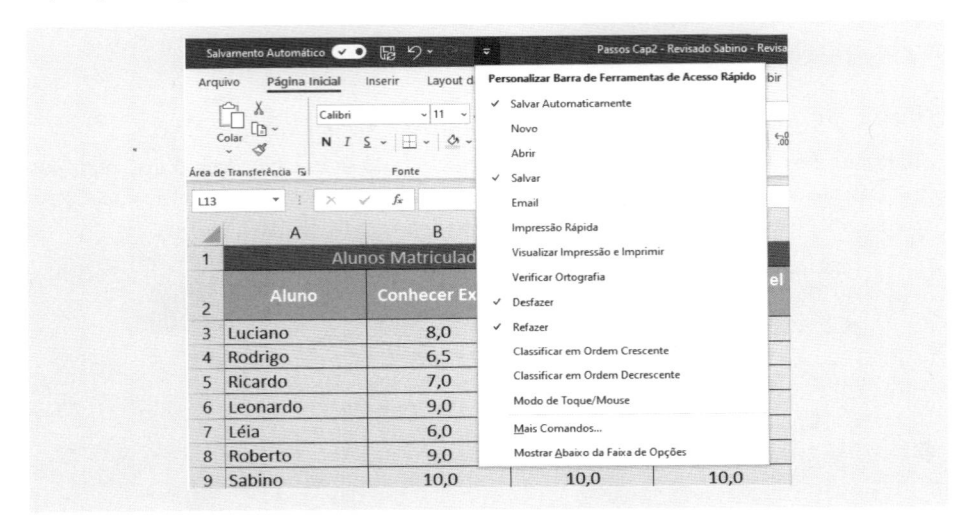

1. Selecione a opção *Personalizar Barra de Ferramentas de Acesso Rápido* (último botão da barra no formato padrão).

2. Na lista de comandos disponíveis, selecione *Abrir*.

3. Pronto! A barra já é atualizada e o botão estará disponível.

> **Dica:** É possível incluir vários outros comandos disponíveis nas guias da *Faixa de Opções*, acessando a opção *Mais Comandos...* Observe na imagem a seguir a caixa de diálogo que se abre.

Incluindo Mais comandos... na barra de ferramentas de acesso rápido

1. Selecione a opção *Personalizar Barra de ferramentas de Acesso Rápido* (último botão da barra no formato padrão).

2. Na lista de comandos disponíveis, selecione *Mais comandos...*

3. O Excel abrirá uma caixa de diálogo para a escolha do(s) comando(s) a ser(em) inserido(s).

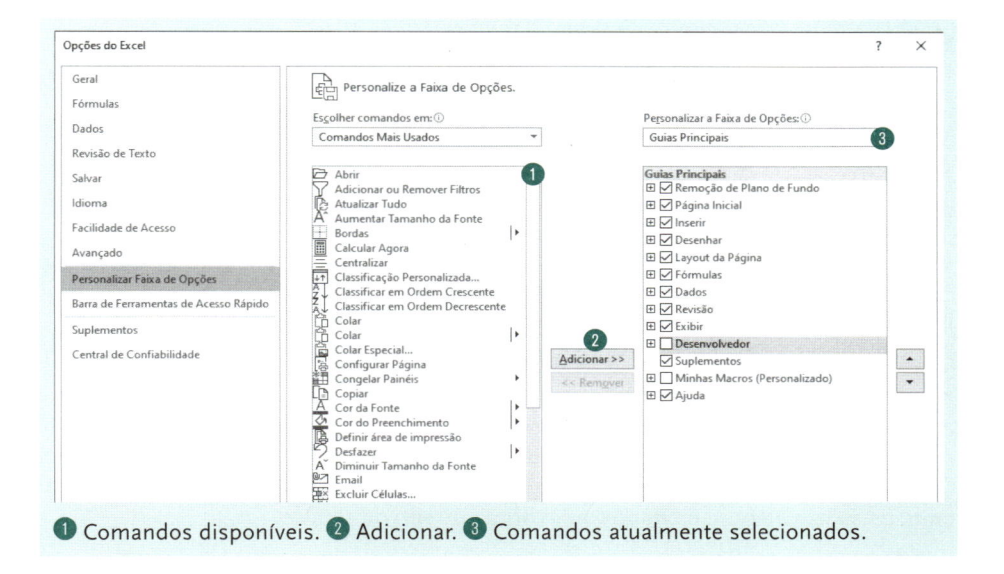

❶ Comandos disponíveis. ❷ Adicionar. ❸ Comandos atualmente selecionados.

4. Na coluna da direita (que lista os comandos disponíveis), escolha o comando desejado.

5. Clique no botão *Adicionar*.

6. Pronto! O comando foi adicionado à barra.

7. Clique em *OK* para fechar a caixa de diálogo.

EDIÇÃO DE DADOS NAS CÉLULAS

Na montagem da planilha, utilizamos a digitação de dados nas células que estavam em branco. Porém, a partir do momento que temos dados em uma célula, se a selecionarmos e digitarmos alguma coisa, o conteúdo novo sobrescreverá o antigo, apagando tudo o que foi digitado.

Quando precisarmos editar o conteúdo de uma célula, teremos que primeiramente "abri-la" para digitação. Podemos fazer isso clicando duas vezes sobre a célula ou pressionando a tecla *F2*.

Alterando o conteúdo de uma célula

Vamos editar o título da planilha (célula *A1*). Em vez de *Alunos Excel Senac*, vamos alterar para *Alunos Matriculados no Curso de Excel Senac*.

1. Clique duas vezes sobre a célula *A1* ou selecione a célula e tecle *F2*.

2. Agora que a célula está "aberta", clique para posicionar o cursor logo após a palavra *Alunos*.

3. Digite *Matriculados no Curso de* e tecle *Enter*.

4. O título deve ficar como a imagem a seguir.

	A	B	C	D
1	Alunos Matriculados no Curso de Excel Senac			
2	Aluno	Conhecer Excel	Praticar Funções	Conhecer Excel com VBA

MENUS DE CONTEXTO

Os **menus de contexto** foram criados para agilizar a utilização dos recursos do Excel, guiando o usuário com os comandos mais utilizados em um determinado contexto. Ao clicar com o botão direito do mouse sobre alguma parte da sua planilha, o Excel trará automaticamente os comandos mais relevantes para o elemento selecionado. Observe nos exemplos a seguir como o menu de contexto varia, dependendo do local onde o usuário efetuou o clique com o botão direito do mouse.

Observando os diferentes "Menus de Contexto"

1. Posicione o cursor do mouse sobre o rótulo de uma coluna (letra que identifica a coluna).

2. Clique com o botão direito do mouse e observe o menu que se abriu.

3. Em seguida, posicione o mouse sobre o rótulo de uma linha (número que identifica aquela linha).

4. Clique com o botão direito do mouse e observe atentamente o menu que se abriu.

5. A seguir, veja as duas imagens dos menus para compararmos:

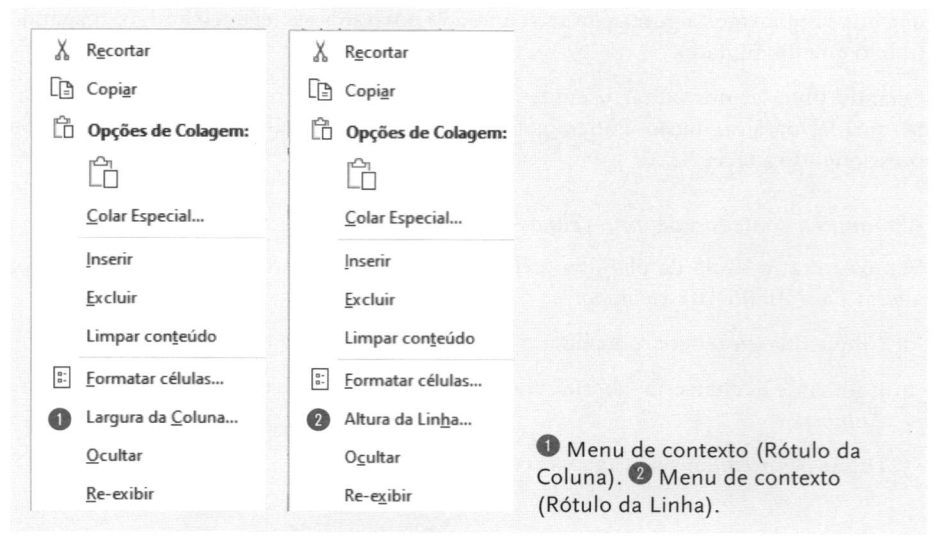

❶ Menu de contexto (Rótulo da Coluna). ❷ Menu de contexto (Rótulo da Linha).

Embora sejam muito parecidos, os menus têm um comando diferente, dependendo de onde clicarmos (*Largura da Coluna*) ou (*Altura da Linha*). Este é um exemplo de menus de contexto bem similar, porque os comandos que mais utilizamos nessas duas situações são muito semelhantes.

Agora vamos abrir o menu de contexto clicando sobre a guia da planilha que estamos usando e observar como os comandos serão bem diferentes, como na imagem abaixo:

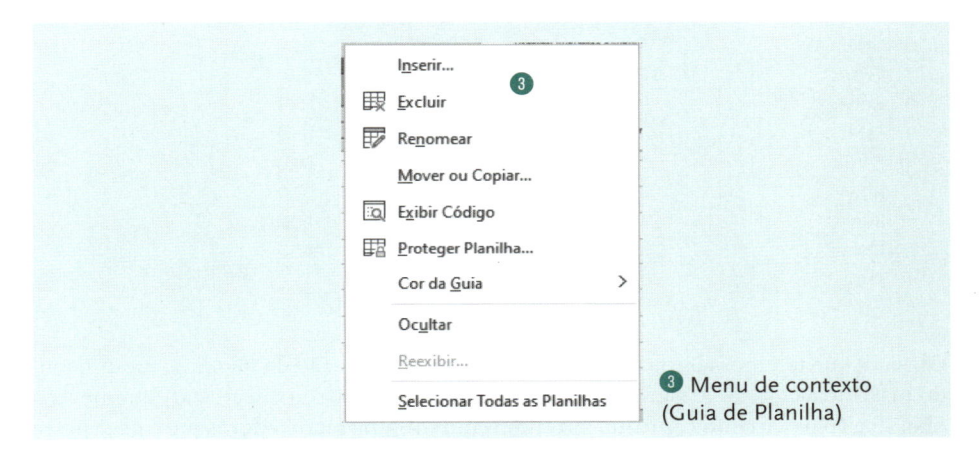

❸ Menu de contexto (Guia de Planilha)

Este é um exemplo de menu de contexto específico, com os comandos mais utilizados para as abas de uma planilha.

INSERÇÃO E EXCLUSÃO DE DADOS, LINHAS E COLUNAS

Utilizando os menus de contexto fica bem mais fácil inserir dados, linhas e colunas. Vamos inserir uma nova coluna na planilha, para marcar as faltas dos alunos no período do curso. Observe que inserir uma coluna nos ajuda com a formatação da planilha, embora neste caso, por ser a última coluna, não teremos a coluna totalmente ajustada. (**No próximo capítulo aprenderemos outra forma de "copiar" formatações**).

1. Clique com o botão direito do mouse no rótulo da coluna *E*.

2. Em seguida, escolha a opção *Inserir*.

3. Na célula *E2* digite *Faltas*.

	A	B	C	D	E
1	Alunos Matriculados no Curso de Excel Senac				
2	Aluno	Conhecer Excel	Praticar Funções	Conhecer Excel com VBA	Faltas
3	Luciano	8,0	7,0	6,0	
4	Rodrigo	6,5	8,0	8,0	
5	Ricardo	7,0	6,0	7,5	
6	Leonardo	9,0	10,0	9,0	
7	Léia	6,0	5,0	6,0	
8	Roberto	9,0	10,0	10,0	
9	Sabino	10,0	10,0	10,0	
10	Edmundo	7,0	8,0	10,0	
11	Rita	6,0	5,0	10,0	
12	Regina	4,0	6,0	6,0	
13	Maria	10,0	9,0	10,0	
14	João	9,0	8,0	7,0	

Observe que teremos alguns ajustes para fazer na formatação da planilha, mesmo tendo inserido a coluna. A seguir apresentamos o passo a passo para ajustar totalmente a planilha. (**No próximo capítulo, aprenderemos alguns facilitadores para usar nessa situação**).

1. Para ajustar o título, que ficou descentralizado, selecione o intervalo *A1:E1*.

2. Clique uma vez sobre o botão *Mesclar e Centralizar* (observe que a mesclagem que havíamos feito, desaparecerá).

3. Clique novamente em *Mesclar e Centralizar* (agora temos o título novamente centralizado na planilha).

4. Agora, para ajustar as bordas, selecione o intervalo *E2:E14*.

5. Clique em *Todas as Bordas* (como fizemos anteriormente em *Página Inicial >> Fonte*).

6. Sua planilha deve estar como a imagem a seguir (exceto pelas faltas que ainda não digitamos). Aproveite e use os números para completar a digitação da sua planilha.

	A	B	C	D	E
1	Alunos Matriculados no Curso de Excel Senac				
2	Aluno	Conhecer Excel	Praticar Funções	Conhecer Excel com VBA	Faltas
3	Luciano	8,0	7,0	6,0	3
4	Rodrigo	6,5	8,0	8,0	1
5	Ricardo	7,0	6,0	7,5	2
6	Leonardo	9,0	10,0	9,0	1
7	Léia	6,0	5,0	6,0	3
8	Roberto	9,0	10,0	10,0	1
9	Sabino	10,0	10,0	10,0	2
10	Edmundo	7,0	8,0	10,0	5
11	Rita	6,0	5,0	10,0	2
12	Regina	4,0	6,0	6,0	0
13	Maria	10,0	9,0	10,0	4
14	João	9,0	8,0	7,0	2

Após a digitação das faltas, sua planilha estará completa!

COPIAR, COLAR, DESFAZER E REFAZER

Quase unânime, o recurso de produtividade mais usado no dia a dia é o famoso "copiar e colar". É tão utilizado que é comum em empresas ou em vídeos da internet ouvirmos algo como: "Para resolver isso, faz um control C, control V". Isso porque as teclas de atalho dos recursos "copiar" e "colar" são, respectivamente: *CTRL + C* e *CTRL + V*.

O recurso de copiar *CTRL + C* é o processo de enviar dados para a área de transferência e não é exclusivo do Excel, mas sim um recurso do próprio Windows, que pode ser usado na maioria dos aplicativos.

O grupo *Área de Transferência* é o primeiro grupo da guia *Página Inicial*. É possível verificar o conteúdo da *Área de Transferência*, antes de aplicar o *CTRL + V* e existem várias opções de colagem.

Copiando e inserindo uma linha

Para entender a diferença entre as possibilidades de colagem, criaremos uma linha na planilha, copiando a linha 13 e inserindo os dados dessa linha logo abaixo.

1. Clique sobre o rótulo da linha 13 para selecioná-la.

2. Tecle *CTRL + C*, copiando o conteúdo para a área de transferência.

3. Utilize o *menu de contexto*, clicando com o botão direito do mouse sobre o rótulo da linha *14*.

4. Selecione a opção *Inserir Células Copiadas*.

5. Após a colagem, para desfazer a seleção, tecle *ESC*.

 Observe: Na figura a seguir, nessa opção, além da cópia propriamente dita, houve a inserção de uma **nova linha** e o conteúdo dessa nova linha é uma cópia da linha 13.

	A	B	C	D	E
1		Alunos Matriculados no Curso de Excel Senac			
2	Aluno	Conhecer Excel	Praticar Funções	Conhecer Excel com VBA	Faltas
3	Luciano	8,0	7,0	6,0	3
4	Rodrigo	6,5	8,0	8,0	1
5	Ricardo	7,0	6,0	7,5	2
6	Leonardo	9,0	10,0	9,0	1
7	Léia	6,0	5,0	6,0	3
8	Roberto	9,0	10,0	10,0	1
9	Sabino	10,0	10,0	10,0	2
10	Edmundo	7,0	8,0	10,0	5
11	Rita	6,0	5,0	10,0	2
12	Regina	4,0	6,0	6,0	0
13	Maria	10,0	9,0	10,0	4
14	Maria	10,0	9,0	10,0	4
15	João	9,0	8,0	7,0	2

Copiar e colar (sem inserir)

Para compararmos com o procedimento que acabamos de realizar, vamos copiar a linha *8* e colar sobre a linha *14*, que acabamos de criar no item anterior.

1. Clique sobre o rótulo da linha 8, selecionando toda a linha.

2. Tecle *CTRL + C*.

3. Clique sobre o rótulo da linha *14*, selecionando toda a linha.

4. Tecle *CTRL + V*.

5. Após a colagem, para desfazer a seleção, tecle *ESC*.

 Observe: Na figura a seguir, nessa opção, a linha que foi "colada" sobrepôs à linha que estava preenchida (linha 14) e não houve a criação de uma linha nova. A partir de agora, você pode escolher a melhor forma de copiar e colar, sempre que precisar alterar sua planilha.

	A	B	C	D	E
1	Alunos Matriculados no Curso de Excel Senac				
2	Aluno	Conhecer Excel	Praticar Funções	Conhecer Excel com VBA	Faltas
3	Luciano	8,0	7,0	6,0	3
4	Rodrigo	6,5	8,0	8,0	1
5	Ricardo	7,0	6,0	7,5	2
6	Leonardo	9,0	10,0	9,0	1
7	Léia	6,0	5,0	6,0	3
8	Roberto	9,0	10,0	10,0	1
9	Sabino	10,0	10,0	10,0	2
10	Edmundo	7,0	8,0	10,0	5
11	Rita	6,0	5,0	10,0	2
12	Regina	4,0	6,0	6,0	0
13	Maria	10,0	9,0	10,0	4
14	Roberto	9,0	10,0	10,0	1
15	João	9,0	8,0	7,0	2

Utilizando o comando Desfazer (Voltar)

As duas colagens que fizemos nos mostraram como funcionam as diferentes formas de colagem, mas não precisamos desses dados na planilha neste momento. Assim, vamos utilizar outra das mais importantes funcionalidades de produtividade: o *Desfazer, CTRL + Z*.

Na *Barra de Ferramentas de Acesso Rápido*, podemos usar os botões *Desfazer* (1) ou *Refazer* (2).

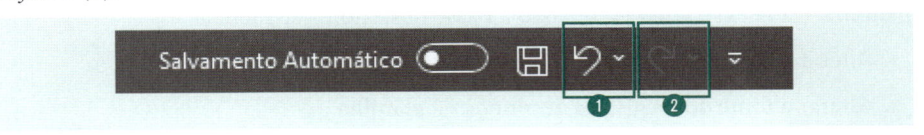

 Dica: Também podemos acessar os comandos *Desfazer* e *Refazer* com as teclas de atalho *CTRL + Z* e *CTRL + Y*, respectivamente.

1. Clique *CTRL + Z* e observe que o Excel desfaz a última colagem, voltando os dados da linha *14*.

2. Clique *CTRL + Z* novamente e observe que o Excel agora desfaz a inclusão.

3. A planilha volta a estar como na imagem a seguir (se precisar desmarcar a seleção, tecle *Esc*).

	A	B	C	D	E
1	Alunos Matriculados no Curso de Excel Senac				
2	Aluno	Conhecer Excel	Praticar Funções	Conhecer Excel com VBA	Faltas
3	Luciano	8,0	7,0	6,0	3
4	Rodrigo	6,5	8,0	8,0	1
5	Ricardo	7,0	6,0	7,5	2
6	Leonardo	9,0	10,0	9,0	1
7	Léia	6,0	5,0	6,0	3
8	Roberto	9,0	10,0	10,0	1
9	Sabino	10,0	10,0	10,0	2
10	Edmundo	7,0	8,0	10,0	5
11	Rita	6,0	5,0	10,0	2
12	Regina	4,0	6,0	6,0	0
13	Maria	10,0	9,0	10,0	4
14	João	9,0	8,0	7,0	2

 Dica: Use *CTRL + Z, Desfazer*, imediatamente após executar algum comando que não surtiu o efeito desejado. Isso diminuirá a possibilidade de perder o controle sobre o resultado.

EXERCÍCIOS RESOLVIDOS

Vamos agora alterar a fonte (letra) dos rótulos de dados e dos registros de alunos na planilha. Cada exercício terá o passo a passo descrito na sequência.

1. Alterar o tipo e tamanho da fonte dos rótulos de dados.

2. Alterar a fonte dos registros de alunos na planilha.

3. Incluir uma nova linha e observar as formatações.

Exercício resolvido 1: Alterar a fonte (tipo de letra) dos rótulos de dados (passo a passo)

1. Selecione o intervalo *A2:E2*.

2. Na guia *Página Inicial*, no grupo *Fonte*, escolha a *Arial Rounded MT Bold*.

3. Ao lado do nome da fonte, escolha a fonte de tamanho *12*.

4. Escolha a cor da fonte *Automática*.

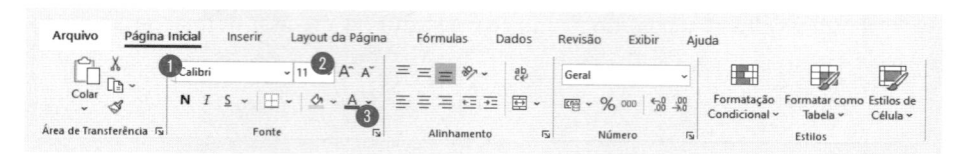

Agora sua planilha deve estar parecida com a imagem a seguir:

	A	B	C	D	E
1	Alunos Matriculados no Curso de Excel Senac				
2	Aluno	Conhecer Excel	Praticar Funções	Conhecer Excel com VBA	Faltas
3	Luciano	8,0	7,0	6,0	3
4	Rodrigo	6,5	8,0	8,0	1
5	Ricardo	7,0	6,0	7,5	2
6	Leonardo	9,0	10,0	9,0	1
7	Léia	6,0	5,0	6,0	3
8	Roberto	9,0	10,0	10,0	1
9	Sabino	10,0	10,0	10,0	2
10	Edmundo	7,0	8,0	10,0	5
11	Rita	6,0	5,0	10,0	2
12	Regina	4,0	6,0	6,0	0
13	Maria	10,0	9,0	10,0	4
14	João	9,0	8,0	7,0	2

Exercício resolvido 2: Alteração da fonte dos dados (passo a passo)

1. Selecione o intervalo *A3:E14*.

2. Escolha a fonte *Arial Rounded MT Bold*.

	A	B	C	D	E
1	Alunos Matriculados no Curso de Excel Senac				
2	Aluno	Conhecer Excel	Praticar Funções	Conhecer Excel com VBA	Faltas
3	Luciano	8,0	7,0	6,0	3
4	Rodrigo	6,5	8,0	8,0	1
5	Ricardo	7,0	6,0	7,5	2
6	Leonardo	9,0	10,0	9,0	1
7	Léia	6,0	5,0	6,0	3
8	Roberto	9,0	10,0	10,0	1
9	Sabino	10,0	10,0	10,0	2
10	Edmundo	7,0	8,0	10,0	5
11	Rita	6,0	5,0	10,0	2
12	Regina	4,0	6,0	6,0	0
13	Maria	10,0	9,0	10,0	4
14	João	9,0	8,0	7,0	2

Exercício resolvido 3: Incluir um novo aluno e observar a formatação (passo a passo)

1. Selecione a linha 6.

2. Usando o menu de contexto, inclua uma nova linha.

3. Agora digite em cada coluna:

    a. **Nome:** *Ricardo Silva*;

    b. **Conhecer Excel:** *8*;

    c. **Praticar Funções:** *7*;

    d. **Conhecer Excel com VBA:** *6*;

    e. **Faltas:** *0*.

 Observe: A formatação dos dados digitados já obedece a nova fonte que foi alterada no exercício anterior, assim como a formatação dos números segue as casas decimais ajustadas. Sua planilha deve estar como a próxima figura.

	A	B	C	D	E
1	Alunos Matriculados no Curso de Excel Senac				
2	**Aluno**	**Conhecer Excel**	**Praticar Funções**	**Conhecer Excel com VBA**	**Faltas**
3	Luciano	8,0	7,0	6,0	3
4	Rodrigo	6,5	8,0	8,0	1
5	Ricardo	7,0	6,0	7,5	2
6	Ricardo Silva	8,0	7,0	6,0	0
7	Leonardo	9,0	10,0	9,0	1
8	Léia	6,0	5,0	6,0	3
9	Roberto	9,0	10,0	10,0	1
10	Sabino	10,0	10,0	10,0	2
11	Edmundo	7,0	8,0	10,0	5
12	Rita	6,0	5,0	10,0	2
13	Regina	4,0	6,0	6,0	0
14	Maria	10,0	9,0	10,0	4
15	João	9,0	8,0	7,0	2

Exercícios propostos*

1. Adicione o comando *Novo* na *Barra de Ferramentas de Acesso Rápido*.

2. Abra a planilha *Capítulo 02 - Exercícios Propostos - Alunos Excel Senac Alterada.xlsx* e exclua os dois últimos alunos da lista.

*A resolução está no final do livro e essas atividades não influenciam na sequência dos capítulos.

Anotações

3

Recursos de formatação

OBJETIVOS

» Formatar uma célula

» Usar tabelas para ajudar na formatação

» Utilizar a formatação condicional para facilitar a visualização

» Aplicar na prática as formatações

No terceiro capítulo, vamos aprofundar nosso entendimento sobre as formatações de dados e planilhas. É preciso notar que a formatação pode ser fundamental na análise e entendimento de dados.

FORMATANDO AS CÉLULAS

Embora tenhamos visto no capítulo anterior alguns recursos de formatação, o Excel fornece funcionalidades e muitas maneiras de fazer essas formatações e executá-las, como veremos neste capítulo.

A primeira alternativa importante é abrir a caixa de diálogo *Formatar Células*. Essa caixa de diálogo, que era a maneira normal de fazer formatações nas versões anteriores do Excel, agora está praticamente escondida.

Observe na figura a seguir que nos grupos *Fonte*, *Alinhamento* ou *Número*, na guia *Página Inicial*, existe um botão de "expansão" da funcionalidade que abrirá a caixa de diálogo com opções para a formatação de células.

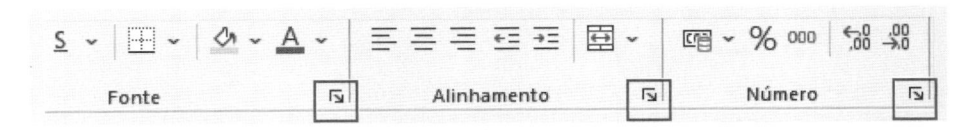

Essa caixa de diálogo contém abas que nos permitem acessar as principais formatações de célula, incluindo também a formatação de *Número*. Cada aba dá acesso a um tipo específico de formatação.

Observe que ao clicar em um dos botões dos grupos na guia *Página Inicial*, a caixa de diálogo será aberta posicionada na guia específica do item, mas é sempre a mesma caixa de diálogo e as demais abas estão também disponíveis apenas com um clique.

Por exemplo, ao clicar no grupo *Fonte* (1), a caixa abrirá assim (2):

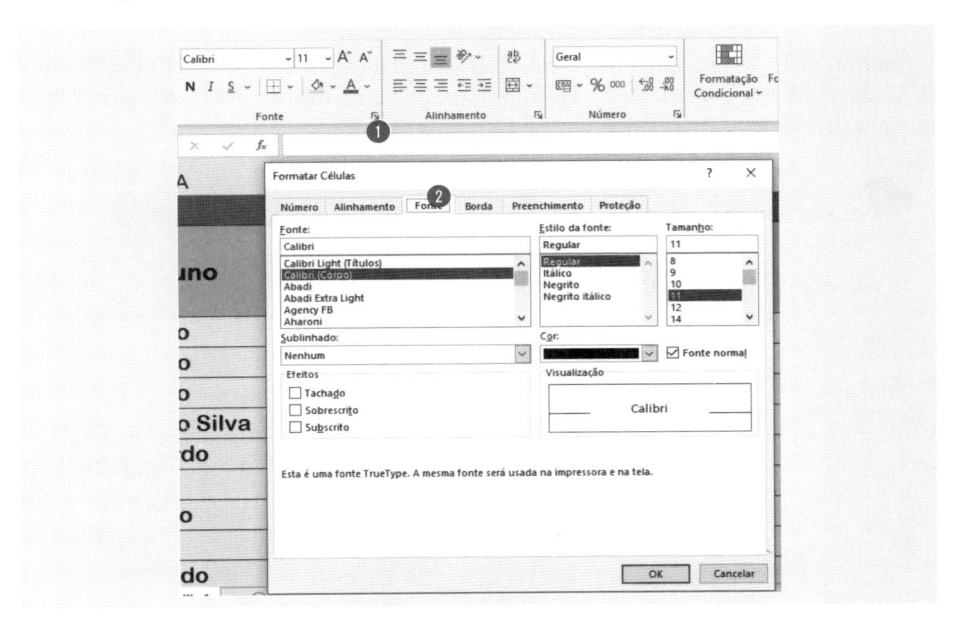

Agora compare com a mesma ação, porém quando clicamos no botão de expansão do grupo *Número* (1) e (2):

Embora tenhamos aparentemente duas telas diferentes, ambas estão na mesma caixa de diálogo e basta alternar entre as guias para que tenhamos acesso a todas as informações de formatação de células.

 Curiosidade: temos três combinações de teclas de atalho **diferentes** no Excel 2019 que mostram a caixa de diálogo *Formatar Células*:

CTRL + 1, CTRL + SHIFT + F e CTRL + SHIFT + P.

Formatando com a caixa de Diálogo Formatar Células

Utilizando a planilha a partir do ponto que finalizamos no capítulo anterior, aplicaremos algumas formatações avançadas utilizando a caixa de diálogo *Formatar Células*.

Alterando o alinhamento dos rótulos de dados

Algumas vezes os dados das células são pequenos (como as notas) e ajustar o alinhamento dos rótulos de dados pode economizar espaço na planilha, caso tenhamos muitas colunas. Embora a planilha de notas seja pequena, alteraremos os rótulos de dados e diminuiremos a largura da coluna.

1. Selecione o intervalo *A2:E2*.

2. Abra a caixa de diálogo *Formatar Células*.

3. Selecione a aba *Alinhamento*.

4. No campo *Orientação*, digite *90* graus.

5. Na seção *Controle de Texto*, o campo *Quebrar texto automaticamente* já deve estar selecionado (pelo que fizemos nos capítulos anteriores).

6. Se o campo não estiver marcado, selecione-o.

7. Clique em *OK*.

	A	B	C	D	E
1	Alunos Matriculados no Curso de Excel Senac				
2	Aluno	Conhecer Excel	Praticar Funções	Conhecer Excel com VBA	Faltas
3	Luciano	8,0	7,0	6,0	3
4	Rodrigo	6,5	8,0	8,0	1
5	Ricardo	7,0	6,0	7,5	2
6	Ricardo Silva	8,0	7,0	6,0	0
7	Leonardo	9,0	10,0	9,0	1
8	Léia	6,0	5,0	6,0	3
9	Roberto	9,0	10,0	10,0	1
10	Sabino	10,0	10,0	10,0	2
11	Edmundo	7,0	8,0	10,0	5
12	Rita	6,0	5,0	10,0	2
13	Regina	4,0	6,0	6,0	0
14	Maria	10,0	9,0	10,0	4
15	João	9,0	8,0	7,0	2

Ajustando a altura da linha e largura da coluna

Ao fazer esse tipo de alteração, muitas vezes o título não fica bem distribuído porque a altura da linha é pequena para acomodar o texto todo. Além disso, as colunas podem ser diminuídas para economizar espaço.

1. Selecione a linha *2*.

2. Na guia *Página Inicial*, no grupo *Células*, clique em *Formatar*.

3. Em seguida, clique em *Altura da Linha* e digite *78*.

4. Clique em *OK*.

5. Agora selecione as colunas *B, C, D* e *E*.

6. Depois clique em *Formatar*, *Largura da Coluna* e digite *10*.

7. Clique em *OK*.

	A	B	C	D	E
1	Alunos Matriculados no Curso de Excel Senac				
2	Aluno	Conhecer Excel	Praticar Funções	Conhecer Excel com VBA	Faltas
3	Luciano	8,0	7,0	6,0	3
4	Rodrigo	6,5	8,0	8,0	1
5	Ricardo	7,0	6,0	7,5	2
6	Ricardo Silva	8,0	7,0	6,0	0
7	Leonardo	9,0	10,0	9,0	1
8	Léia	6,0	5,0	6,0	3
9	Roberto	9,0	10,0	10,0	1
10	Sabino	10,0	10,0	10,0	2
11	Edmundo	7,0	8,0	10,0	5
12	Rita	6,0	5,0	10,0	2
13	Regina	4,0	6,0	6,0	0
14	Maria	10,0	9,0	10,0	4
15	João	9,0	8,0	7,0	2

Formatação avançada de preenchimento

Novamente usando a caixa de diálogo *Formatar Células*, criaremos um tipo diferente de preenchimento de células em *Gradiente*.

1. Selecione o intervalo das *Faltas, E3:E15*.

2. Abra a caixa de diálogo *Formatar Células*.

3. Selecione a aba *Preenchimento*.

4. Escolha *Efeitos de Preenchimento*.

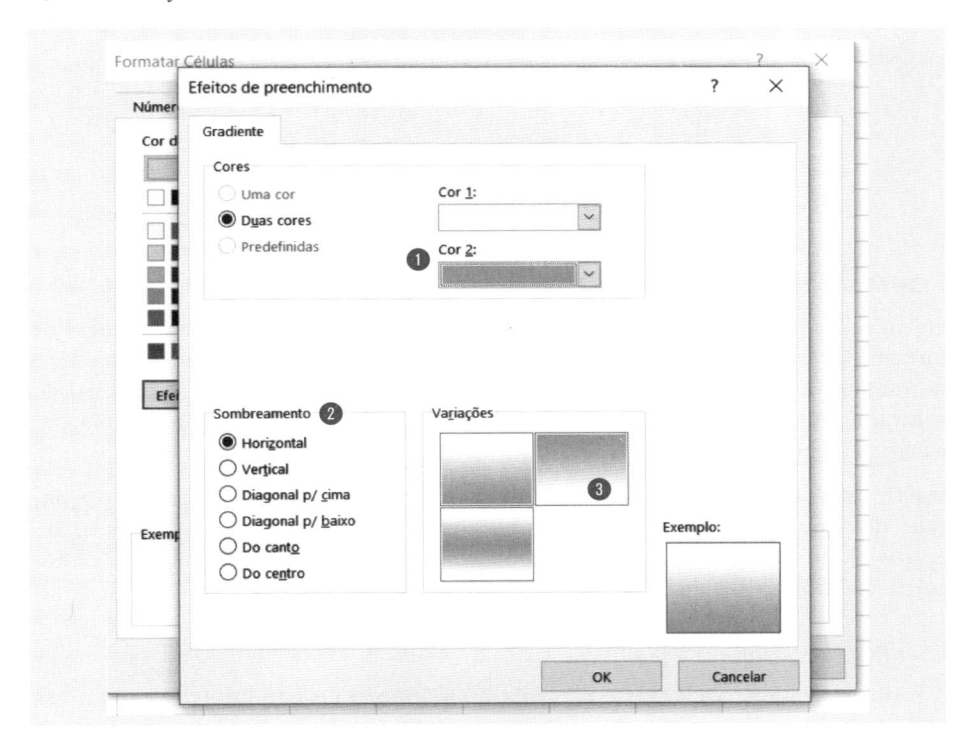

5. Na caixa *Efeitos de Preenchimento*, altere a *Cor (1)* para *Verde, Ênfase, Mais Claro 40%*.

6. Mantenha o sombreamento *Horizontal* (2).

7. Em *Variações* (3), escolha a segunda variação.

8. Clique *OK*.

	A	B	C	D	E
1	Alunos Matriculados no Curso de Excel Senac				
2	Aluno	Conhecer Excel	Praticar Funções	Conhecer Excel com VBA	Faltas
3	Luciano	8,0	7,0	6,0	3
4	Rodrigo	6,5	8,0	8,0	1
5	Ricardo	7,0	6,0	7,5	2
6	Ricardo Silva	8,0	7,0	6,0	0
7	Leonardo	9,0	10,0	9,0	1
8	Léia	6,0	5,0	6,0	3
9	Roberto	9,0	10,0	10,0	1
10	Sabino	10,0	10,0	10,0	2
11	Edmundo	7,0	8,0	10,0	5
12	Rita	6,0	5,0	10,0	2
13	Regina	4,0	6,0	6,0	0
14	Maria	10,0	9,0	10,0	4
15	João	9,0	8,0	7,0	2

FORMATANDO COMO TABELA

Outro recurso avançado que o Excel oferece e que pode ser usado como meio de formatação é *Inserir Tabela*. Quando usamos essa funcionalidade, temos uma série de vantagens, porém temos que contar com algumas alterações no uso normal do software. Dessa forma, o uso de tabela deve ser feito com muita parcimônia por usuários menos experientes.

Inserir uma tabela não é apenas um recurso de formatação, mas sim um modo avançado de organizar dados (visual e estruturalmente). Porém, podemos usar seus recursos para fazer formatações rápidas e fáceis, desde que saibamos alguns "efeitos colaterais" do uso de tabela, que trataremos mais à frente.

Inserindo tabela em uma planilha

A primeira ressalva a ser feita é não confundir *Tabela (1)* com *Tabela Dinâmica (2)*, por serem dois recursos bem diferentes.

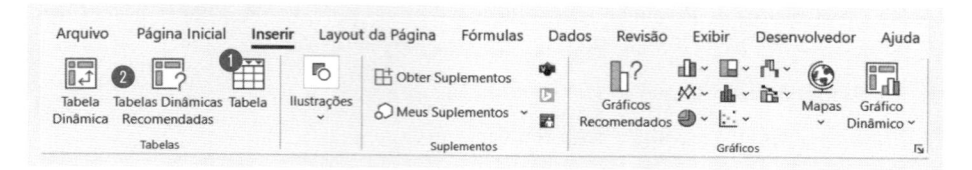

Dica: Assim como outros recursos de formatação que vimos até agora, o primeiro passo para iniciar o uso da tabela é selecionar corretamente o intervalo onde será aplicado o recurso. Observe que a seleção deve conter os rótulos de dados, **porém não deve incluir o título**.

1. Selecione o intervalo *A2:E15*.

2. Na guia *Inserir*, escolha *Tabela*.

3. Na caixa de diálogo *Inserir Tabela*, clique em *OK*.

4. Observe a planilha e veja as alterações que ocorreram.

	A	B	C	D	E
1	Alunos Matriculados no Curso de Excel Senac				
2	Aluno	Conhecer Excel	Praticar Funções	Conhecer Excel com VBA	Faltas
3	Luciano	8,0	7,0	6,0	3
4	Rodrigo	6,5	8,0	8,0	1
5	Ricardo	7,0	6,0	7,5	2
6	Ricardo Silva	8,0	7,0	6,0	0
7	Leonardo	9,0	10,0	9,0	1
8	Léia	6,0	5,0	6,0	3
9	Roberto	9,0	10,0	10,0	1
10	Sabino	10,0	10,0	10,0	2
11	Edmundo	7,0	8,0	10,0	5
12	Rita	6,0	5,0	10,0	2
13	Regina	4,0	6,0	6,0	0
14	Maria	10,0	9,0	10,0	4
15	João	9,0	8,0	7,0	2

 Observação: Dessa forma que fizemos, apenas os filtros (botões no formato de setas) foram adicionados e nenhuma outra alteração foi feita. Isso ocorre porque a formatação que havíamos feito está sobreposta à formatação da tabela. **Precisamos, então, retirar alguns elementos de formatação.**

1. Para retirar o preenchimento das células, selecione novamente o intervalo *A2:E15*.

2. No grupo *Fonte* da guia *Página Inicial*, selecione *Cor de Preenchimento* e escolha *Sem Preenchimento*.

3. Agora todo o preenchimento da tabela estará disponível.

	A	B	C	D	E
1	Alunos Matriculados no Curso de Excel Senac				
2	Aluno	Conhecer Excel	Praticar Funções	Conhecer Excel com VBA	Faltas
3	Luciano	8,0	7,0	6,0	3
4	Rodrigo	6,5	8,0	8,0	1
5	Ricardo	7,0	6,0	7,5	2
6	Ricardo Silva	8,0	7,0	6,0	0
7	Leonardo	9,0	10,0	9,0	1
8	Léia	6,0	5,0	6,0	3
9	Roberto	9,0	10,0	10,0	1
10	Sabino	10,0	10,0	10,0	2
11	Edmundo	7,0	8,0	10,0	5
12	Rita	6,0	5,0	10,0	2
13	Regina	4,0	6,0	6,0	0
14	Maria	10,0	9,0	10,0	4
15	João	9,0	8,0	7,0	2

 Dica: Na versão 2019 do Excel também é possível usar essa formatação acessando a opção *Formatar como Tabela* na guia *Página Inicial*, no grupo *Estilos*. O efeito na planilha é exatamente o mesmo. Em versões anteriores, pode estar disponível apenas a opção de *Inserir >> Tabela*.

Alterando o Estilo da Tabela

As cores atuais da planilha (com tabela) não estão de acordo com o padrão de cores que estávamos usando em nossas formatações. Assim, temos que alterar o estilo da tabela em busca de cores que combinem com o trabalho que pretendemos fazer (em tons de verde).

 Observação: Quando clicamos sobre qualquer intervalo que esteja incluí-do na tabela, surge uma nova guia específica chamada *Design da Tabela*. Experimente clicar em *B7* (dentro da tabela) e em seguida em *H7* (fora da tabela) enquanto observa a última guia na faixa de opções. **Note que a guia específica só aparece ao clicar sobre a tabela.**

1. Clique sobre a célula *B7* (ou qualquer outra dentro do intervalo de tabela).

2. Clique sobre a guia *Design de Tabela (1)* (para ver as funcionalidades relacionadas à tabela).

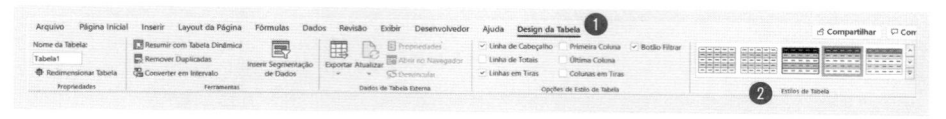

3. No grupo *Estilos de Tabela (2)*, clique na "seta" de baixo para abrir as opções de estilos.

4. Escolha o estilo *Verde-claro, Estilo de Tabela Média 28*.

5. Observe que a tabela está bem mais parecida com o estilo que formatamos "na mão".

	A	B	C	D	E
1	Alunos Matriculados no Curso de Excel Senac				
2	Aluno	Conhecer Excel	Praticar Funções	Conhecer Excel com VBA	Faltas
3	Luciano	8,0	7,0	6,0	3
4	Rodrigo	6,5	8,0	8,0	1
5	Ricardo	7,0	6,0	7,5	2
6	Ricardo Silva	8,0	7,0	6,0	0
7	Leonardo	9,0	10,0	9,0	1
8	Léia	6,0	5,0	6,0	3
9	Roberto	9,0	10,0	10,0	1
10	Sabino	10,0	10,0	10,0	2
11	Edmundo	7,0	8,0	10,0	5
12	Rita	6,0	5,0	10,0	2
13	Regina	4,0	6,0	6,0	0
14	Maria	10,0	9,0	10,0	4
15	João	9,0	8,0	7,0	2

 Dica: Uma das grandes vantagens de usar a formatação como tabela é usar as linhas destacadas (cores alternadas) sem precisar preocupar-se com as alterações necessárias quando inserir ou excluir uma linha. O próprio Excel manterá as cores alternadas automaticamente.

Outros recursos da Formatação como Tabela

É possível notar pela quantidade de comandos na guia *Design de Tabela*, que esse recurso vai muito além de apenas formatação. Vamos verificar algumas outras opções ao aplicar uma tabela.

Alterando as Opções de Estilo de Tabela

1. Selecione qualquer intervalo dentro da tabela.

2. Na guia *Design da Tabela*, no grupo *Opções de Estilo de Tabela*.

3. Desmarque a caixa de seleção *Botão Filtrar* (observe que os filtros da linha de rótulo serão retirados).

4. Desmarque a caixa de seleção *Linhas em Tiras* (veja que as linhas passam a ser todas da mesma cor).

5. Marque as opções *Primeira Coluna* e *Última Coluna* (note que, nesta opção de estilo, o destaque é feito com negrito).

6. Ajuste a largura da coluna *A*, como já aprendemos, para que caibam todos os nomes.

7. Por último, selecione a opção *Colunas em Tiras* e veja como agora são as colunas que alternam de cor.

	A	B	C	D	E
1		Alunos Matriculados no Curso de Excel Senac			
2	Aluno	Conhecer Excel	Praticar Funções	Conhecer Excel com VBA	Faltas
3	Luciano	8,0	7,0	6,0	3
4	Rodrigo	6,5	8,0	8,0	1
5	Ricardo	7,0	6,0	7,5	2
6	Ricardo Silva	8,0	7,0	6,0	0
7	Leonardo	9,0	10,0	9,0	1
8	Léia	6,0	5,0	6,0	3
9	Roberto	9,0	10,0	10,0	1
10	Sabino	10,0	10,0	10,0	2
11	Edmundo	7,0	8,0	10,0	5
12	Rita	6,0	5,0	10,0	2
13	Regina	4,0	6,0	6,0	0
14	Maria	10,0	9,0	10,0	4
15	João	9,0	8,0	7,0	2

Inserindo uma Linha de Totais

1. Selecione qualquer intervalo dentro da tabela.

2. Na guia *Design da Tabela*, no grupo *Opções de Estilo de Tabela*, marque a opção *Linha de Totais* (observe que será adicionada uma linha no final da planilha com os totais da última coluna).

	A	B	C	D	E
1		Alunos Matriculados no Curso de Excel Senac			
2	Aluno	Conhecer Excel	Praticar Funções	Conhecer Excel com VBA	Faltas
3	Luciano	8,0	7,0	6,0	3
4	Rodrigo	6,5	8,0	8,0	1
5	Ricardo	7,0	6,0	7,5	2
6	Ricardo Silva	8,0	7,0	6,0	0
7	Leonardo	9,0	10,0	9,0	1
8	Léia	6,0	5,0	6,0	3
9	Roberto	9,0	10,0	10,0	1
10	Sabino	10,0	10,0	10,0	2
11	Edmundo	7,0	8,0	10,0	5
12	Rita	6,0	5,0	10,0	2
13	Regina	4,0	6,0	6,0	0
14	Maria	10,0	9,0	10,0	4
15	João	9,0	8,0	7,0	2
16	Total				26

3. Em seguida, selecione a célula *E16* (na linha de totais). Ao clicar sobre a célula, vai aparecer uma setinha à direita. Nas opções, escolha *Média*.

4. Repita os passos para as células *B16*, *C16* e *D16*, e escolha *Soma*.

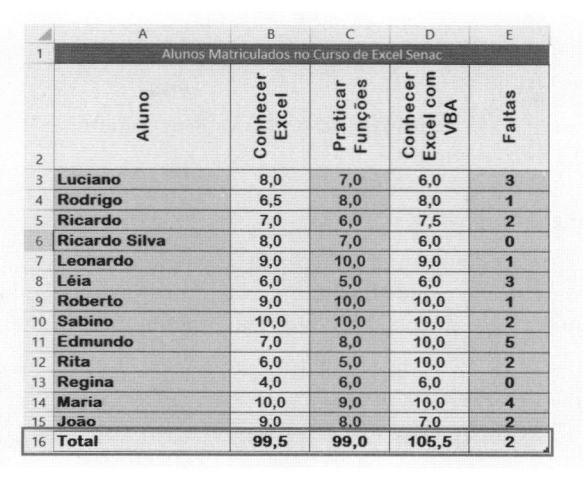

	A	B	C	D	E
1	Alunos Matriculados no Curso de Excel Senac				
2	Aluno	Conhecer Excel	Praticar Funções	Conhecer Excel com VBA	Faltas
3	Luciano	8,0	7,0	6,0	3
4	Rodrigo	6,5	8,0	8,0	1
5	Ricardo	7,0	6,0	7,5	2
6	Ricardo Silva	8,0	7,0	6,0	0
7	Leonardo	9,0	10,0	9,0	1
8	Léia	6,0	5,0	6,0	3
9	Roberto	9,0	10,0	10,0	1
10	Sabino	10,0	10,0	10,0	2
11	Edmundo	7,0	8,0	10,0	5
12	Rita	6,0	5,0	10,0	2
13	Regina	4,0	6,0	6,0	0
14	Maria	10,0	9,0	10,0	4
15	João	9,0	8,0	7,0	2
16	Total	99,5	99,0	105,5	2

Criando Segmentação de Dados

A segmentação de dados é um tipo de filtro avançado que facilita a visualização dos dados e é de fácil uso, mesmo por pessoas com conhecimentos bem básicos de Excel.

1. Selecione qualquer intervalo dentro da tabela.

2. Na guia *Design da Tabela*, no grupo *Ferramentas*, clique em *Inserir Segmentação de Dados*.

3. Em seguida, escolha a segmentação por *Conhecer Excel*.

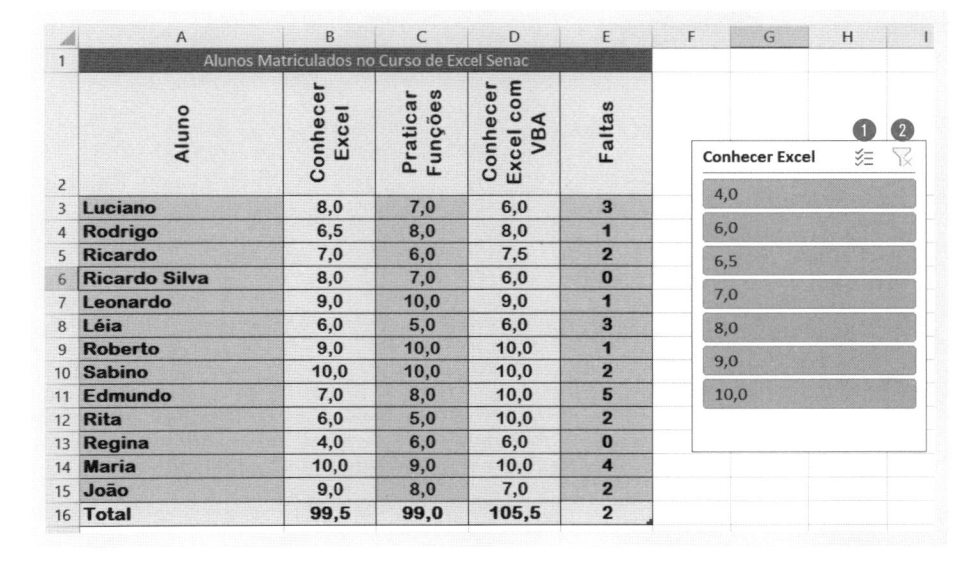

	A	B	C	D	E	F	G	H	I
1	Alunos Matriculados no Curso de Excel Senac								
2	Aluno	Conhecer Excel	Praticar Funções	Conhecer Excel com VBA	Faltas				
3	Luciano	8,0	7,0	6,0	3				
4	Rodrigo	6,5	8,0	8,0	1				
5	Ricardo	7,0	6,0	7,5	2				
6	Ricardo Silva	8,0	7,0	6,0	0				
7	Leonardo	9,0	10,0	9,0	1				
8	Léia	6,0	5,0	6,0	3				
9	Roberto	9,0	10,0	10,0	1				
10	Sabino	10,0	10,0	10,0	2				
11	Edmundo	7,0	8,0	10,0	5				
12	Rita	6,0	5,0	10,0	2				
13	Regina	4,0	6,0	6,0	0				
14	Maria	10,0	9,0	10,0	4				
15	João	9,0	8,0	7,0	2				
16	Total	99,5	99,0	105,5	2				

Conhecer Excel
- 4,0
- 6,0
- 6,5
- 7,0
- 8,0
- 9,0
- 10,0

4. Agora basta clicar sobre a nota desejada para filtrar os alunos que obtiveram essa nota.

5. Para selecionar mais de um filtro ao mesmo tempo, clique sobre o botão de lista ao lado do nome *Conhecer Excel* (1).

6. Para limpar o filtro, clique sobre o desenho do filtro com um "x" (2) no canto superior direito do filtro de dados.

Mudando o nome da tabela

Quando criamos uma tabela, além das formatações e dos recursos que já vimos, estamos dizendo para o Excel que aquele intervalo é um "banco de dados". Por isso, a tabela tem um nome, que pode ser alterado para que tenhamos mais controle sobre sua utilização.

1. Selecione qualquer intervalo dentro da tabela.

2. Na guia *Design da Tabela*, no grupo *Propriedades*, mude o *Nome da Tabela* para *Notas_Alunos*.

 Dica: Como será usada em fórmulas e referências, não é possível criar um nome de tabela com espaços em branco.

Cancelando a formatação de tabela

É possível cancelar a formatação de tabela de uma planilha utilizando a opção *Converter em Intervalo*, disponível também na guia *Design da Tabela*.

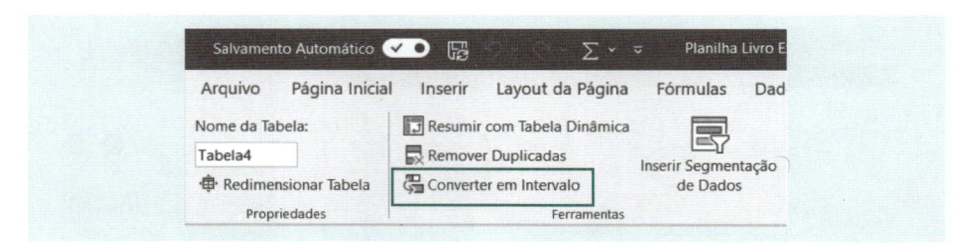

1. Selecione qualquer intervalo dentro da tabela.

2. Na guia *Design da Tabela*, no grupo *Ferramentas*, clique em *Converter em Intervalo*.

 Observe: Ao transformar a tabela em um intervalo, note que os recursos adicionais (como segmentação de dados) serão perdidos, mas a formatação que foi feita na tabela permanece como uma formatação "direta". Além disso, é possível perceber que não haverá mais a guia *Design da Tabela* quando clicar sobre os dados do intervalo.

▲	A	B	C	D	E
1	Alunos Matriculados no Curso de Excel Senac				
2	Aluno	Conhecer Excel	Praticar Funções	Conhecer Excel com VBA	Faltas
3	Luciano	8,0	7,0	6,0	3
4	Rodrigo	6,5	8,0	8,0	1
5	Ricardo	7,0	6,0	7,5	2
6	Ricardo Silva	8,0	7,0	6,0	0
7	Leonardo	9,0	10,0	9,0	1
8	Léia	6,0	5,0	6,0	3
9	Roberto	9,0	10,0	10,0	1
10	Sabino	10,0	10,0	10,0	2
11	Edmundo	7,0	8,0	10,0	5
12	Rita	6,0	5,0	10,0	2
13	Regina	4,0	6,0	6,0	0
14	Maria	10,0	9,0	10,0	4
15	João	9,0	8,0	7,0	2
16	Total	99,5	99,0	105,5	2

Atenção no uso de tabela

Embora traga várias facilidades, o uso de tabela pode atrapalhar alguns aspectos que devem ser observados:

1. A formatação que fazemos de maneira direta pode misturar com a formatação da tabela e criar algumas confusões na hora de alterar a planilha.

2. Na criação de tabelas, o Excel cria nomes para os intervalos que podem confundir os mais iniciantes no Excel (principalmente na hora de montar funções, como veremos mais à frente).

3. Mesmo depois de reverter a formatação como tabela, os formatos aplicados serão mantidos.

FORMATAÇÃO CONDICIONAL

Depois de aprender sobre a formatação de células e a formatação como tabela, é importante sabermos que o Excel fornece uma alternativa "inteligente" de formatação que conhecemos como *Formatação Condicional*.

A formatação condicional agrega alguma condição para decidir qual formatação será aplicada.

Destacando as notas maiores que 7,0

É possível aplicar uma formatação que respeite a condição de formatar apenas as células com valor maior que um determinado número. Isso pode, por exemplo, auxiliar um professor a identificar rapidamente as maiores notas.

Aplicaremos um destaque nas notas que estiverem acima de 7 (sete).

1. Selecione o intervalo *B3:D15*.

2. Na guia *Página Inicial*, no grupo *Estilos*, clique em *Formatação Condicional*.

3. Em seguida, escolha *Regras de Realce das Células*.

4. Clique em *É Maior que*, para abrir a caixa de diálogo.

5. Digite *7* no campo *Formatar células que são MAIORES DO QUE:* (observe que o Excel sugere alguns tipos de formatação para o texto).

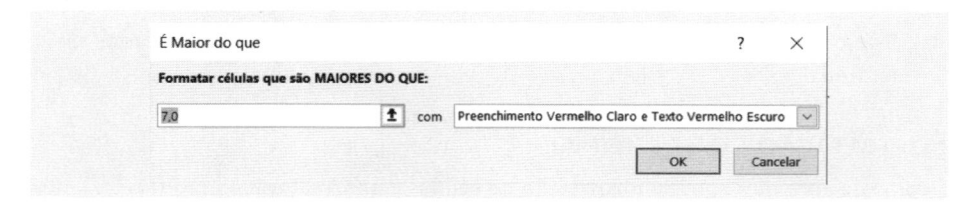

6. No campo de formatação *com*, clique na seta e escolha *Formato personalizado*.

7. Selecione *Preenchimento* (1) e escolha *cor amarela*.

8. Clique em *OK* (2).

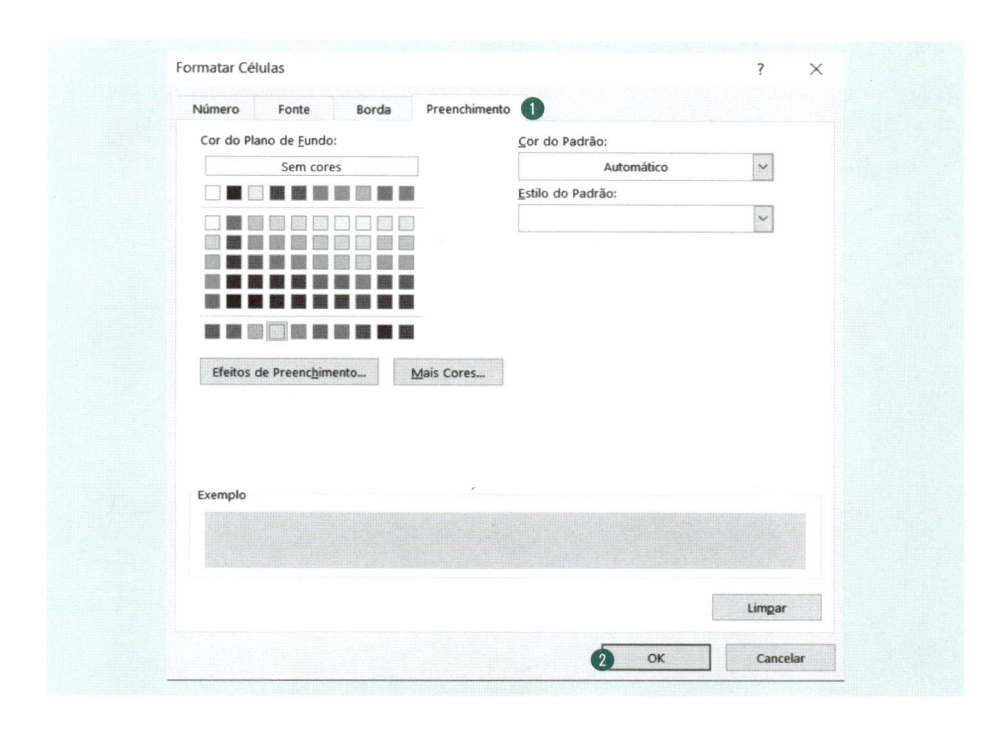

A sua planilha deve ficar assim:

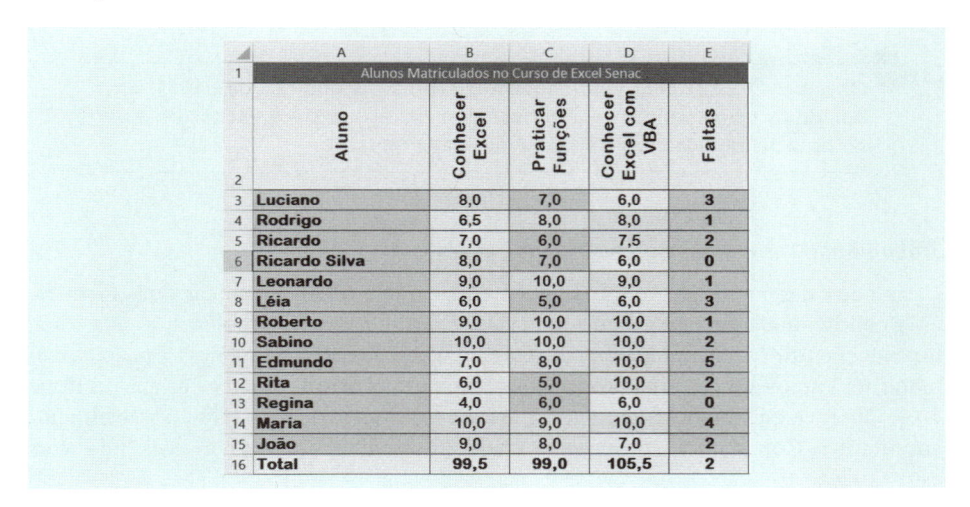

	A	B	C	D	E
1	Alunos Matriculados no Curso de Excel Senac				
2	Aluno	Conhecer Excel	Praticar Funções	Conhecer Excel com VBA	Faltas
3	Luciano	8,0	7,0	6,0	3
4	Rodrigo	6,5	8,0	8,0	1
5	Ricardo	7,0	6,0	7,5	2
6	Ricardo Silva	8,0	7,0	6,0	0
7	Leonardo	9,0	10,0	9,0	1
8	Léia	6,0	5,0	6,0	3
9	Roberto	9,0	10,0	10,0	1
10	Sabino	10,0	10,0	10,0	2
11	Edmundo	7,0	8,0	10,0	5
12	Rita	6,0	5,0	10,0	2
13	Regina	4,0	6,0	6,0	0
14	Maria	10,0	9,0	10,0	4
15	João	9,0	8,0	7,0	2
16	Total	99,5	99,0	105,5	2

 Dica: Além desse recurso dispor os dados de modo mais inteligente, essa formatação será modificada automaticamente sempre que as notas mudarem. Assim, caso uma nota menor que 7,0 seja alterada para uma nota maior que 7,0, ficará amarela automaticamente.

Aplicando a formatação condicional Conjunto de Ícones

Existe uma grande variedade de formatações que podemos aplicar em uma planilha. Além do fato que podemos aplicar mais de uma regra para o mesmo intervalo.

1. Selecione novamente o intervalo *B3:D15*.

2. Em formatação condicional, escolha *Conjunto de Ícones*.

3. Em seguida, em *Indicadores*, escolha os indicadores *3 Símbolos (circulados)*.

	A	B	C	D	E
1		Alunos Matriculados no Curso de Excel Senac			
2	Aluno	Conhecer Excel	Praticar Funções	Conhecer Excel com VBA	Faltas
3	Luciano	8,0	7,0	6,0	3
4	Rodrigo	6,5	8,0	8,0	1
5	Ricardo	7,0	6,0	7,5	2
6	Ricardo Silva	8,0	7,0	6,0	0
7	Leonardo	9,0	10,0	9,0	1
8	Léia	6,0	5,0	6,0	3
9	Roberto	9,0	10,0	10,0	1
10	Sabino	10,0	10,0	10,0	2
11	Edmundo	7,0	8,0	10,0	5
12	Rita	6,0	5,0	10,0	2
13	Regina	4,0	6,0	6,0	0
14	Maria	10,0	9,0	10,0	4
15	João	9,0	8,0	7,0	2
16	Total	99,5	99,0	105,5	2

 Observe: O Excel gera automaticamente uma distribuição de dados, atribuindo os correspondentes. Para usuários mais avançados, é possível ajustar essa distribuição nas configurações da formatação.

Trabalhando com regras potencialmente conflitantes

Com a atividade anterior, foi possível entender que é possível colocar duas formatações condicionais em um mesmo intervalo. Contudo não há problema, pois as duas formatações que fizemos não são conflitantes. Vamos analisar uma nova opção de formatação. Vamos aplicar uma nova formatação para preencher com a cor azul as notas *10,0*. Observe que, como 10 é maior que 7, as duas formatações serão possivelmente conflitantes. Com a atividade a seguir, poderemos entender como o Excel "lida" com essa situação.

1. Selecione o intervalo *B3:D15*.

2. Na guia *Página Inicial*, no grupo *Estilos*, clique em *Formatação Condicional*.

3. Em seguida, escolha *Regras de Realce das Células*.

4. Clique em *É igual a...*, para abrir a caixa de diálogo.

5. Digite *10* no campo *Formatar células que são IGUAIS A:*.

6. No campo de formatação *com*, clique na seta e escolha *Formato personalizado*.

7. Selecione *Fonte* e escolha *Estilo da Fonte:* Negrito e *Cor:* Branca.

8. Na mesma caixa de diálogo, selecione *Preenchimento* e escolha a cor azul;

9. Clique em *Ok*.

	A	B Conhecer Excel	C Praticar Funções	D Conhecer Excel com VBA	E Faltas
1	Alunos Matriculados no Curso de Excel Senac				
2	Aluno				
3	Luciano	8,0	7,0	6,0	3
4	Rodrigo	6,5	8,0	8,0	1
5	Ricardo	7,0	6,0	7,5	2
6	Ricardo Silva	8,0	7,0	6,0	0
7	Leonardo	9,0	10,0	9,0	1
8	Léia	6,0	5,0	6,0	3
9	Roberto	9,0	10,0	10,0	1
10	Sabino	10,0	10,0	10,0	2
11	Edmundo	7,0	8,0	10,0	5
12	Rita	6,0	5,0	10,0	2
13	Regina	4,0	6,0	6,0	0
14	Maria	10,0	9,0	10,0	4
15	João	9,0	8,0	7,0	2
16	Total	99,5	99,0	105,5	2

 Observe: Mesmo tendo duas regras que potencialmente são conflitantes e aplicadas ao mesmo intervalo, o Excel aplicou corretamente as formatações. Porém, isso só aconteceu porque aplicamos as regras na *ordem certa*. Isso significa que o Excel mantém uma ordem de aplicação das regras e veremos a seguir como alterar essa regra.

Nem sempre as regras estarão ordenadas corretamente, uma vez que isso depende da ordem em que criamos as regras. A seguir, vamos aprender a inverter essa ordem e analisar o que acontece quando fazemos essa alteração.

Gerenciando regras de Formatação Condicional

Aprender a trabalhar com o gerenciamento das regras abre a possibilidade de trabalharmos mais efetivamente com as regras de formatação condicional.

1. Clique sobre uma das células do intervalo *B3:D15*.

2. Na guia *Página Inicial*, no grupo *Estilos*, clique em *Formatação Condicional*.

3. Em seguida, escolha *Gerenciar Regras*.

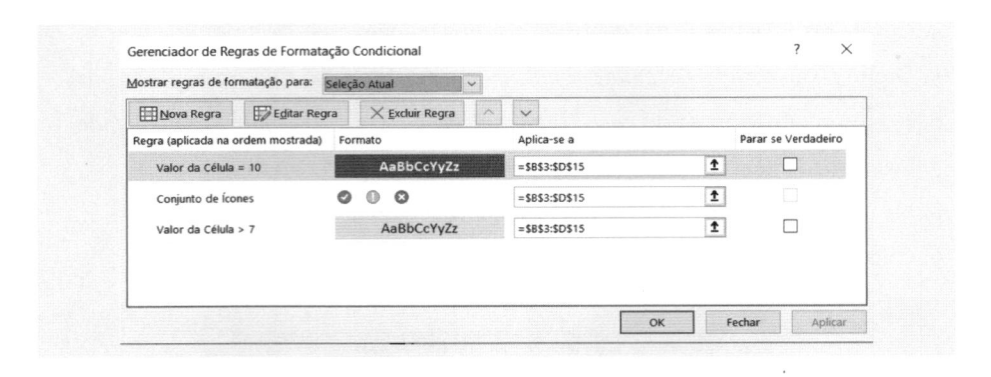

> **Observe:** Olhando de baixo para cima temos exatamente a ordem em que criamos as regras. Com essa sequência, o Excel garante que a aplicação das regras seja feita nesta ordem, como se estivéssemos aplicando camadas sucessivas de tinta, uma sobre a outra, prevalecendo a última.

Alterando a ordem das regras

Alterar a ordem das regras nos possibilita mudar as camadas de tinta que serão aplicadas.

1. Na caixa de diálogo *Gerenciador de Regras de Formatação Condicional* clique na regra *Valor da Célula = 10* (1).

2. Na sequência, clique duas vezes na *seta para baixo* (2) logo ao lado do botão *Excluir Regra*.

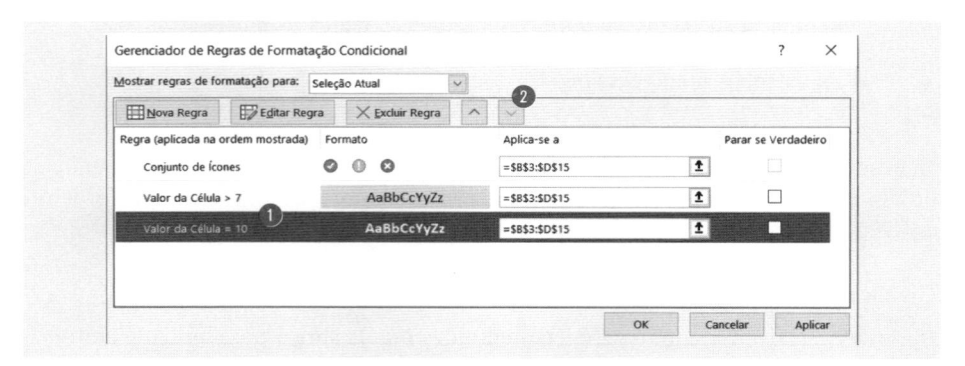

3. Para finalizar, clique *OK*.

Observe a planilha e o efeito que essa alteração causou:

	A	B	C	D	E
1	Alunos Matriculados no Curso de Excel Senac				
2	Aluno	Conhecer Excel	Praticar Funções	Conhecer Excel com VBA	Faltas
3	Luciano	8,0	7,0	6,0	3
4	Rodrigo	6,5	8,0	8,0	1
5	Ricardo	7,0	6,0	7,5	2
6	Ricardo Silva	8,0	7,0	6,0	0
7	Leonardo	9,0	10,0	9,0	1
8	Léia	6,0	5,0	6,0	3
9	Roberto	9,0	10,0	10,0	1
10	Sabino	10,0	10,0	10,0	2
11	Edmundo	7,0	8,0	10,0	5
12	Rita	6,0	5,0	10,0	2
13	Regina	4,0	6,0	6,0	0
14	Maria	10,0	9,0	10,0	4
15	João	9,0	8,0	7,0	2
16	Total	99,5	99,0	105,5	2

Análise: Podemos perceber que, embora as duas formatações tenham sido aplicadas novamente, a ordem de aplicação fez com que o fundo amarelo se sobrepusesse ao fundo azul, causando um efeito **indesejado**.

4. Para voltar ao estado anterior, aplique *Desfazer* (*CTRL + Z*) **ou** entre novamente em *Gerenciar Regras...* e volte a ordem para o original, de forma que apareça o fundo azul nas notas 10.

Dica: No gerenciamento de regras de formatação condicional, também é possível *Alterar* ou *Excluir* uma determinada regra.

Exercícios resolvidos

Vamos agora alterar e excluir a regra de formatação condicional para revisar o funcionamento do *Gerenciar Regras....*

1. Excluir a regra de formatação *Conjunto de Ícones.*

2. Alterar a regra de notas *maiores que 7*, para realçar as notas *menores que 5.*

Exercício resolvido 1: excluir a regra Conjunto de Ícones (passo a passo)

1. Clique sobre uma das células do intervalo *B3:D15.*

2. Na guia *Página Inicial*, no grupo *Estilos*, clique em *Formatação Condicional.*

3. Em seguida, escolha *Gerenciar Regras.*

4. Clique sobre a regra *Conjunto de Ícones.*

5. Depois, clique em *Excluir Regra.*

6. Para finalizar, clique em *OK.*

	A	B	C	D	E
1		Alunos Matriculados no Curso de Excel Senac			
2	Aluno	Conhecer Excel	Praticar Funções	Conhecer Excel com VBA	Faltas
3	Luciano	8,0	7,0	6,0	3
4	Rodrigo	6,5	8,0	8,0	1
5	Ricardo	7,0	6,0	7,5	2
6	Ricardo Silva	8,0	7,0	6,0	0
7	Leonardo	9,0	10,0	9,0	1
8	Léia	6,0	5,0	6,0	3
9	Roberto	9,0	10,0	10,0	1
10	Sabino	10,0	10,0	10,0	2
11	Edmundo	7,0	8,0	10,0	5
12	Rita	6,0	5,0	10,0	2
13	Regina	4,0	6,0	6,0	0
14	Maria	10,0	9,0	10,0	4
15	João	9,0	8,0	7,0	2
16	Total	99,5	99,0	105,5	2

Exercício resolvido 2: alterar a regra Maior do que (passo a passo)

1. Clique sobre uma das células do intervalo *B3:D15.*

2. Na guia *Página Inicial*, no grupo *Estilos*, clique em *Formatação Condicional.*

3. Em seguida, escolha *Gerenciar Regras.*

4. Clique sobre a regra *Valor da Célula > 7.*

5. Depois, clique em *Editar Regra.*

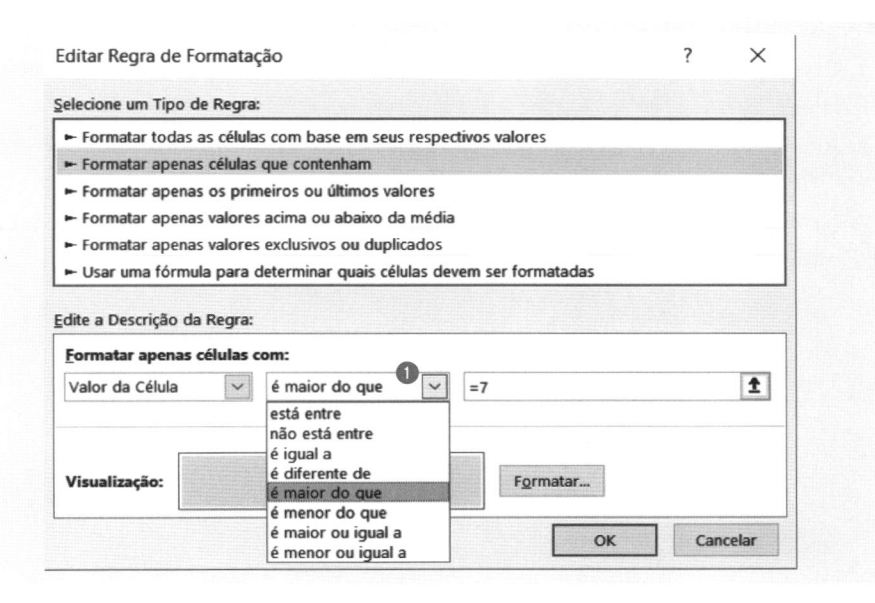

1. No campo de formatação *é maior do que* (1), altere para *é menor do que*.

2. No campo *=7*, altere para *=5*.

3. Finalize clicando *OK* nas duas caixas de diálogo.

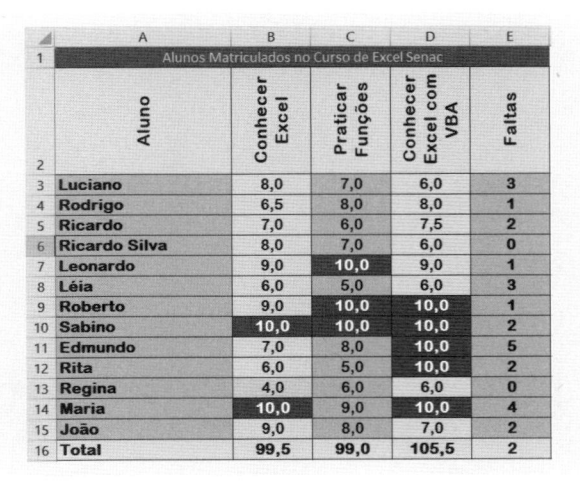

Exercícios propostos*

1. Crie uma formatação condicional para mostrar os alunos que tenham 3 ou mais faltas.

2. Altere a formatação da regra que realça as notas *10*, substituindo a cor de preenchimento na cor *Azul* para preenchimento na cor *Verde*.

*A resolução está no final do livro e essas atividades não influenciam na sequência dos capítulos.

Anotações

4
Modos de visualização, imprimir e salvar

OBJETIVOS

» Fazer visualizações específicas para cada necessidade

» Usar mais de um modo de visualização

» Ajustar o "zoom" da planilha de diferentes formas

» Incluir "cabeçalho" e "rodapé"

» Imprimir nosso trabalho

» "Salvar" a planilha de diferentes maneiras

Nada adiantaria trabalhar com uma ferramenta especializada se não soubéssemos como apresentar nosso trabalho de forma correta ou imprimir o resultado quando precisássemos compartilhá-lo em uma reunião ou palestra. Neste capítulo, iremos explorar recursos que podem nos ajudar nessas tarefas.

Para cada necessidade, um modo de visualizar

O Excel apresenta diversos modos de visualização, variando a forma de apresentação na tela, possibilitando personalizar cada planilha de acordo com a necessidade de cada um.

Basicamente, são três modos de visualizar: *Normal, Visualização da Quebra de Página* e *Layout da Página*. Esses modos podem ser encontrados na guia *Exibir*.

Modo de exibição: Normal

O modo de exibição *Normal* é o modo padrão nas planilhas no Excel. É indicado para trabalhar eletronicamente em um computador: inserindo dados e gerando gráficos, sem a necessidade de imprimir o arquivo.

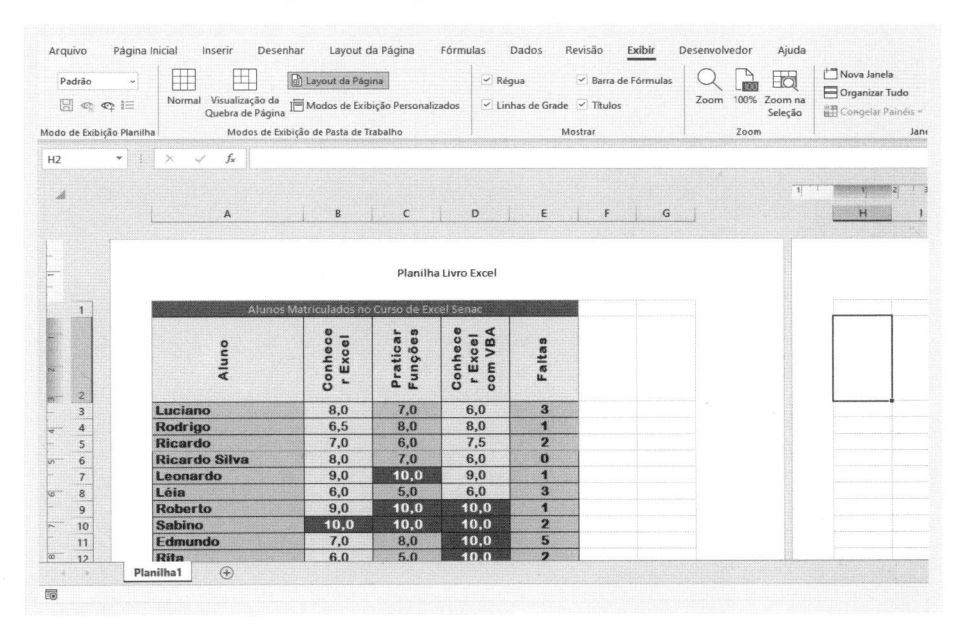

Modo de exibição: Visualização da Quebra de Página

O modo *Visualização da Quebra de Página* é indicado para trabalhos que exigem a criação de materiais impressos – em folhas A4, folhetos ou banners, por exemplo. Nesse modo, temos um rascunho de como a planilha será impressa.

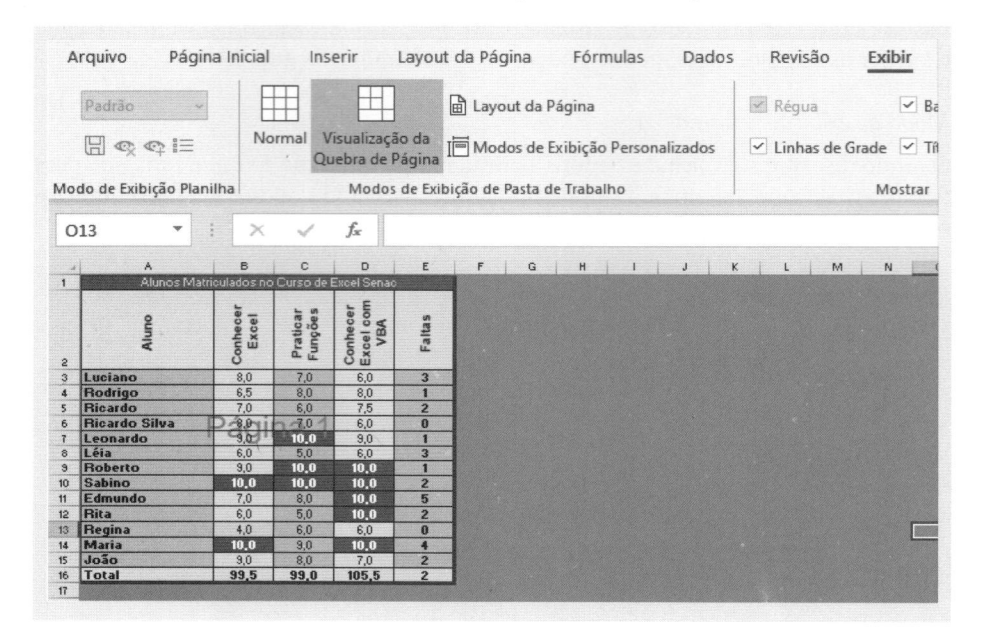

Modo de exibição: Layout da Página

O *Layout da Página* é um modo intermediário, também indicado para uma planilha que será impressa. Porém, é um modo que permite verificar como será a versão impressa ainda enquanto se edita a planilha.

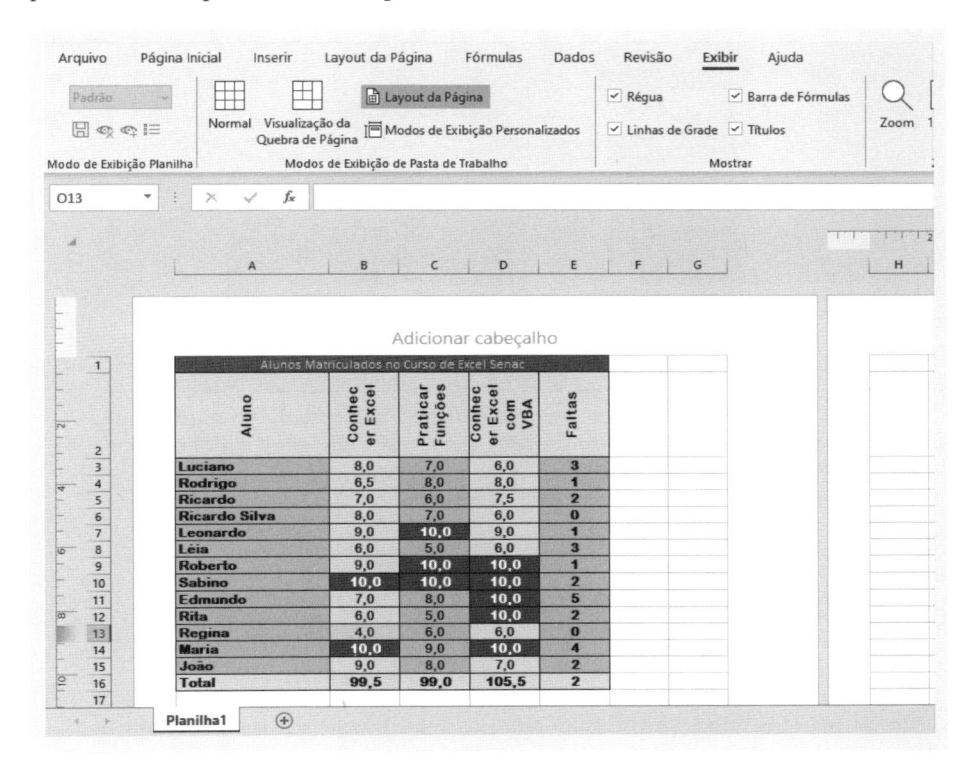

USANDO MÚLTIPLOS MODOS DE VISUALIZAÇÃO

Usando a guia *Exibir* é possível alterar do modo *Normal* para *Visualização da Quebra de Página* e *Layout da Página*.

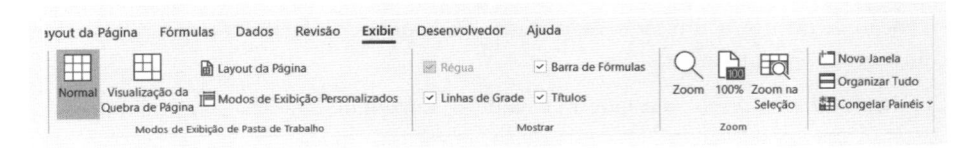

Na guia *Exibir* estão também as outras opções relacionadas à visualização de uma planilha, por exemplo: ocultar ou reexibir as linhas de grade, a barra de fórmulas ou a barra de títulos.

Alterando o Zoom de uma planilha

É possível aumentar ou diminuir o *Zoom* de uma planilha para facilitar a visualização de um trecho ou do conteúdo mais geral, de acordo com a necessidade. Experimente selecionar o intervalo *A7:D11*. Depois, clique em *Zoom na Seleção*.

	A	B	C	D
5	Ricardo	7,0	6,0	7,5
6	Ricardo Silva	8,0	7,0	6,0
7	Leonardo	9,0	10,0	9,0
8	Léia	6,0	5,0	6,0
9	Roberto	9,0	10,0	10,0
10	Sabino	10,0	10,0	10,0
11	Edmundo	7,0	8,0	10,0
12	Rita	6,0	5,0	10,0

 Dica: Para voltar o *Zoom* ao normal, utilize o botão *100%* ou na *Barra de Status* (canto inferior direito da tela) clique para aumentar ou diminuir o *Zoom*.

Incluindo cabeçalho e rodapé

Caso haja a necessidade de incluir informações adicionais em uma planilha, é possível adicionar *Cabeçalho* e *Rodapé*.

Cabeçalhos são conteúdos de topo de página, e servem em geral para indicar o assunto da planilha, como um nome, por exemplo. Já os rodapés são anotações que aparecerão ao pé da página, recursos usados em documentos impressos para explicar, comentar ou fornecer referências.

Existem alguns modos de inserir cabeçalho e rodapé nas planilhas.

Usando a opção Layout da página para inserir Cabeçalho e Rodapé

Como vimos, o modo de visualização de *Layout da Página* é ideal quando temos a intenção de imprimir um arquivo, por isso ele já oferece a facilidade de inserir cabeçalho e rodapé rapidamente:

1. Na guia *Exibir*, escolha o modo de exibição *Layout da Página*.

2. Clique sobre a área da planilha *Adicionar cabeçalho* (observe que aparece uma nova guia de opções *Cabeçalho & Rodapé*).

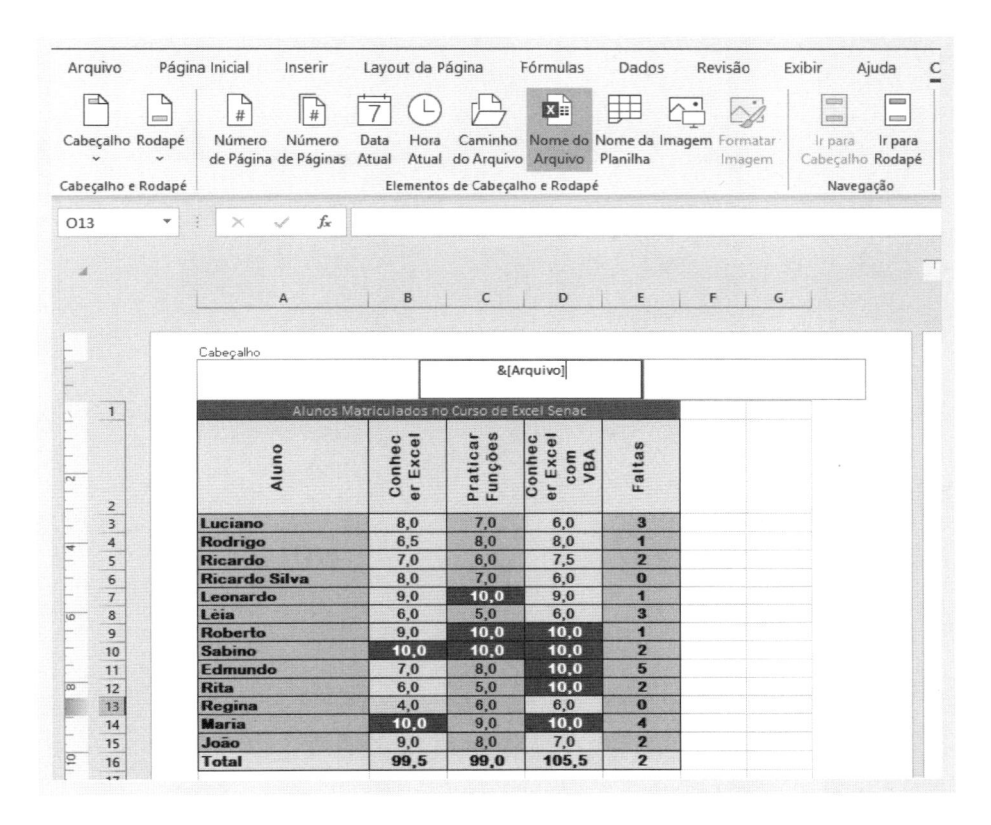

3. Na guia *Cabeçalho & Rodapé*, clique sobre *Nome do Arquivo*.

4. Em seguida, no grupo *Navegação*, clique sobre *Ir para Rodapé*.

5. No grupo *Elementos de Cabeçalho e Rodapé*, escolha *Número de Páginas*.

6. Para finalizar a edição do rodapé, clique fora da área do rodapé.

7. Na guia *Exibir*, volte para o modo de visualização *Normal*.

Usando as configurações de impressão da opção Imprimir para inserir cabeçalho e rodapé

Uma outra maneira de inserir cabeçalho e rodapé é utilizando a configuração de impressão que encontramos na opção *Imprimir*, da guia *Arquivo*:

1. Na guia *Arquivo*, escolha *Imprimir* (observe que o cabeçalho (1) e o rodapé (2) que fizemos já estão aparecendo na impressão).

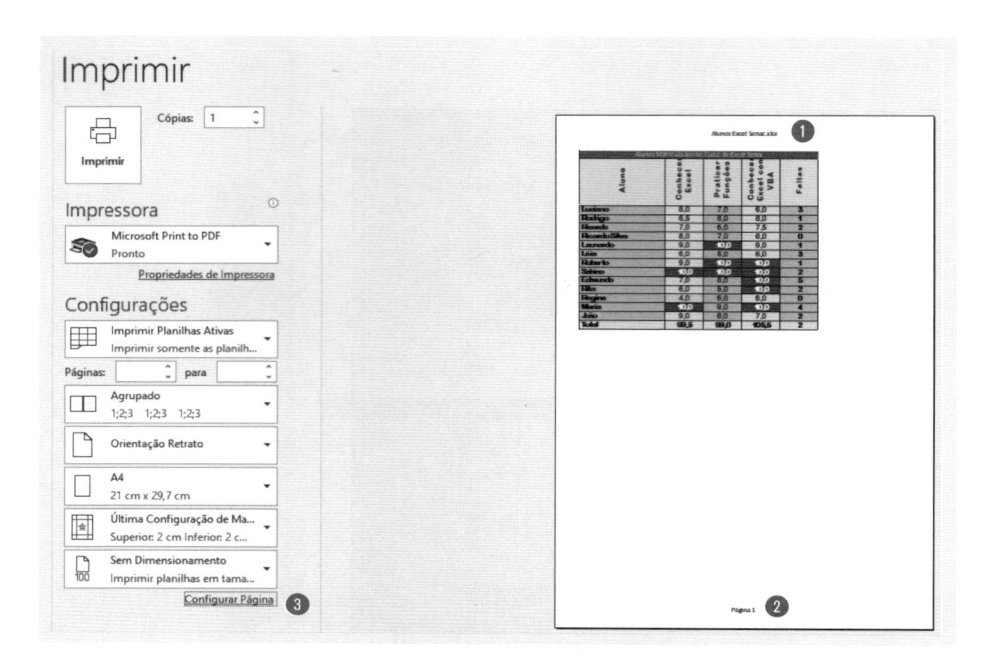

2. Escolha *Configurar Página* (3).

3. Na caixa de diálogo *Configurar Página*, escolha a aba *Cabeçalho/Rodapé*.

4. Clicando sobre os campos *Cabeçalho* e/ou *Rodapé*, é possível editá-los.

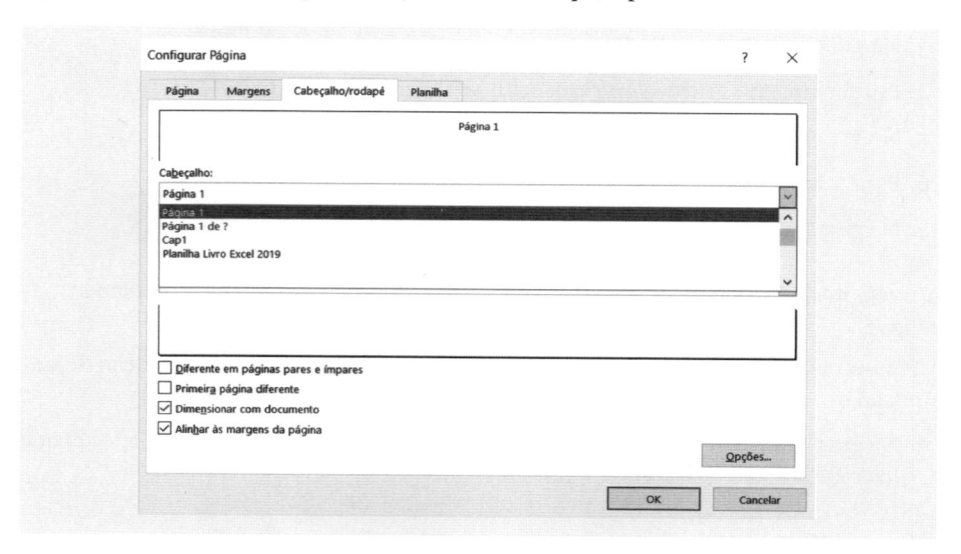

5. Observe que a forma de edição agora é por meio de campos predefinidos.

6. Clique na *Seta* da opção *Rodapé* e escolha *Página 1*.

7. Confirme com *OK*.

8. O rodapé já está alterado no layout da impressão.

9. Para voltar à planilha, clique na *Seta* (voltar) ou pressione *ESC*.

CONFIGURAR IMPRESSÃO

Além de cabeçalho e rodapé, as planilhas podem receber outros tratamentos no momento de imprimir.

 Dica: Use a impressão apenas quando for absolutamente necessário. Menos impressão é maior produtividade e maior proteção à natureza.

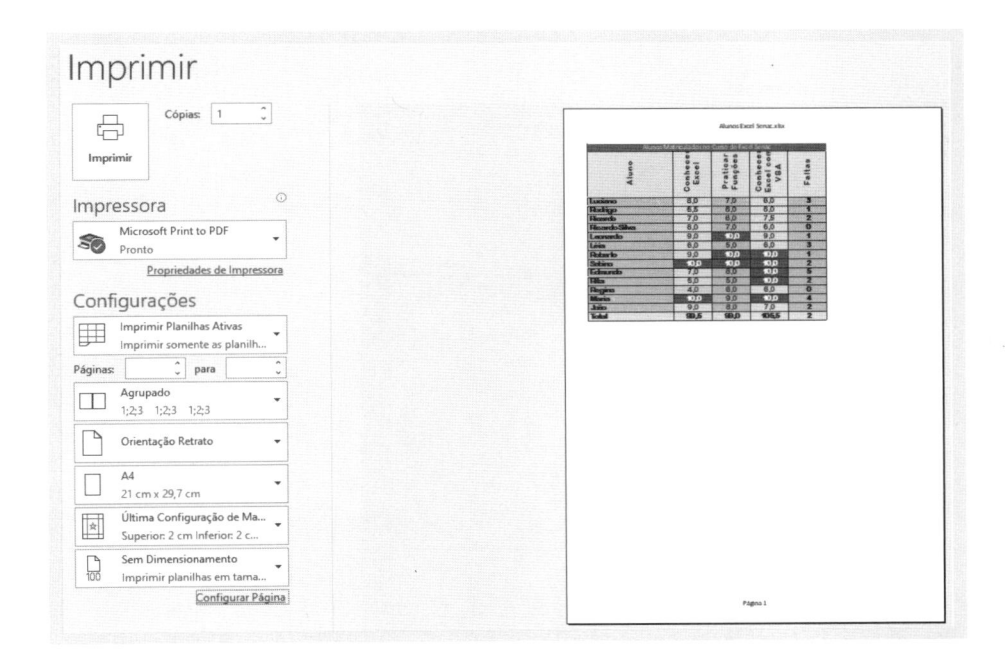

Número de cópias: ajustar a quantidade de cópias da planilha a serem impressas.

Impressora: escolher as impressoras disponíveis ou mesmo optar por outros métodos, como *imprimir para .PDF*, por exemplo.

Propriedades da impressora: de acordo com a impressora selecionada, é possível ajustar os detalhes de impressão.

Em *Configurações*, é possível escolher:

- Quais planilhas serão impressas;
- Em quantas páginas devem ser impressas;
- Como será o agrupamento;
- Orientação *Retrato* (em pé) ou *Paisagem* (deitado);
- Tamanho do papel;
- Configuração de margens;
- Dimensionamento personalizado.

Configurar Página

Para os usuários mais antigos do Excel, a opção *Configurar Página* é o acesso à caixa de diálogo que era utilizada para configurar a impressão nas versões anteriores. Dessa forma, embora tenha alguns detalhes específicos, muitas das configurações são iguais às que podemos fazer diretamente nos itens que vimos em *Configurar Impressão*.

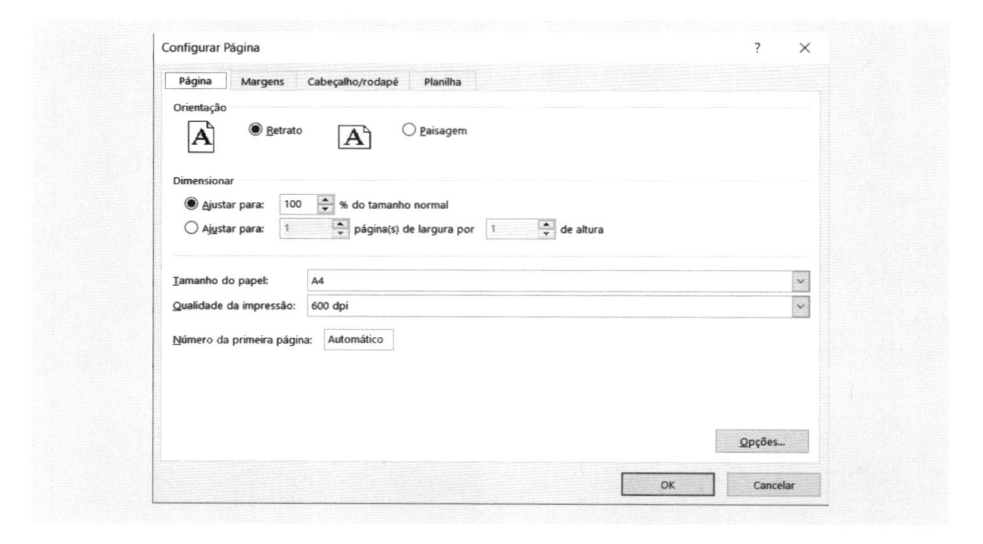

Alterando as configurações de impressão

Depois de definir todos os detalhes necessários para a impressão, na tela *Imprimir*, clique no botão *Imprimir* para finalizar o envio da planilha para a impressora selecionada.

OPÇÕES AVANÇADAS PARA *SALVAR COMO...*

Embora já tenhamos visto no Capítulo 1 como salvar uma planilha, existem alguns tópicos avançados que podem nos ajudar no dia a dia.

Diferenciando Salvar e Salvar como...

Utilizamos *Salvar* quando o arquivo já existe e queremos usar exatamente as mesmas opções que já usamos anteriormente (nome do arquivo, tipo do arquivo, local de gravação, entre outros). Escolher *Salvar* é a mesma coisa que digitar *CTRL + B* ou usar o ícone da barra de acesso rápido.

Caso apliquemos *Salvar* em uma planilha que ainda não está gravada, o Excel executará automaticamente *Salvar como....*

Escolhemos *Salvar como...* quando queremos gravar a pasta de trabalho pela primeira vez ou quando queremos alterar algum dos parâmetros que usamos anteriormente.

❶ Voltar. **❷** OneDrive. **❸** Localização das Pastas. **❹** Nome da Pasta de Trabalho.

Além do acesso aos locais de gravação do computador, o Excel permite a gravação do arquivo na nuvem utilizando o OneDrive, que facilita o acesso a partir de qualquer computador ou aplicativo (veremos essa opção no Capítulo 11 – Colaboração on-line).

Protegendo a planilha com senha

Caso seja necessário um grau extra de proteção de dados, é possível criar uma senha de abertura para a pasta de trabalho.

Com a planilha de alunos aberta, vamos adicionar uma senha de abertura, seguindo os passos:

1. Selecione a guia *Arquivo*.

2. Clique em *Informações* (1).

3. Em *Proteger pasta de Trabalho*, escolha *Criptografar com Senha* (2).

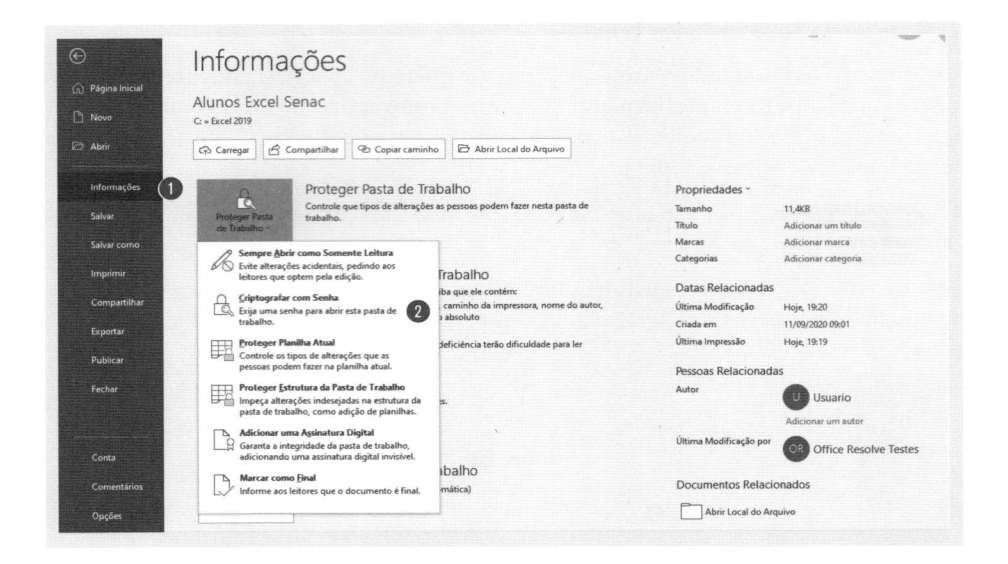

4. Digite a senha e confirme.

5. Observe que essa opção *Restringe a opção de outras pessoas trabalharem ao mesmo tempo*.

6. Confirme com *OK*.

 Dica: Use senha apenas quando for realmente necessário. Depois de algum tempo sem abrir a planilha é muito comum esquecer a senha e isso pode gerar um grande retrabalho.

Diferentes tipos de arquivo para Salvar

Entre as opções avançadas para salvar uma planilha, existe a opção de alterar o tipo do arquivo (extensão do arquivo). Por padrão, o Excel 2019 grava a planilha com extensão *.xlsx*.

Observe as principais opções de extensão de arquivos:

Formato	Extensão	Descrição
Pasta de trabalho do Excel	*.xlsx*	Formato de arquivo baseado em XML padrão para Excel 2010 e Excel 2007. Não pode armazenar o código de macro do Microsoft VBA (Visual Basic for Applications) ou planilhas de macro do Microsoft Office Excel 4.0 (.xlm).

Formato	Extensão	Descrição
Pasta de trabalho habilitada para macro do Excel (código)	.xlsm	Formato de arquivo baseado em XML e habilitado para macro para Excel 2016, Excel 2013, Excel 2010 e Excel 2007. Armazena o código de macro VBA ou as planilhas de macro do Excel 4.0 (.xlm).
Pasta de trabalho do Excel 97- Excel 2003	.xls	Formato de arquivo binário do Excel 97 - Excel 2003 (BIFF8). Mantém a compatibilidade com versões anteriores.
Formato PDF	.pdf	Permite salvar a planilha em formato .PDF, principalmente para compartilhar como um folheto eletrônico ou material não editável.

 Dica: Alguns recursos e formatação podem não estar disponíveis se você salvar a pasta de trabalho no formato de arquivo de uma versão anterior do Microsoft Excel ou de outro programa de planilha.

EXERCÍCIOS RESOLVIDOS

Vamos agora preparar algumas impressões da planilha de alunos.

1. Com a planilha de alunos aberta, prepare a impressão de uma lista completa com cabeçalho e rodapé, na orientação retrato para caber em uma página.

2. Prepare uma impressão da planilha contendo, além do cabeçalho, somente os três primeiros alunos da lista.

Exercícios resolvidos 1 – Configuração de impressão (cabeçalho/rodapé/retrato)

1. Abra a planilha *Alunos Excel Senac*.

2. Clique na guia *Arquivo* e selecione *Imprimir*.

3. Na caixa *Imprimir*, selecione *Configurar Página (1)*.

Imprimir

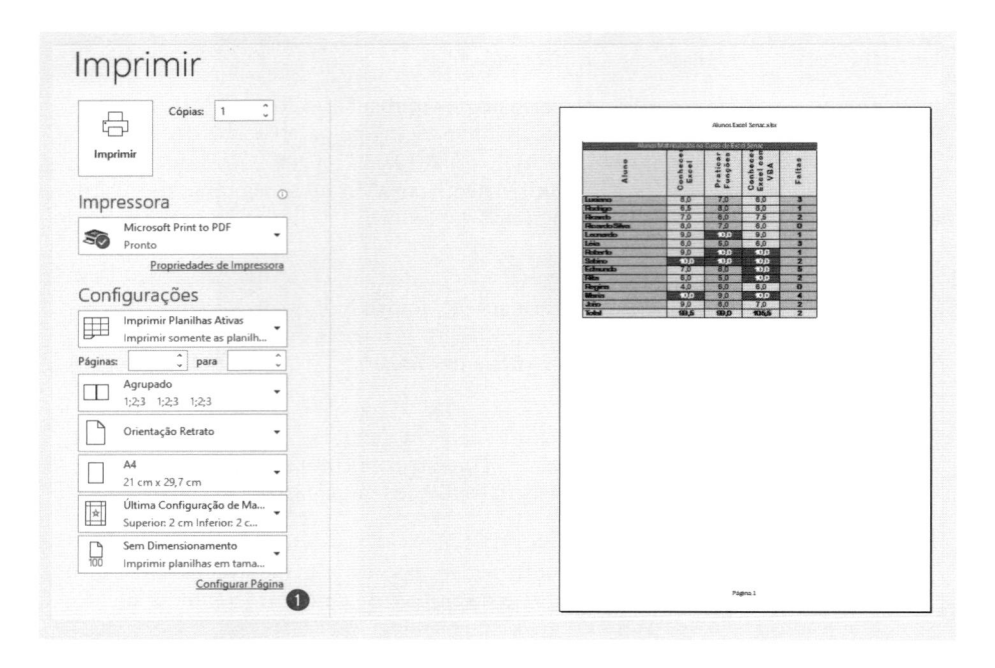

4. Selecione *Cabeçalho/rodapé*.

5. Com a *Seta* em *Cabeçalho*, escolha o nome da sua planilha.

6. Com a *Seta* em *Rodapé*, clique em *Página 1*.

7. Confirme com *Ok*.

8. Em *Configurações*, verifique se a opção *Orientação Retrato* está selecionada (se não estiver, altere de *Orientação Paisagem* para *Orientação Retrato*).

9. Em *Dimensionamento* (último campo de escolha), altere para *Ajustar Planilha em Uma página*.

10. Se tiver uma impressora configurada, escolha *Imprimir* (se quiser testar apenas sem gastar papel, escolha a impressora *Microsoft Print to PDF*).

Exercícios resolvidos 2 – Configuração de impressão (parte de uma planilha)

1. Na planilha *Alunos Excel Senac*, selecione o intervalo *A1:E5*.

2. Na guia *Layout de Página*, clique em *Área de impressão*.

3. Em seguida, escolha *Definir área de impressão*.

4. Para visualizar, na guia *Arquivo* escolha *Imprimir*.

5. Observe que agora o Excel apresenta somente a área que foi predefinida como área de impressão (1).

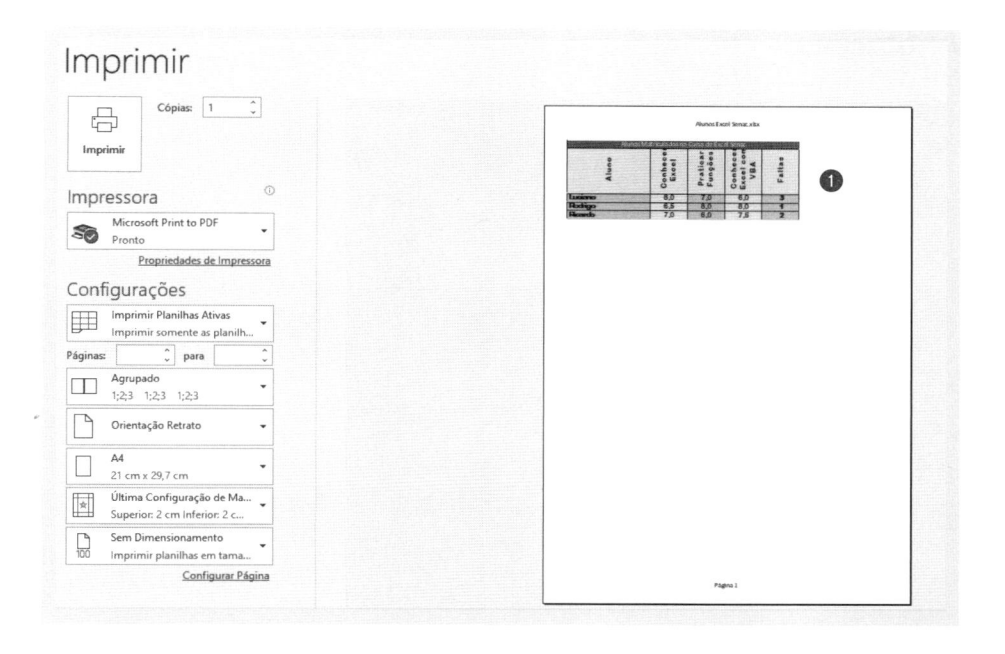

 Dica: Para "limpar" essa área de impressão definida, em *Layout de Página*, clique em *Área de Impressão* e, em seguida, em *Limpar área de impressão*.

Exercícios propostos*

1. Abra a pasta de trabalho *Capítulo 04 - Exercícios Propostos - Alunos Excel Senac Alterada* e prepare uma impressão com: *Orientação Paisagem, Cabeçalho* (nome da planilha) e um *Rodapé* (número de página).

2. Salve essa pasta de trabalho *Alunos Excel Senac Alterada*, protegendo-a com a senha *ABC*.

*A resolução está no final do livro e essas atividades não influenciam na sequência dos capítulos.

Anotações

5
Recursos de cálculo

OBJETIVOS

» Usar fórmulas e funções

» Trabalhar com percentuais (%)

» Criar um cálculo de média

» Utilizar diferentes tipos de referências

» Referenciar valores em outras planilhas

Os cálculos são uma parte muito importante no trabalho com planilhas. Por isso, veremos que o Excel tem várias funcionalidades dedicadas aos cálculos e que há muitas formas de usar cada uma delas.

Usando fórmulas e funções

O Excel está preparado para executar cálculos com rapidez, usando fórmulas e funções, que permitem resultados matemáticos, financeiros, percentuais ou exponenciais. Habituar-se a usar o sinal de igual para indicar ao Excel que se trata de um cálculo ou função e entender o conceito de "Referências" é fundamental para usar adequadamente os cálculos no software.

Uso do sinal de igual (=)

A maneira de indicar ao Excel que uma determinada célula contém um cálculo é iniciar a digitação com um sinal de igual. Ao digitar, por exemplo =10+10 estamos dizendo que aquela determinada célula deve ter o valor 20.

Usando referências

Referenciar uma célula é usar seu "endereço" como referência. Para referenciar uma célula é necessário digitar seu endereço dentro de outra célula, como =A1, por exemplo. Neste caso, a célula que receber essa referência terá o mesmo valor que a célula A1. Se digitássemos =A1+A2, estaríamos somando os valores de A1 e A2 na célula que receber esse "cálculo".

 Importante: Não é indicado digitar o endereço de uma célula **na própria célula**, para que não seja criada uma "**Referência Circular**". Referências circulares normalmente resultam em erro.

Para entender o uso de **cálculos** e **referências**, utilizaremos uma planilha do Senac com o cadastro dos alunos e suas respectivas mensalidades. Vamos fazer o passo a passo para criar essa planilha na mesma pasta de trabalho em que criamos a planilha com as notas dos alunos:

1. Com a pasta de trabalho *Alunos Excel Senac* aberta, clique no botão *Nova Planilha* (1) (isso criará uma planilha nova, na mesma pasta de trabalho que já estamos usando).

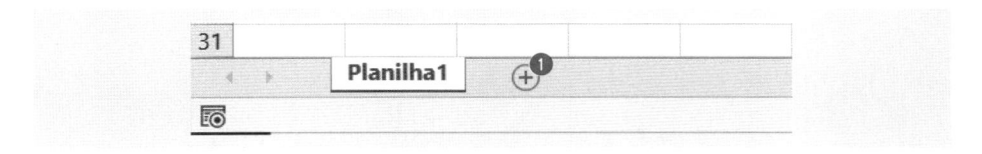

2. Agora nossa pasta de trabalho tem duas planilhas.

3. Observe que o Excel atribui automaticamente nomes, como: *planilha1* ou *planilha2*, (2).

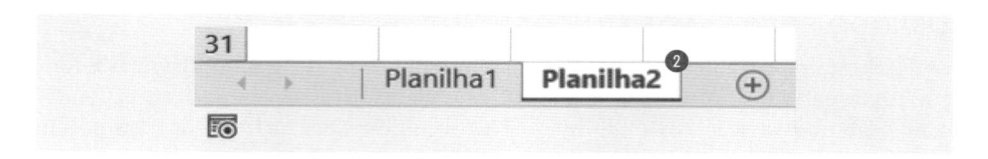

4. Para organizar as planilhas na pasta de trabalho, vamos criar nomes específicos para cada uma delas.

5. Clique duas vezes sobre o nome da primeira planilha (deve ser *planilha1*) e mude o nome para *Notas*.

6. Clique duas vezes sobre o nome da segunda planilha (deve ser *planilha2*) e mude o nome para *Cadastro*.

7. Os nomes devem estar aparecendo como na imagem a seguir:

8. Clique sobre a planilha nova (*Cadastro*), que deve estar em branco.

9. Usando o que aprendemos até agora, digite os dados como na imagem a seguir e formate a planilha.

Importante:

Pasta de trabalho é o termo que representa mais corretamente um arquivo do tipo *.xlsx* feito no Microsoft Excel. E cada uma das guias que criamos na pasta de trabalho é uma *planilha*.

Porém, algumas vezes no livro usamos o termo *planilha* (para nos referirmos à *Pasta de trabalho Alunos Excel Senac,* por exemplo) apenas para facilitar o entendimento dos alunos mais iniciantes, principalmente porque é comum que as pessoas usem os dois termos.

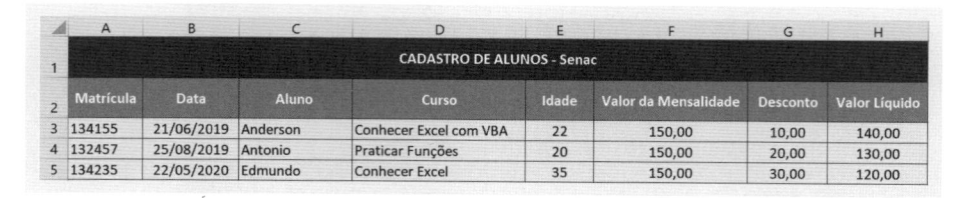

	Matrícula	Data	Aluno	Curso	Idade	Valor da Mensalidade	Desconto	Valor Líquido
1				CADASTRO DE ALUNOS - Senac				
3	134155	21/06/2019	Anderson	Conhecer Excel com VBA	22	150,00	10,00	140,00
4	132457	25/08/2019	Antonio	Praticar Funções	20	150,00	20,00	130,00
5	134235	22/05/2020	Edmundo	Conhecer Excel	35	150,00	30,00	120,00

Observe que na célula *H3* temos o valor *140,00*, que foi obtido do cálculo *150,00* (*valor da mensalidade*) menos *10,00* (*valor de desconto*), resultando em *140,00* (*valor armazenado*).

	C	D	E	F	G	H
1	CADASTRO DE ALUNOS - Senac					
2	Aluno	Curso	Idade	Valor da Mensalidade	Desconto	Valor Líquido
3	Anderson	Conhecer Excel com VBA	22	150,00	10,00	=F3-G3

 Observe: Diferentemente do que fazemos em uma calculadora, no Excel o sinal de igual é colocado no **início** do cálculo, e não no **final**.

Valor Fixo versus Referência

De forma geral, é sempre mais indicado utilizar referências a usar valores fixos. Embora para usuários mais iniciantes seja mais difícil organizar corretamente as planilhas, com o tempo fica bem claro como organizar seus cálculos para **evitar usar valores fixos**.

No exemplo a seguir, vamos avaliar duas opções para o mesmo cálculo:

Exemplo1: Usando valores fixos **(Evitar)**.

Na Célula *H3*, digite *=150-10*.

O Excel fará o cálculo e exibirá na célula *H3* o resultado *140,00* (lembre-se que a formatação do número deve ser feita na própria célula, não é necessário digitar a vírgula e os zeros depois da vírgula).

	C	D	E	F	G	H
1	CADASTRO DE ALUNOS - Senac					
2	Aluno	Curso	Idade	Valor da Mensalidade	Desconto	Valor Líquido
3	Anderson	Conhecer Excel com VBA	22	150,00	10,00	=150-10

Exemplo2: Usando referências **(Prefira fazer assim)**.

Na Célula *H3*, digite *=F3-G3*.

(O Excel fará o cálculo e vai exibir na célula *H3* o resultado *140,00*)

	C	D	E	F	G	H
1	CADASTRO DE ALUNOS - Senac					
2	Aluno	Curso	Idade	Valor da Mensalidade	Desconto	Valor Líquido
3	Anderson	Conhecer Excel com VBA	22	150,00	10,00	=F3-G3

Observe: Nos dois exemplos o resultado é o mesmo, porém somente no **Exemplo 2** os valores do cálculo serão atualizados automaticamente quando os valores da célula *F3* ou da célula *G3* forem alterados.

Operadores matemáticos

Para efetuar os cálculos básicos, utilizaremos os seguintes símbolos:

Símbolo	Operação
+	Soma
-	Subtração
*	Multiplicação
/	Divisão
^	Potenciação

Os operadores e a "precedência" de cálculo

Quando efetuamos mais de uma operação matemática, existe uma precedência natural de cálculos. Por exemplo: soma e subtração devem ser feitas após as multiplicações e divisões (a menos que haja parênteses). Essa precedência vem da própria matemática e o Excel respeita essa regra no momento de efetuar cálculos.

Vejamos alguns exemplos:

Exemplo 1: Digitação: =3+4*5

O Excel seguirá a ordem de cálculo, fazendo primeiro a multiplicação (*4*5*) e depois a soma com *3*. O resultado, então, será *23*.

Exemplo 2: Digitação: =(3+4)*5

Neste exemplo, o Excel fará primeiro o que está entre parênteses. Primeiro a adição (*3+4*) e, em seguida, a multiplicação. O resultado, então, será *35*.

Exemplo 3: Digitação: =A1+A2*A3

Neste exemplo, o Excel resolve primeiro a multiplicação (*A2*A3*) e, em seguida, a adição (*A1*). O resultado depende dos valores das células.

Para elaborar as fórmulas com os operadores matemáticos é importante respeitar a "precedência dos operadores". Isso significa que uma multiplicação sempre deverá ser resolvida antes de se efetuar uma soma, respeitando as regras matemáticas de ordem de cálculo. Para alterar essa precedência, você pode usar os parênteses (*)* de maneira a fixar quais cálculos devem ser efetuados em primeiro lugar.

A tabela a seguir mostra os operadores e a ordem de resolução dos cálculos:

Ordem	Operador	O que representa
1	^	**Potência:** o sinal "circunflexo" representa que um número foi elevado a uma potência. Exemplo "=2^2" representa 2 **elevado ao quadrado.**
2	*	**Multiplicação:** o asterisco representa que dois números devem ser multiplicados entre si.
2	/	**Divisão:** a barra representa que um número deve ser dividido pelo outro. A multiplicação e a divisão têm a mesma precedência na ordem de cálculo.
3	+	**Soma:** o sinal de "mais" representa uma soma.
3	-	**Subtração:** o sinal de "menos" representa uma subtração. A subtração e a soma têm a mesma precedência na ordem de cálculo.

Visualizando as fórmulas

Para facilitar a visualização dos cálculos, o Excel possui a *Barra de Fórmulas*. Isso nos será muito útil para visualizar as fórmulas que estão digitadas na célula, uma vez que ao digitar *Enter* o que passará a aparecer na célula será o resultado da fórmula (e não a fórmula em si).

	C	D	E	F
1	CADASTRO DE ALUNOS - Senac			
2	Aluno	Curso	Idade	Valor da Mensalidade
3	Anderson	Conhecer Excel com VBA	22	150,00
4	Antonio	Praticar Funções	20	150,00
5	Edmundo	Conhecer Excel	35	150,00

A barra de fórmulas é muito útil quando o assunto são as fórmulas no Excel. Nela existem três elementos básicos: a *Caixa de Nomes* (1), a *Caixa de Funções* (2) e a *Caixa de fórmulas* (3).

A *Caixa de Nomes* indica o endereço da célula, o intervalo selecionado, e mostra também o nome da célula ou intervalo quando estes estiverem nomeados.

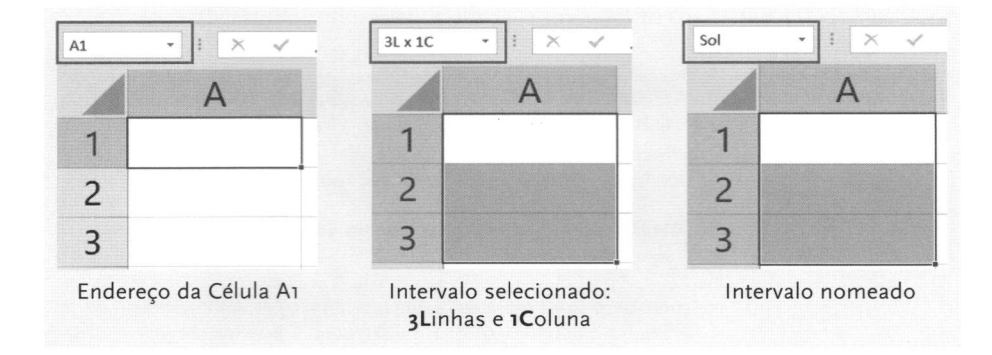

Endereço da Célula A1	Intervalo selecionado: 3Linhas e 1Coluna	Intervalo nomeado

A *Caixa de Funções* é um atalho para inserir, confirmar ou cancelar uma função em uma planilha.

A *Caixa de Fórmulas* exibe as fórmulas, as funções e todo conteúdo *digitado* em uma célula selecionada (observe que esse valor pode ser diferente do valor "exibido" em uma célula).

Entender a diferença entre o *Valor Exibido* e o *Valor Armazenado* facilita muito o uso das funções e dos cálculos no Microsoft Excel.

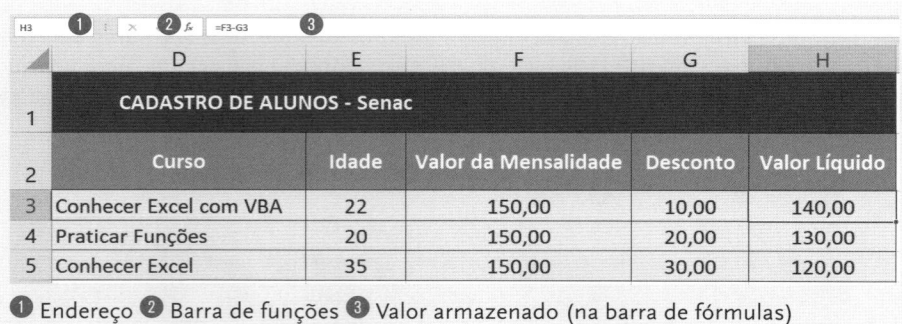

	D	E	F	G	H
1	CADASTRO DE ALUNOS - Senac				
2	Curso	Idade	Valor da Mensalidade	Desconto	Valor Líquido
3	Conhecer Excel com VBA	22	150,00	10,00	140,00
4	Praticar Funções	20	150,00	20,00	130,00
5	Conhecer Excel	35	150,00	30,00	120,00

① Endereço ② Barra de funções ③ Valor armazenado (na barra de fórmulas)

Dica: Na *Barra de Status* é possível visualizar alguns resultados rápidos de operações com os valores dos intervalos que estivermos trabalhando.

As funções exibidas por padrão na *Barra de Status* são: *Média* (1), *Contagem* (2) e *Soma* (3) (aprenderemos a trabalhar com funções no capítulo seguinte).

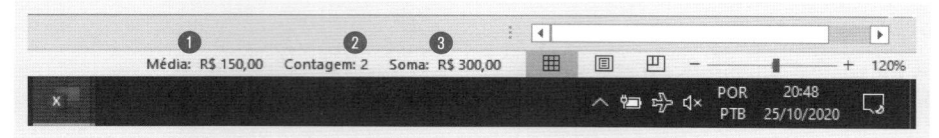

Criando cálculos com percentual (%)

Observe que na planilha de desconto dos alunos que utilizamos foram aplicados os descontos para calcular o valor líquido de cada mensalidade. Ainda não identificamos na planilha o valor do desconto em *percentual*.

Calculando o Percentual

Vamos criar uma coluna *I* para calcular o valor em percentual.

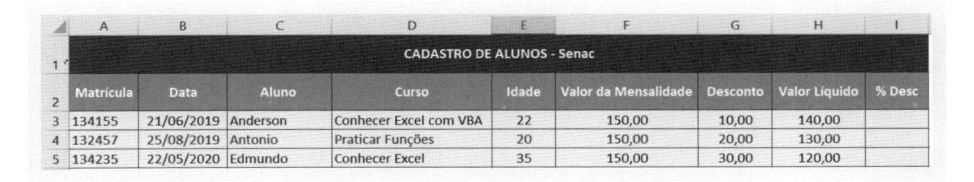

	Matrícula	Data	Aluno	Curso	Idade	Valor da Mensalidade	Desconto	Valor Líquido	% Desc
1	CADASTRO DE ALUNOS - Senac								
3	134155	21/06/2019	Anderson	Conhecer Excel com VBA	22	150,00	10,00	140,00	
4	132457	25/08/2019	Antonio	Praticar Funções	20	150,00	20,00	130,00	
5	134235	22/05/2020	Edmundo	Conhecer Excel	35	150,00	30,00	120,00	

1. Selecione a célula *I3*.

2. Digite a seguinte fórmula: =G3/F3.

3. O resultado será *0,066667* (este é o resultado em números decimais, e precisamos alterar a configuração para percentual).

4. Deixe selecionada a célula *I3* e clique sobre o ícone % no grupo *Números* da guia *Página Inicial*.

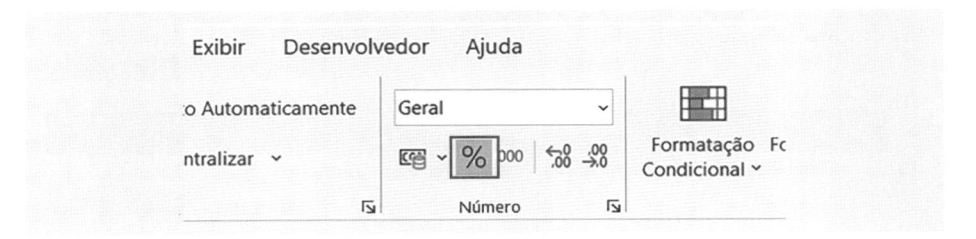

5. O *Valor Exibido* será *7%*, por causa do arredondamento.

6. Aumente o número de casas decimais, clicando duas vezes sobre o ícone *Aumentar Casas Decimais* no grupo *Números*.

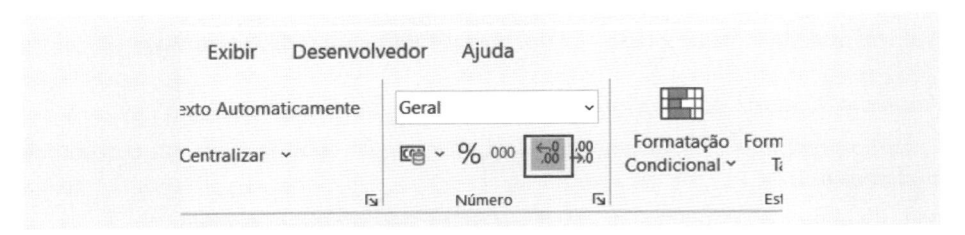

7. Faça a mesma fórmula nas células seguintes da coluna (aprenderemos algumas formas mais fáceis de "replicar" fórmulas e funções no próximo capítulo).

A planilha deverá estar assim:

	A	B	C	D	E	F	G	H	I
1				CADASTRO DE ALUNOS - Senac					
2	Matrícula	Data	Aluno	Curso	Idade	Valor da Mensalidade	Desconto	Valor Líquido	% Desc
3	134155	21/06/2019	Anderson	Conhecer Excel com VBA	22	150,00	10,00	140,00	6,7%
4	132457	25/08/2019	Antonio	Praticar Funções	20	150,00	20,00	130,00	13,3%
5	134235	22/05/2020	Edmundo	Conhecer Excel	35	150,00	30,00	120,00	20,0%

Outros cálculos em porcentagem

Para muitos usuários de planilhas, os cálculos usando porcentagem costumam ser um desafio na hora de montar uma planilha. Observe o quadro e os exercícios seguintes (que poderão servir como auxílio e para consultas futuras).

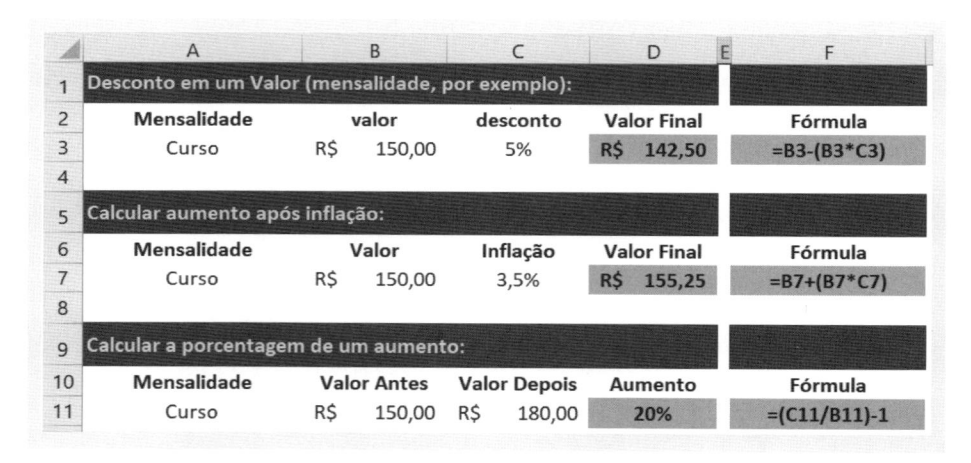

Desconto de um valor

Quando precisamos calcular o valor final de um valor descontado de um percentual, podemos utilizar a regra:

Valor Ajustado = Valor Atual – (Valor Atual * Percentual de Desconto)

Aumento ou ajuste por percentual

Quando precisamos calcular o valor final de aumento com base em um percentual, podemos utilizar a regra:

Valor Ajustado = Valor Atual + (Valor Atual * Percentual de Desconto)

Calcular o percentual

Embora não seja tão fácil de explicar, esse é o cálculo mais simples, em que usamos a regra:

Percentual = (Valor Ajustado / Valor Atual) - 1

CRIANDO A MÉDIA DOS ALUNOS

Agora, usando a pasta de trabalho *Alunos Excel Senac*, vamos exercitar a criação de cálculos.

Com base no conhecimento que adquirimos até agora, abra a planilha de alunos e crie uma coluna no final para colocarmos o cálculo da média de cada aluno.

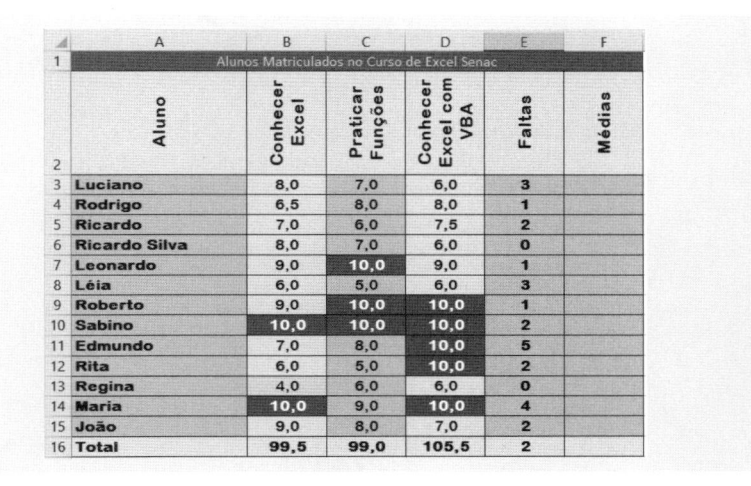

	A	B	C	D	E	F
1	Alunos Matriculados no Curso de Excel Senac					
2	Aluno	Conhecer Excel	Praticar Funções	Conhecer Excel com VBA	Faltas	Médias
3	Luciano	8,0	7,0	6,0	3	
4	Rodrigo	6,5	8,0	8,0	1	
5	Ricardo	7,0	6,0	7,5	2	
6	Ricardo Silva	8,0	7,0	6,0	0	
7	Leonardo	9,0	10,0	9,0	1	
8	Léia	6,0	5,0	6,0	3	
9	Roberto	9,0	10,0	10,0	1	
10	Sabino	10,0	10,0	10,0	2	
11	Edmundo	7,0	8,0	10,0	5	
12	Rita	6,0	5,0	10,0	2	
13	Regina	4,0	6,0	6,0	0	
14	Maria	10,0	9,0	10,0	4	
15	João	9,0	8,0	7,0	2	
16	Total	99,5	99,0	105,5	2	

O cálculo da média é a soma de todos os valores, dividido pela quantidade de valores somados. Assim, a média de cada aluno será:

(Nota de Conhecer Excel + Nota de Praticar Funções + Nota do Conhecer Excel com VBA) dividido por 3

Dica: lembre-se de que, pela precedência de operações, a multiplicação seria feita primeiro; então, para mudar essa sequência, os valores da soma devem ser colocados entre parênteses.

Criando a média com uma fórmula direta

Lembre-se de que o mais indicado é sempre usar as **referências**, e não os **valores fixos**, para que a planilha atualize corretamente quando os valores mudarem.

1. Na célula F3, digite =(B3+C3+D3)/3.

2. Copie a fórmula da célula *F3* para as outras linhas (utilize a *Alça de Preenchimento*).

3. Posicione o cursor no canto inferior direito da célula, até que apareça uma cruz. (1) Quando o cursor virar uma cruz, clique, segure e arraste para as demais linhas.

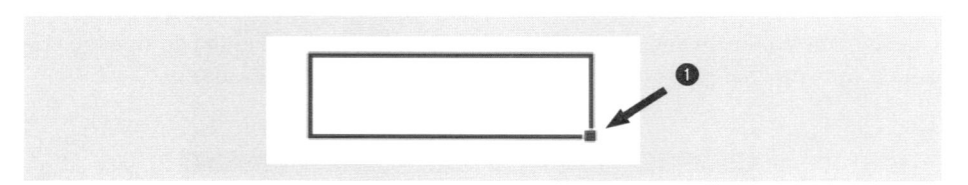

4. Arraste a *Alça de Preenchimento* para baixo até a célula *F15*.

A planilha deverá ficar assim:

	A	B	C	D	E	F
1			Alunos Matriculados no Curso de Excel Senac			
2	Aluno	Conhecer Excel	Praticar Funções	Conhecer Excel com VBA	Faltas	Médias
3	Luciano	8,0	7,0	6,0	3	7
4	Rodrigo	6,5	8,0	8,0	1	8
5	Ricardo	7,0	6,0	7,5	2	7
6	Ricardo Silva	8,0	7,0	6,0	0	7
7	Leonardo	9,0	10,0	9,0	1	9
8	Léia	6,0	5,0	6,0	3	6
9	Roberto	9,0	10,0	10,0	1	10
10	Sabino	10,0	10,0	10,0	2	10
11	Edmundo	7,0	8,0	10,0	5	8
12	Rita	6,0	5,0	10,0	2	7
13	Regina	4,0	6,0	6,0	0	5
14	Maria	10,0	9,0	10,0	4	10
15	João	9,0	8,0	7,0	2	8
16	Total	99,5	99,0	105,5	2	

Criando a média com uma função

As funções simplificam ações trabalhosas e dão maior precisão ao resultado. Imagine quão trabalhoso seria digitar uma fórmula para a média de vinte valores, por exemplo. O Excel possui uma série de funções que ajudam a fazer esses cálculos de forma mais fácil. Para esse caso específico, temos a **função média**.

Para quem está iniciando o uso de funções, existe uma caixa de diálogo que pode facilitar muito o trabalho. Criaremos agora a função média usando a caixa *Inserir Função*.

1. (Apague as fórmulas da atividade anterior para criarmos os cálculos agora a partir de funções).

2. Selecione a célula *F3* (que deve estar vazia).

3. Na guia *Fórmulas*, clique em *Inserir Função*.

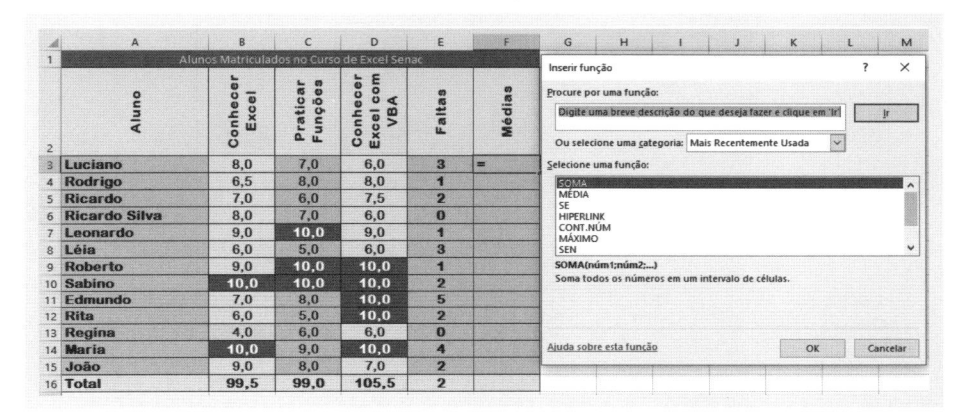

4. No campo *Procure por uma função:* digite *Média* (é provável que ela já esteja aparecendo no campo *Selecione uma função*, que mostra as *mais recentemente utilizadas*).

5. Clique em *IR* para selecionar a função escolhida.

6. Selecione a função *Média* e clique em *OK*.

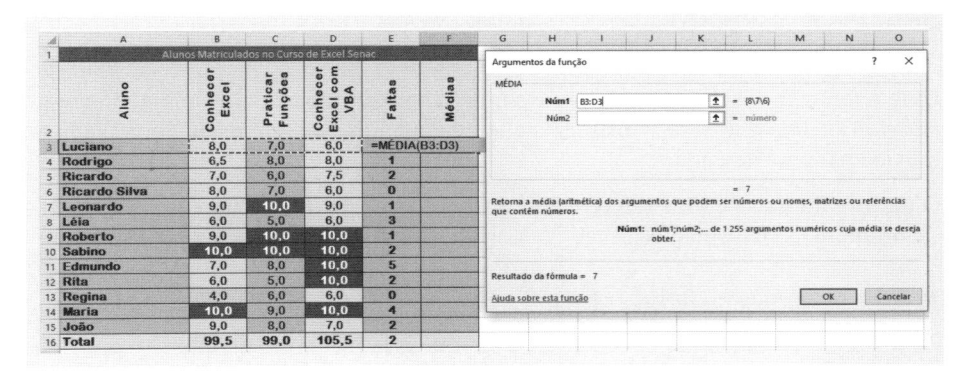

7. Na caixa de diálogo *Argumentos da Função*, no campo *Núm1* digite *B3:D3* (ou use o mouse para selecionar o intervalo *B3:D3* para preencher automaticamente o campo *Núm1*).

8. Confirme com *OK*.

9. Com a *Alça de Preenchimento*, copie a função para as demais células do intervalo *F3:F15*.

Observe: O resultado da caixa de diálogo *Inserir Função* foi: =*MÉDIA(B3:D3)*. Digitar essa mesma função diretamente na célula traz exatamente o mesmo resultado. Quando souber usar uma função, digite diretamente. Quando tiver dúvidas, use a caixa de diálogo.

MÉDIA	▼	:	× ✓ *fx*	=MÉDIA(B3:D3)			
◢	A	B	C	D	E	F	G
1			Alunos Matriculados no Curso de Excel Senac				
2	Aluno	Conhecer Excel	Praticar Funções	Conhecer Excel com VBA	Faltas	Médias	
3	Luciano	8,0	7,0	6,0	=MÉDIA(B3:D3)		
4	Rodrigo	6,5	8,0	8,0	MÉDIA(núm1; [núm2]; ...)		

Existem **centenas** de funções no Excel 2019, esta é apenas uma delas.

REFERÊNCIAS RELATIVAS *VERSUS* REFERÊNCIAS ABSOLUTAS

Já vimos que podemos usar uma **referência** para criar cálculos que utilizem automaticamente valores de células específicas. Um detalhe importante é que existem dois tipos diferentes de referências: as **referências relativas** e as **referências absolutas**.

Uma referência relativa (*A1*, por exemplo) é um apontamento para uma célula específica, mas quando a fórmula ou função for movida na planilha, essa referência será atualizada automaticamente.

Uma referência absoluta (*$A$1*, por exemplo), em contrapartida, é um apontamento para uma célula que deve se manter inalterada quando essa referência for copiada ou movida para outras células.

O padrão do Excel é usar referências relativas para transformá-las em uma referência absoluta, com o sinal "**$**".

Referência relativa na função Média

Observando atentamente as funções média que criamos no item anterior, podemos facilmente perceber que usamos **referências relativas**. Ao usar a alça de preenchimento (que funciona como um copiar e colar), as referências foram deslocadas para cada nova linha criada.

Analisando as funções *Média* criadas em cada uma das linhas, fica mais claro. Para isso, vamos mostrar as fórmulas:

1. Abra a planilha *Alunos Excel Senac*.

2. Na guia *Fórmulas*, no grupo *Auditoria de Fórmulas*, clique em *Mostrar Fórmulas*.

3. Em seguida, observe a coluna *F*.

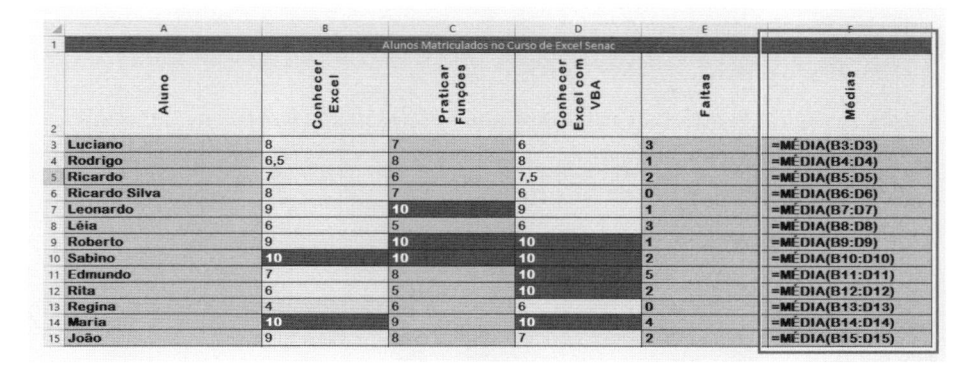

Referência absoluta no desconto em porcentagem

Agora analisaremos uma necessidade um pouco diferente. Na planilha com descontos das mensalidades dos alunos, vamos criar um campo único de desconto e elaborar uma fórmula para calcular esse desconto automaticamente.

1. Na planilha *Cadastro* que criamos no início do capítulo, complemente os dados até ficar com a planilha como na imagem a seguir (se preferir, abra a planilha **Capítulo 05 – Planilha Dados de Cadastro** que está nos materiais do livro e copie os dados):

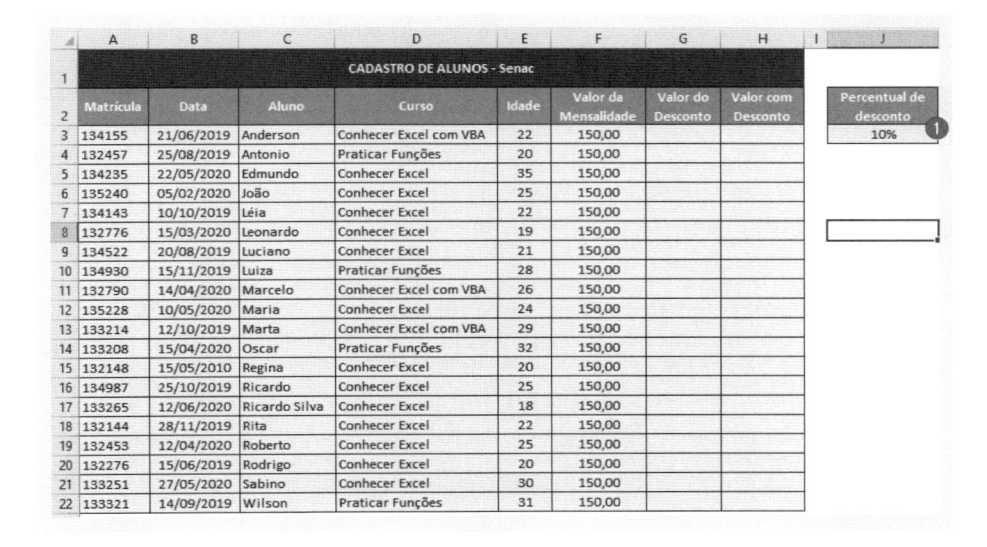

2. Observando que o desconto da célula *J3* (1) servirá para todas as linhas e usando os conhecimentos sobre porcentagem, criaremos as fórmulas para calcular o *Valor do Desconto*.

3. Selecione a célula *G3*.

4. Digite *=F3*J3* e tecle *enter*.

5. O Excel apresentará na célula *15,00*.

6. Observe que a conta está correta e, usando a *Alça de Preenchimento*, arraste a fórmula para as demais linhas.

7. Agora note que "algo de errado" aconteceu.

8. Para fazer essa análise, na guia *Fórmulas*, clique em *Mostrar Fórmulas*.

de	G Valor do Desconto	H Valor com Desconto	I	J Percentual de desconto
	=F3*J3			0,1
	=F4*J4			
	=F5*J5			
	=F6*J6			
	=F7*J7			
	=F8*J8			
	=F9*J9			
	=F10*J10			
	=F11*J11			
	=F12*J12			
	=F13*J13			
	=F14*J14			
	=F15*J15			
	=F16*J16			
	=F17*J17			
	=F18*J18			
	=F19*J19			
	=F20*J20			
	=F21*J21			
	=F22*J22			

Análise: Como usamos referências relativas, ao arrastar a *Alça de Preenchimento*, o Excel alterou as duas partes da fórmula: *Valor da Mensalidade* (que está na célula *F3*) e o *Percentual de Desconto* (que está na célula *J3*).

A célula *J3* deveria ser fixa em todas as linhas, já que o percentual estará sempre em *J3*.

1. Para "voltar a planilha ao normal", na guia *Fórmulas*, clique em *Mostrar Fórmulas*.

2. Clique duas vezes na célula *G3* para editar a fórmula.

3. Posicione o cursor do mouse sobre a referência *J3* e pressione a tecla de função *F4*. (ou digite $ antes do *J* e antes do *3*, deixando a fórmula assim: *=F3*$J$3*).

4. Usando a *Alça de Preenchimento*, arraste a fórmula sobre as demais linhas para substituir a fórmula incorreta.

5. Observe que agora a fórmula funcionou corretamente porque utilizamos uma referência absoluta para o *Percentual de Desconto*.

6. Para fazer essa análise, na guia *Fórmulas*, clique em *Mostrar Fórmulas*.

	F	G	H	I	J
solve					
	Valor da Mensalidade	Valor do Desconto	Valor com Desconto		Percentual de desconto
	150	=F3*$J$3			0,1
	150	=F4*$J$3			
	150	=F5*$J$3			
	150	=F6*$J$3			
	150	=F7*$J$3			
	150	=F8*$J$3			
	150	=F9*$J$3			
	150	=F10*$J$3			
	150	=F11*$J$3			
	150	=F12*$J$3			
	150	=F13*$J$3			
	150	=F14*$J$3			
	150	=F15*$J$3			
	150	=F16*$J$3			
	150	=F17*$J$3			
	150	=F18*$J$3			
	150	=F19*$J$3			
	150	=F20*$J$3			
	150	=F21*$J$3			
	150	=F22*$J$3			

 Análise: Como alteramos a referência do *Percentual de Desconto* para uma referência absoluta, agora o Excel mantém em todas as linhas a célula *$J$3* de forma fixa, mesmo usando a *Alça de Preenchimento*.

7. Para voltar a planilha ao "normal", na guia *Fórmulas*, clique em *Mostrar Fórmulas*.

8. Salve a pasta de trabalho.

Para finalizar o entendimento inicial sobre as referências absolutas, observe o quadro abaixo para perceber que é possível também **travar** somente as linhas ou somente as colunas.

Referência	O que representa
$A$1	**Referência absoluta:** a referência é absoluta para linha e coluna. Qualquer que seja a **"colagem"**, a referência permanecerá igual.
$A1	**Referência absoluta para coluna e relativa para linha:** a coluna será mantida sempre em *A*, mas se houver deslocamento de linhas, a referência será **"deslocada"**.
A$1	**Referência absoluta para linha e relativa para coluna:** a linha será mantida sempre em *1*, mas se houver deslocamento de coluna, a referência será **"deslocada"**.

 Dica: Para alterar entre os tipos de referências, pode-se usar a tecla *F4* no momento da digitação.

REFERÊNCIAS A OUTRAS PLANILHAS

Também é possível fazer referências a outras planilhas que estão na mesma pasta de trabalho. Agora, separaremos a informação de desconto em uma terceira planilha dentro da mesma pasta de trabalho. Inicialmente, criaremos uma nova planilha (assim como fizemos no início do capítulo para criar a planilha *Cadastro*).

1. Com a pasta de trabalho aberta, clique no botão *Nova Planilha*. Crie e renomeie a nova planilha como *Descontos* (1).

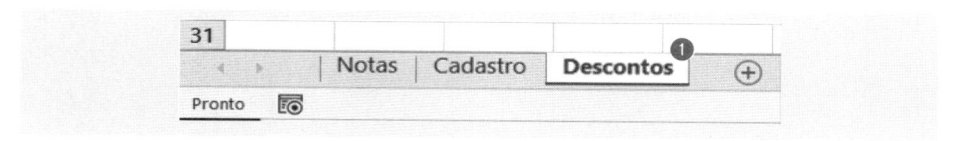

2. Essa nova planilha é bem simples e tem somente o valor do desconto (que havíamos colocado na célula *J3*).

3. Digite e formate a planilha de descontos, como na figura a seguir.

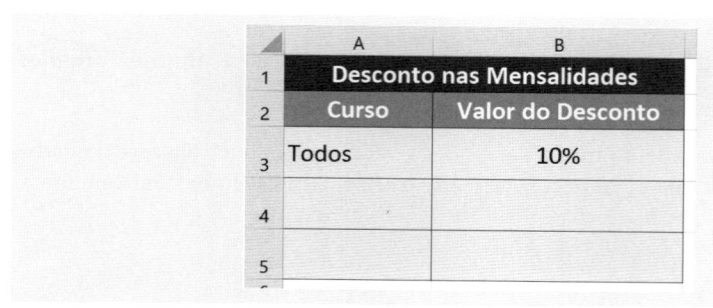

4. Observe que o percentual de desconto agora está na célula *B3* da planilha *Descontos*.

5. Clique na guia da planilha *Cadastro* para voltarmos para a planilha original e apagar a coluna *J*, retirando o percentual que estava na planilha antiga.

6. Clique no rótulo da coluna *J* com o botão direito do mouse (menu de contexto) e escolha *Excluir* (1).

7. Observe que, assim que excluímos a coluna *J*, a coluna *G* (*Valor do Desconto*) começa a apresentar o erro *#REF!* (esse erro significa que há algum erro em uma referência – neste caso, a referência *J3*, que foi excluída).

8. Agora, edite a célula *G3* e altere a fórmula para: *=F3*Descontos!$B$3* (acabamos de criar uma referência a uma outra planilha, neste caso a planilha *Descontos*, na célula *$B$3*).

9. Observe que a célula *G3* agora apresenta novamente o valor correto.

10. Use a *Alça de Preenchimento* para arrastar a nova fórmula até a célula *G22*.

11. Agora temos a planilha "quase" finalizada!

Importante: Se ao usar a *Alça de Preenchimento* no passo 10 e os valores de todas as fórmulas seguintes ficaram "zerados", provavelmente você usou uma referência relativa e esqueceu o *$*.

Exercícios resolvidos

Vamos agora calcular mais informações para a planilha *Cadastro*.

1. Crie, na coluna *H*, o valor final da mensalidade com desconto (use as teclas de direção para montar a fórmula).

2. Altere o formato das colunas *F*, *G* e *H* para representarem valor financeiro.

Exercícios resolvidos 1 – Montando fórmula com as setas de direção do teclado

1. Abra a pasta de trabalho *Alunos Excel Senac* e clique na planilha *Cadastro*.

2. Com a planilha aberta, selecione a célula *H3*.

3. Digite = e em seguida, usando as teclas de direção do teclado (setas), selecione a célula *F3* (observe que o Excel monta na fórmula a referência à célula selecionada).

4. Em seguida digite o sinal de menos - e selecione a célula *G3* (é possível usar as teclas de direção do teclado ou mesmo clicar com o mouse sobre a célula que se quer selecionar para montar a fórmula).

5. A célula *H3* deve estar com a seguinte fórmula: =F3-G3.

6. Use a *Alça de Preenchimento* para arrastar a fórmula até a célula *H22*.

	A	B	C	D	E	F	G	H
1				CADASTRO DE ALUNOS - Senac				
2	Matrícula	Data	Aluno	Curso	Idade	Valor da Mensalidade	Valor do Desconto	Valor com Desconto
3	134155	21/06/2019	Anderson	Conhecer Excel com VBA	22	150,00	15,00	135,00
4	132457	25/08/2019	Antonio	Praticar Funções	20	150,00	15,00	135,00
5	134235	22/05/2020	Edmundo	Conhecer Excel	35	150,00	15,00	135,00
6	135240	05/02/2020	João	Conhecer Excel	25	150,00	15,00	135,00
7	134143	10/10/2019	Léia	Conhecer Excel	22	150,00	15,00	135,00
8	132776	15/03/2020	Leonardo	Conhecer Excel	19	150,00	15,00	135,00
9	134522	20/08/2019	Luciano	Conhecer Excel	21	150,00	15,00	135,00
10	134930	15/11/2019	Luiza	Praticar Funções	28	150,00	15,00	135,00
11	132790	14/04/2020	Marcelo	Conhecer Excel com VBA	26	150,00	15,00	135,00
12	135228	10/05/2020	Maria	Conhecer Excel	24	150,00	15,00	135,00
13	133214	12/10/2019	Marta	Conhecer Excel com VBA	29	150,00	15,00	135,00
14	133208	15/04/2020	Oscar	Praticar Funções	32	150,00	15,00	135,00
15	132148	15/05/2010	Regina	Conhecer Excel	20	150,00	15,00	135,00
16	134987	25/10/2019	Ricardo	Conhecer Excel	25	150,00	15,00	135,00
17	133265	12/06/2020	Ricardo Silva	Conhecer Excel	18	150,00	15,00	135,00
18	132144	28/11/2019	Rita	Conhecer Excel	22	150,00	15,00	135,00
19	132453	12/04/2020	Roberto	Conhecer Excel	25	150,00	15,00	135,00
20	132276	15/06/2019	Rodrigo	Conhecer Excel	20	150,00	15,00	135,00
21	133251	27/05/2020	Sabino	Conhecer Excel	30	150,00	15,00	135,00
22	133321	14/09/2019	Wilson	Praticar Funções	31	150,00	15,00	135,00

Exercícios resolvidos 2 – Ajustando o formato moeda

1. Abra a pasta de trabalho *Alunos Excel Senac* e clique na planilha *Cadastro*.

2. Com a planilha aberta, selecione o intervalo *F3:H22*.

3. Na guia *Página Inicial*, no grupo *Número*, clique sobre o botão *Formato de Número de Contabilização*.

4. Sua planilha estará como na imagem a seguir:

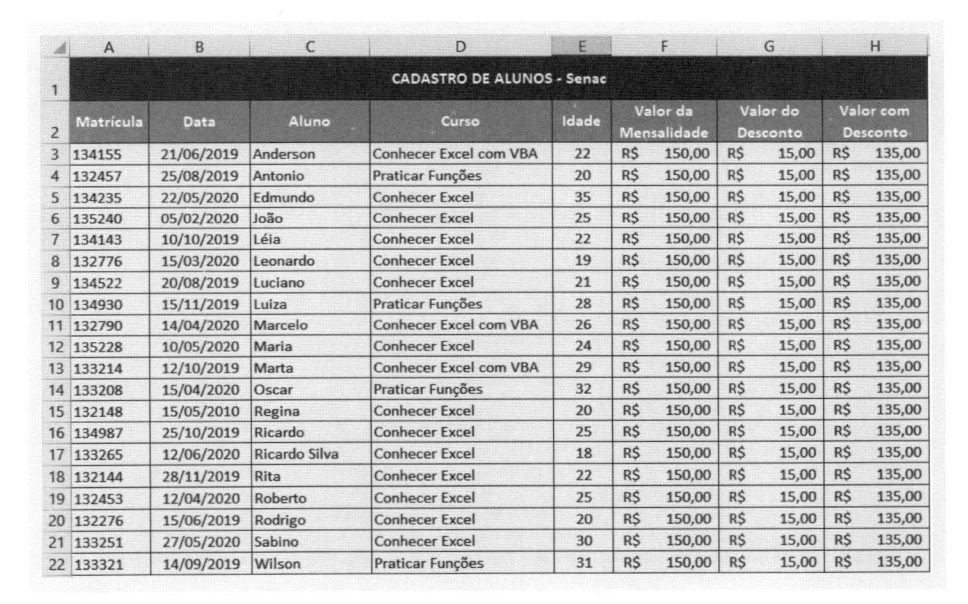

Exercícios propostos*

1. Formate o intervalo *F3:H22* com o formato *Moeda* e depois com o formato *Contábil*. Observe as diferenças entre os dois formatos.

2. Formate o intervalo *F3:H22* com o formato *Contábil* em *Dólar Americano* ($ inglês (Estados Unidos)) e em *Euro*. Observe as diferenças.

*A resolução está no final do livro e essas atividades não influenciam na sequência dos capítulos.

Anotações

6

Funções mais usadas

OBJETIVOS

» Conhecer diferentes tipos de funções e saber como aplicá-las

» Realizar trabalhos simples que envolvem estatística

» Estudar lógica e funções condicionais

» Pesquisar dados e fazer referências

» Compreender como utilizar a PROCV

Este capítulo é uma extensão do conteúdo de cálculos e aprofunda o entendimento sobre funções. O Excel oferece uma grande quantidade de funções que facilitam o trabalho com os dados e podem nos trazer resultados de cálculos de forma bem rápida. Contudo, a grande quantidade de funções e sua complexidade requerem uma grande atenção e bastante prática para extrair o máximo desse recurso.

Introdução sobre o uso de funções

Neste capítulo vamos explorar um pouco mais os conhecimentos sobre o uso de funções. Como o Excel 2019 possui **centenas** de funções diferentes, dificilmente alguém vai conhecer todas elas e decorar suas funcionalidades, porém saber que elas estão classificadas em categorias nos ajuda a escolher a função adequada ao problema a ser resolvido. Estas são as principais categorias:

Categoria	O que representa
Funções matemáticas e trigonométricas	Funções que facilitam a utilização de cálculos matemáticos, como: *SOMA, SOMASE, PRODUTO, SOMARPRODUTO*. E funções relacionadas à trigonometria, como: *SEN* (seno), *COS* (cosseno), entre outras.
Funções estatísticas	Funções relacionadas a cálculos estatísticos, como por exemplo: *MÉDIA, DESV.MÉDIO, MÁXIMO, MÍNIMO*, entre outras.
Funções de data e hora	Funções que facilitam o trabalho com informações de tempo, como: *HOJE, AGORA, DIATRABALHOTOTAL, DIA.DA.SEMANA*, entre outras.
Funções de texto	Funções para manipular texto na planilha, como: *CONCATENAR, MAIÚSCULA, MINÚSCULA, LOCALIZAR, SUBSTITUIR*, entre outras.
Funções de pesquisa e referência	Funções que ajudam a localizar informações na planilha e fazer referências entre essas informações ou até mesmo entre planilhas. Esta categoria, assim como a categoria de funções lógicas, contém as funções mais usadas para resolver problemas um pouco mais complexos no mundo corporativo. São de fundamental importância para o desenvolvimento dos profissionais. São exemplos dessas funções: *PROCV, ÍNDICE, CORRESP*, entre outras.
Funções lógicas	Esta categoria abrange funções que manipulam valores lógicos, como: *SE, OU, SEERRO*, entre outras. Assim como as funções de Pesquisa e Referência são fundamentais para os profissionais que usam Excel em seu trabalho.
Funções financeiras	Esta categoria é um pouco mais específica e ajuda os profissionais que trabalham com cálculos financeiros. Contém funções como: *JUROSACUM, VF* (valor futuro), *VP* (valor presente), entre outras.
Funções de banco de dados	São especiais para trabalhar nas planilhas como um banco de dados. Algumas vezes essas funções são similares às de outras categorias, como: *BDSOMA* e *BDMÉDIA*, entre outras.

Normalmente, os profissionais procuram concentrar-se nas funções mais básicas e posteriormente agregam novas funções mais apropriadas ao seu ramo de atuação.

Neste capítulo, veremos as funções mais utilizadas, bem como as dicas e regras que se aplicam às funções em geral.

O primeiro ponto a ser destacado é que podem existir algumas diferenças sutis no uso de funções, dependendo do idioma do seu Excel 2019. Os usos mostrados neste livro serão baseados na versão do Office 2019 em português (BR).

Funções matemáticas

Já vimos algumas funções simples, mas antes de passar para exemplos mais complexos, precisamos entender um pouco mais sobre a estrutura básica das funções e seus parâmetros. Vejamos a sintaxe de uma função simples:

Iniciar com	Nome da Função	Parêntese	Parâmetros	Parêntese
=	**SOMA**	(	B3:15	)

Neste caso, temos uma função *SOMA* com um único parâmetro, que é o intervalo *B3:B15*. Neste exemplo, o intervalo vai de *B3* até *B15*. Usamos o símbolo de *dois- -pontos* como divisor de intervalo.

Vejamos um segundo exemplo parecido:

Iniciar com	Nome da Função	Parêntese	Parâmetros	Parêntese
=	**SOMA**	(	B3;B15	)

No segundo exemplo, embora de forma sutil, muita coisa mudou. Temos agora uma função soma com dois parâmetros, sendo cada um uma célula específica. Diferentemente da função mostrada no exemplo anterior, agora estamos pedindo a soma das células *B3* e *B15*, exclusivamente.

Neste exemplo, a célula *B3* é um parâmetro e a célula *B15* é outro parâmetro. Usamos o símbolo de *ponto e vírgula* como divisor de parâmetros em uma função. Os parâmetros são as condições ou valores necessários para que o Excel execute a ação determinada na função, e uma função pode conter vários **parâmetros**.

Como o Excel 2019 aceita vários parâmetros para a função *SOMA*, poderíamos ter, por exemplo, a seguinte função: *=SOMA(B3:B15;C3:C15)*. Nela teríamos dois intervalos como parâmetros *B3:B15* e *C3:C15*. Esta função estaria indicando ao Excel que queremos somar todas as células compreendidas nos dois intervalos.

Somando as notas dos alunos

Abrindo a planilha *Notas* dentro da nossa pasta de trabalho é possível observar que temos uma linha de totais (que fizemos na tabela do Capítulo 3), mas se editarmos as células veremos que a tabela usa a função *SUBTOTAL*. Embora não haja nenhum problema com o uso dessa função, ela não é a mais comumente utilizada nas planilhas. Vamos substituir pela função *SOMA*.

1. Abra a pasta de trabalho *Alunos Excel Senac*, clique na planilha *Notas*.
2. Selecione a célula *B16*.
3. Digite *=SOMA(B3:B15)* e tecle *Enter*.
4. Com a *Alça de Preenchimento*, arraste a função até a célula *D16*.

Aferindo médias

Como já vimos no capítulo anterior, a função *MÉDIA* pode nos ajudar a criar médias com rapidez. Observe que a função *SUBTOTAL* pode ser usada para somar ou tirar a média, mas substituiremos a função da célula *E16* por uma função *MÉDIA*.

1. Abra a pasta de trabalho *Alunos Excel Senac*, clique na planilha *Notas*.
2. Selecione a célula *E16*.
3. Digite *=MÉDIA(E3:E15)* e tecle *Enter*.
4. Com a *Alça de Preenchimento*, arraste a função até a célula *F16*.

	A	B	C	D	E	F
1	Alunos Matriculados no Curso de Excel Senac					
2	Aluno	Conhecer Excel	Praticar Funções	Conhecer Excel com VBA	Faltas	Médias
3	Luciano	8,0	7,0	6,0	3	7
4	Rodrigo	6,5	8,0	8,0	1	8
5	Ricardo	7,0	6,0	7,5	2	7
6	Ricardo Silva	8,0	7,0	6,0	0	7
7	Leonardo	9,0	10,0	9,0	1	9
8	Léia	6,0	5,0	6,0	3	6
9	Roberto	9,0	10,0	10,0	1	10
10	Sabino	10,0	10,0	10,0	2	10
11	Edmundo	7,0	8,0	10,0	5	8
12	Rita	6,0	5,0	10,0	2	7
13	Regina	4,0	6,0	6,0	0	5
14	Maria	10,0	9,0	10,0	4	10
15	João	9,0	8,0	7,0	2	8
16	Total	99,5	99,0	105,5	2	8

Funções estatísticas: *MÁXIMO* e *MÍNIMO*

Embora tenhamos tratado a função *MÉDIA* junto à função *SOMA* no item anterior, a função *MÉDIA* é, na verdade, uma função de **estatística**. Essas funções estão relacionadas à variação numérica e à coleta de dados para cálculos estatísticos. Além da função *MÉDIA*, duas outras funções bastante utilizadas são: *MÁXIMO* e *MÍNIMO*.

 Importante: O nome dessas funções deve ser escrito **com acento**.

Verificando as maiores notas, faltas e médias

Criaremos agora duas linhas ao final da planilha de notas, mostrando as maiores e as menores *Notas*, *Faltas* e *Médias*.

1. Abra a pasta de trabalho *Alunos Excel Senac*, clique na planilha *Notas*.

2. Selecione a célula *A17*.

3. Digite *Maiores Valores* (de acordo com a sequência de passos utilizada para montar a planilha, o Excel poderá alterar a formatação da célula automaticamente. Continue os passos porque **ajustaremos a formatação no final**).

4. Na célula *B17* digite =*MÁXIMO(B3:B15)* e tecle *Enter* (**não** inclua a linha de totais).

5. Com a *Alça de Preenchimento*, arraste a função até a célula *F17*.

Verificando as menores notas, faltas e médias

Com um procedimento muito parecido, vamos criar uma linha para verificar os menores valores.

1. Abra a pasta de trabalho *Alunos Excel Senac*, clique na planilha *Notas*.

2. Selecione a célula *A18*.

3. Digite *Menores Valores*.

4. Na célula *B18*, digite =*MÍNIMO(B3:B15)* e tecle *Enter* (**não** inclua a linha de totais).

5. Com a *Alça de Preenchimento*, arraste a função até a célula *F18*.

Ajustando a formatação

1. Abra a pasta de trabalho *Alunos Excel Senac*, clique na planilha *Notas*.

2. Selecione a linha *16*, clicando sobre o título da linha.

3. Em seguida, na guia *Página Inicial* da faixa de opções, no grupo *Área de Transferência*, clique no botão *Pincel de Formatação*.

4. Para "colar" a formatação, clique no título da linha *17* e arraste até a linha *18*.

5. Para finalizar a formatação, aumente o tamanho da coluna *A* até que seja possível visualizar todos os *Rótulos de Dados* (neste exemplo usamos a largura *25*).

	A	B	C	D	E	F
1		Alunos Matriculados no Curso de Excel Senac				
2	Aluno	Conhecer Excel	Praticar Funções	Conhecer Excel com VBA	Faltas	Médias
3	Luciano	8,0	7,0	6,0	3	7
4	Rodrigo	6,5	8,0	8,0	1	8
5	Ricardo	7,0	6,0	7,5	2	7
6	Ricardo Silva	8,0	7,0	6,0	0	7
7	Leonardo	9,0	10,0	9,0	1	9
8	Léia	6,0	5,0	6,0	3	6
9	Roberto	9,0	10,0	10,0	1	10
10	Sabino	10,0	10,0	10,0	2	10
11	Edmundo	7,0	8,0	10,0	5	8
12	Rita	6,0	5,0	10,0	2	7
13	Regina	4,0	6,0	6,0	0	5
14	Maria	10,0	9,0	10,0	4	10
15	João	9,0	8,0	7,0	2	8
16	Total	99,5	99,0	105,5	2	8
17	Maiores Valores	10,0	10,0	10,0	5	10
18	Menores Valores	4,0	5,0	6,0	0	5

FUNÇÕES DE LÓGICA: *SE* E *SES*

Embora existam várias funções de lógica no Excel, como *SEERRO*, *E* e *OU*, entre outras, a mais usada no dia a dia é a função *SE*. A partir da versão 2019, tivemos a inclusão de uma nova função, chamada *SES*, que veremos mais à frente no capítulo sobre as novidades da versão.

Utilizaremos a função *SE* para definir o conceito final dos alunos, de forma que todos os alunos que tiverem média igual ou superior a 7,0 estarão *Aprovados*.

Criando a coluna Conceito Final

Já aprendemos alguns modos de criar colunas ou copiar formatos. No dia a dia os profissionais costumam eleger a forma que acham mais fácil e a usam de maneira mais constante. Para criar a coluna, utilizaremos o menu de contexto e faremos uma cópia da última coluna.

1. Abra a pasta de trabalho *Alunos Excel Senac*, clique na planilha *Notas*.

2. Selecione a coluna *F* (clicando no título da coluna).

3. Digite *CTRL + C* (para copiar o conteúdo para a área de transferência).

4. Com o mouse posicionado ainda sobre o título da coluna *F*, clique com o botão direito para abrir o menu de contexto (lembre-se que o menu de contexto depende do local onde efetuamos o clique do botão).

5. Em seguida, escolha a opção *Inserir células copiadas....*

	A	B	C	D	E	F	G
1	Alunos Matriculados no Curso de Excel Senac						
2	Aluno	Conhecer Excel	Praticar Funções	Conhecer Excel com VBA	Faltas	Médias	Médias
3	Luciano	8,0	7,0	6,0	3	8	7
4	Rodrigo	6,5	8,0	8,0	1	7	8
5	Ricardo	7,0	6,0	7,5	2	7	7
6	Ricardo Silva	8,0	7,0	6,0	0	8	7
7	Leonardo	9,0	10,0	9,0	1	10	9
8	Léia	6,0	5,0	6,0	3	6	6
9	Roberto	9,0	10,0	10,0	1	10	10
10	Sabino	10,0	10,0	10,0	2	10	10
11	Edmundo	7,0	8,0	10,0	5	8	8
12	Rita	6,0	5,0	10,0	2	6	7
13	Regina	4,0	6,0	6,0	0	5	5
14	Maria	10,0	9,0	10,0	4	10	10
15	João	9,0	8,0	7,0	2	9	8
16	Total	99,5	99,0	105,5	2	8	8
17	Maiores Valores	10,0	10,0	10,0	5	10	10
18	Menores Valores	4,0	5,0	6,0	0	5	5

 Dica: Esse modo de copiar facilita a cópia dos formatos, incluindo a mescla do título na linha 1.

1. Edite a célula *G2*, escrevendo: *Conceito Final* (para forçar a quebra em duas linhas na digitação, tecle *ALT + ENTER* logo depois de digitar *Conceito* e antes de clicar na tecla de espaço).

2. Agora, para limpar o conteúdo das células antes de digitar a nova função, selecione o intervalo *G3:G15* (embora esse passo não seja obrigatório, vai facilitar o uso da caixa de diálogo *Inserir Função*).

3. Tecle *DELETE*.

	A	B	C	D	E	F	G
1	Alunos Matriculados no Curso de Excel Senac						
2	Aluno	Conhecer Excel	Praticar Funções	Conhecer Excel com VBA	Faltas	Médias	Conceito Final
3	Luciano	8,0	7,0	6,0	3	8	
4	Rodrigo	6,5	8,0	8,0	1	7	
5	Ricardo	7,0	6,0	7,5	2	7	
6	Ricardo Silva	8,0	7,0	6,0	0	8	
7	Leonardo	9,0	10,0	9,0	1	10	
8	Léia	6,0	5,0	6,0	3	6	
9	Roberto	9,0	10,0	10,0	1	10	
10	Sabino	10,0	10,0	10,0	2	10	
11	Edmundo	7,0	8,0	10,0	5	8	
12	Rita	6,0	5,0	10,0	2	6	
13	Regina	4,0	6,0	6,0	0	5	
14	Maria	10,0	9,0	10,0	4	10	
15	João	9,0	8,0	7,0	2	9	
16	Total	99,5	99,0	105,5	2	8	#DIV/0!
17	Maiores Valores	10,0	10,0	10,0	5	10	0
18	Menores Valores	4,0	5,0	6,0	0	5	0

Observe: As funções que mostram o **maior** e o **menor** valor estão zeradas, ao passo que a função média gerou o erro *#DIV/o!*. Esse erro é comum na função média quando não há dados, uma vez que ocorre uma divisão por zero que não existe na matemática.

Conceito Final com a função SE

Poderíamos apenas digitar os dados da função *SE* na célula, mas também temos a opção de usar a caixa de diálogo *Inserir Função*. Essa caixa de diálogo pode ajudar no uso de funções com as quais não tenhamos muita prática.

1. Abra a pasta de trabalho *Alunos Excel Senac*, clique na planilha *Notas*.

2. Selecione a célula *G3* (esta célula deve estar vazia para facilitar nosso trabalho).

3. Na guia *Fórmulas*, clique em *Inserir Função*.

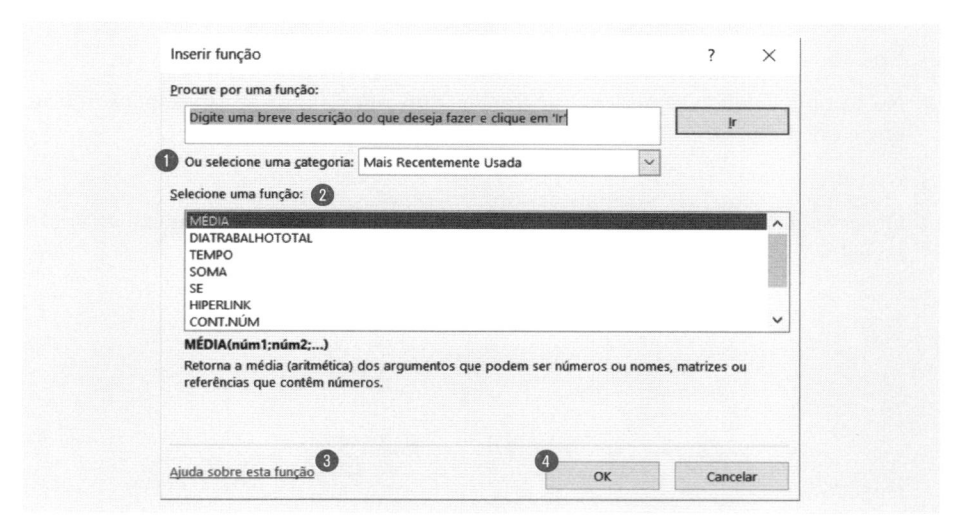

 Dica: A caixa de diálogo *Inserir Função* pode ser de grande ajuda quando estivermos em dúvida sobre os **"parâmetros"** de uma função. Podemos escolher a função diretamente ou escolher por categoria **(1)**; depois basta localizar a função desejada **(2)**; em caso de dúvidas, há uma ajuda sobre a função **(3)**; e depois de escolher a função é só clicar em *OK* **(4)**.

1. Na categoria da função, escolha *Lógico*.

2. No campo *Selecione uma função*, escolha *SE*.

3. Clique em *OK*.

4. O Excel abrirá a caixa de diálogo *Argumentos da Função* (já selecionada a função *SE*).

Importante: A função *SE* precisa de três argumentos: **(1)** teste lógico que retorne como resultado exclusivamente um **"sim"** ou **"não"**; **(2)** valor que deve ser retornado se o teste lógico for **"VERDADEIRO"**; **(3)** valor que deve ser retornado se o teste lógico for **"FALSO"**.

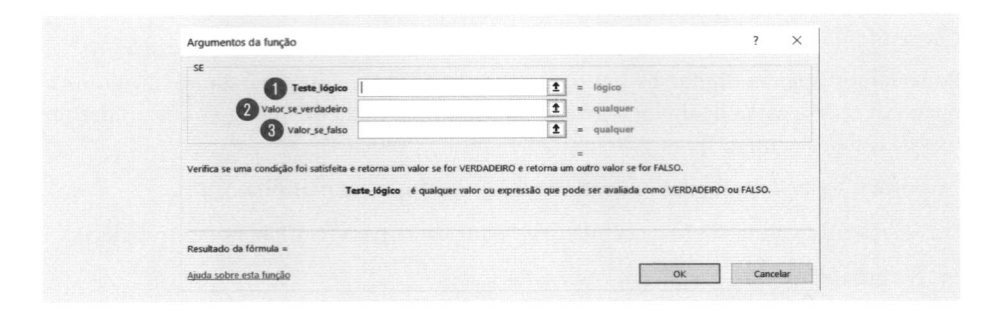

1. No campo *Teste lógico*, preencha *F3>=7* .

2. No campo *Valor se verdadeiro*, preencha *"Aprovado"* (**com** as aspas, para indicar que é um TEXTO).

3. No campo *Valor se falso*, preencha *"Reprovado"* (**com** as aspas).

4. Observe que a caixa de diálogo *Argumentos da função* já vai mostrando a evolução do valor final da função ao passo que digitamos.

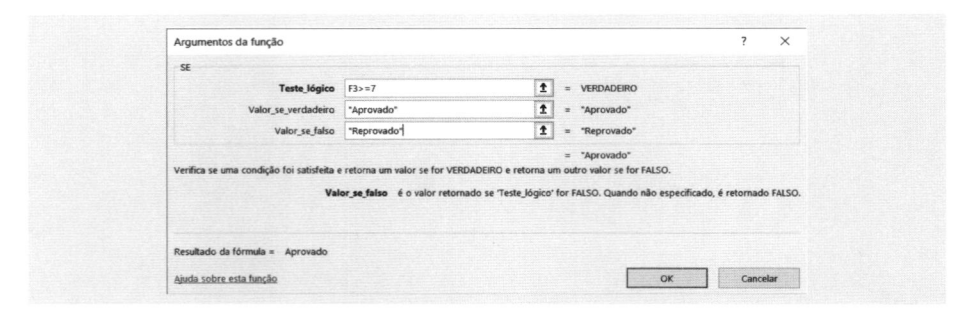

5. Depois de corretamente preenchida, para transferir a função para a célula, clique em *OK*.

 Dica: Embora em alguns casos a caixa de diálogo *Inserir Função* seja uma boa ajuda, o resultado da função será exatamente o mesmo se digitarmos diretamente a função na célula.

▲	A	B	C	D	E	F	G	H	I
1	Alunos Matriculados no Curso de Excel Senac								
2	Aluno	Conhecer Excel	Praticar Funções	Conhecer Excel com VBA	Faltas	Médias	Conceito Final		
3	Luciano	8,0	7,0	6,0	3	=SE(F3>=7;"Aprovado";"Reprovado")			
4	Rodrigo	6,5	8,0	8,0	1	SE(teste_lógico; **[valor_se_verdadeiro]**; [valor_se_falso])			

1. Para finalizar a atividade, copie a função para as demais células do intervalo *G3:G15*, usando a *Alça de Preenchimento*.

2. Lembre-se de, a cada nova atividade, clicar em *Salvar* para evitar perdas de trabalho.

Funções de Pesquisa e Referência: *PROCV*

Uma história que sempre contei para meus alunos nas aulas de Excel (principalmente de Excel Avançado) é que quando eu perguntava o que os alunos esperavam aprender no curso, a resposta mais frequente sempre era: *PROCV*. E o mais curioso é que alguns diziam não saber exatamente o que era, mas que no trabalho todos falavam dessa *PROCV* e era necessário aprender. É muito provável que você leitor que usa Excel no dia a dia já tenha ouvido a frase: *Faz uma **PROCV** que resolve!*

A *PROCV* realmente é uma grande ferramenta para o nosso dia a dia e serve para muitas situações, mas seu objetivo original é **fazer uma procura vertical**.

 Dica: Vale ressaltar que, embora um pouco menos utilizada, existe uma função muito parecida com a *PROCV*, porém para fazer pesquisa horizontal. Essa função chama-se *PROCH*. Uma função mais nova, que foi adicionada ao Excel bem depois dessas duas funções, mas que expandiu muito as funções de procura é a *PROCX* (veremos mais sobre essa função no capítulo sobre novidades do Excel 2019).

Criando descontos diferentes por curso

Observe a planilha que criamos no Capítulo 5 para aplicar descontos e repare que temos apenas um valor de desconto que serve para todos os cursos. Mas e se o **Senac** desejasse aplicar descontos diferentes para cada um dos cursos?

Nossa primeira atividade é alterar a planilha de descontos, e podemos fazer isso apenas com os conhecimentos que temos até o momento.

Altere a planilha de descontos para que fique como na figura a seguir:

	A	B
1	**Desconto nas Mensalidades**	
2	**Curso**	**Valor do Desconto**
3	Conhecer Excel	20%
4	Praticar Funções	15%
5	Conhecer Excel com VBA	10%

A alteração da planilha *Descontos* não exigiu muito trabalho, mas vamos observar o que aconteceu na planilha *Cadastro*. Ao observar a planilha de *Cadastro* podemos perceber que todos os *Valores de Desconto* na coluna G estão iguais a R$ 30,00. Isso significa que o Excel não consegue "entender" que cada curso tem um desconto diferente.

Se analisarmos a fórmula que usamos na coluna *G*, fica muito fácil de entender o "problema" que causamos. Ao digitar *=F3*Descontos!$B$3* na célula *G3*, por exemplo, estamos pedindo que o Excel considere de forma "fixa" o desconto que estiver na célula *$B$3* da planilha *Descontos*; logo, o desconto será sempre o mesmo.

	A	B	C	D	E	F	G	H
1				CADASTRO DE ALUNOS - Senac				
2	Matrícula	Data	Aluno	Curso	Idade	Valor da Mensalidade	Valor do Desconto	Valor com Desconto
3	134155	21/06/2019	Anderson	Conhecer Excel com VBA	22	R$ 150,00	R$ 30,00	R$ 120,00
4	132457	25/08/2019	Antonio	Praticar Funções	20	R$ 150,00	R$ 30,00	R$ 120,00
5	134235	22/05/2020	Edmundo	Conhecer Excel	35	R$ 150,00	R$ 30,00	R$ 120,00
6	135240	05/02/2020	João	Conhecer Excel	25	R$ 150,00	R$ 30,00	R$ 120,00
7	134143	10/10/2019	Léia	Conhecer Excel	22	R$ 150,00	R$ 30,00	R$ 120,00
8	132776	15/03/2020	Leonardo	Conhecer Excel	19	R$ 150,00	R$ 30,00	R$ 120,00
9	134522	20/08/2019	Luciano	Conhecer Excel	21	R$ 150,00	R$ 30,00	R$ 120,00
10	134930	15/11/2019	Luiza	Praticar Funções	28	R$ 150,00	R$ 30,00	R$ 120,00
11	132790	14/04/2020	Marcelo	Conhecer Excel com VBA	26	R$ 150,00	R$ 30,00	R$ 120,00
12	135228	10/05/2020	Maria	Conhecer Excel	24	R$ 150,00	R$ 30,00	R$ 120,00
13	133214	12/10/2019	Marta	Conhecer Excel com VBA	29	R$ 150,00	R$ 30,00	R$ 120,00
14	133208	15/04/2020	Oscar	Praticar Funções	32	R$ 150,00	R$ 30,00	R$ 120,00
15	132148	15/05/2010	Regina	Conhecer Excel	20	R$ 150,00	R$ 30,00	R$ 120,00
16	134987	25/10/2019	Ricardo	Conhecer Excel	25	R$ 150,00	R$ 30,00	R$ 120,00
17	133265	12/06/2020	Ricardo Silva	Conhecer Excel	18	R$ 150,00	R$ 30,00	R$ 120,00
18	132144	28/11/2019	Rita	Conhecer Excel	22	R$ 150,00	R$ 30,00	R$ 120,00
19	132453	12/04/2020	Roberto	Conhecer Excel	25	R$ 150,00	R$ 30,00	R$ 120,00
20	132276	15/06/2019	Rodrigo	Conhecer Excel	20	R$ 150,00	R$ 30,00	R$ 120,00
21	133251	27/05/2020	Sabino	Conhecer Excel	30	R$ 150,00	R$ 30,00	R$ 120,00
22	133321	14/09/2019	Wilson	Praticar Funções	31	R$ 150,00	R$ 30,00	R$ 120,00

Para que tenhamos o desconto de acordo com o *Curso* que está naquela determinada linha temos que, de alguma forma, dizer ao Excel qual o curso que está nesta determinada linha e relacionar isso com a planilha *Descontos*.

Quando precisarmos fazer esse tipo de relação de dados de duas tabelas e a tabela em que vamos procurar os valores relativos estiver organizada em linhas (vertical), poderemos usar a *PROCV*.

Procurando os descontos com a PROCV

A função *PROCV* poderia ser usada diretamente na fórmula em que estamos calculando o *Valor do Desconto*, porém, para usuários mais iniciantes, pode ser mais fácil criar uma coluna com a *PROCV* e depois executar o cálculo. No passo a passo abaixo, faremos o cálculo a partir da criação de uma coluna.

1. Abra a pasta de trabalho *Alunos Excel Senac*, clique na planilha *Cadastro*.

2. Com o botão direito do mouse, clique no título da coluna G e em seguida escolha *Inserir*.

3. Observe que as fórmulas são automaticamente ajustadas para as novas colunas (nada precisou ser feito para ajustá-las).

4. Na célula *G2* (coluna nova que está em branco), digite *Desconto em %*.

5. Selecione a célula *G3*.

6. Na guia *Fórmulas*, clique em *Inserir Função*.

7. Na caixa de diálogo *Inserir Função*, escolha: Categoria *Pesquisa e Referência* (1); Selecione a função *PROCV* (2).

8. Clique em *OK* (3).

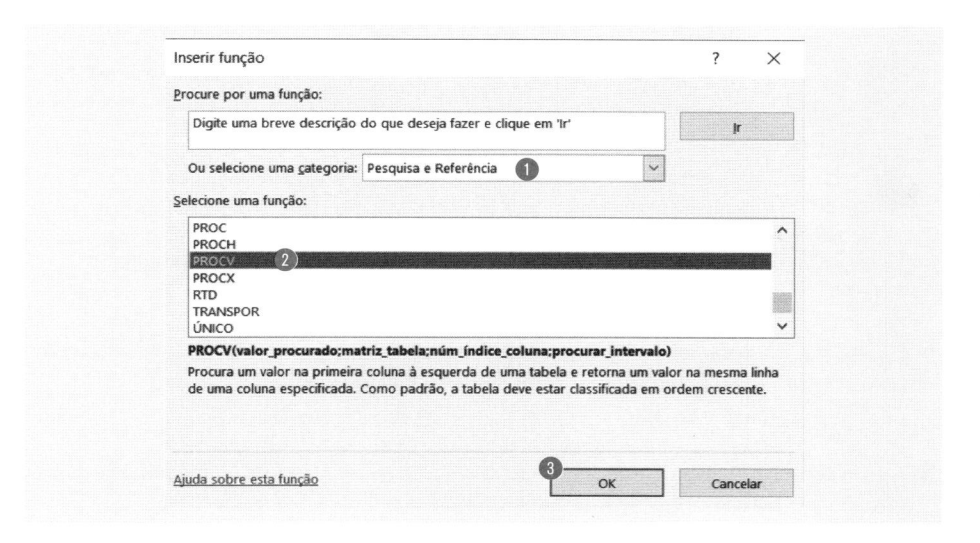

1. Em seguida, vamos preencher os *Argumentos* da função *PROCV* na caixa de diálogo *Argumentos da Função*.

2. **Valor Procurado**: esse é o valor da planilha *Cadastro* que usaremos para localizar o valor correspondente da planilha *Desconto*. Neste caso, o *Curso* que está na célula *D3*. Portanto, devemos preencher *D3*, nesse campo.

3. **Matriz Tabela**: esse é o argumento que define **onde** devemos procurar a correspondência do *Valor Procurado*. Neste caso, será o intervalo *$A$3:$B$5* da planilha de *Descontos* (como a matriz tabela será sempre a mesma, a referência deve ser *ABSOLUTA $*). Digite neste campo *Descontos!$A$3:$B$5*.

4. **Número de Colunas**: quantidade de colunas para a direita que queremos deslocar na planilha *Descontos*, depois de achar o *Valor Procurado*. Como estamos procurando o valor em % que está na coluna *B*, temos que deslocar *2* colunas para a direita (isso porque a primeira coluna também conta: se colocarmos *1* o Excel retornará o próprio valor procurado). Digite nesse campo *2*.

5. **Procurar Intervalo**: Preencheremos *FALSO* para fazer a pesquisa da *Correspondência Exata*.

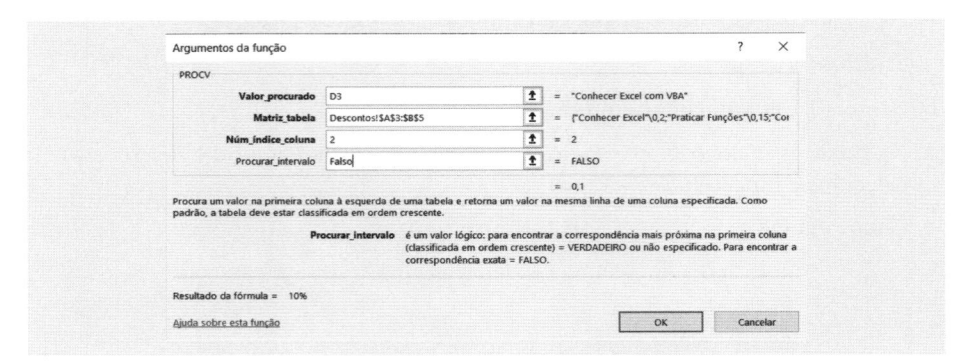

 Dica: Para garantir o funcionamento da *PROCV*, a primeira coluna da *Matriz tabela* deve ser a coluna que contém o *Valor Procurado*. Além disso, o formato de escrita do valor procurado deve ser "idêntico" nas duas planilhas.

6. Ao clicar *OK* na caixa de diálogo *Argumentos da Função*, observe que o Excel utilizará a formatação *Contábil* e devemos mudar para *Percentual*.

7. Em seguida, com a *Alça de Preenchimento*, arrastamos a *PROCV* até a célula *G22*.

8. Agora temos a coluna *G* com os percentuais corretos por curso, mas ainda temos que ajustar o *Valor de Desconto* na coluna *H*.

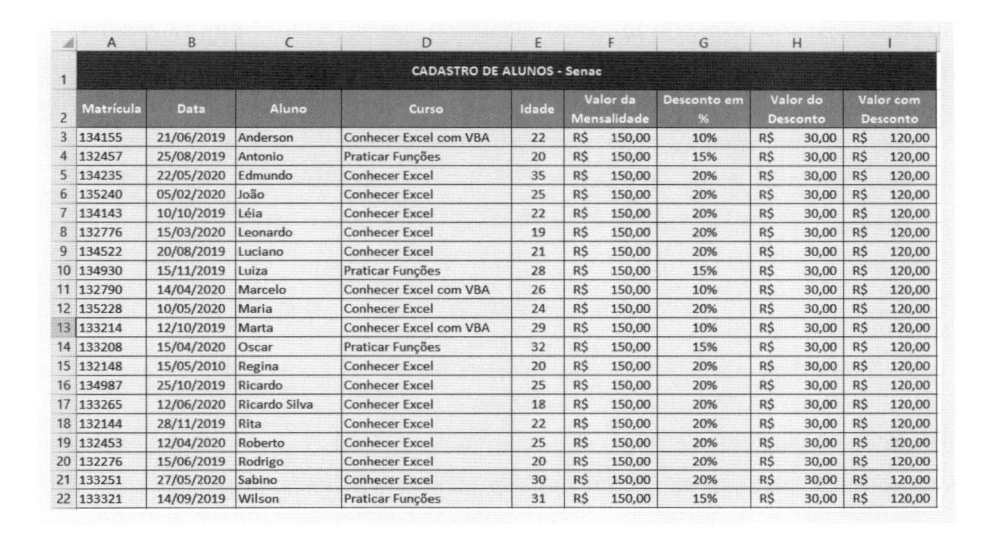

	A	B	C	D	E	F	G	H	I
1				CADASTRO DE ALUNOS - Senac					
2	Matrícula	Data	Aluno	Curso	Idade	Valor da Mensalidade	Desconto em %	Valor do Desconto	Valor com Desconto
3	134155	21/06/2019	Anderson	Conhecer Excel com VBA	22	R$ 150,00	10%	R$ 30,00	R$ 120,00
4	132457	25/08/2019	Antonio	Praticar Funções	20	R$ 150,00	15%	R$ 30,00	R$ 120,00
5	134235	22/05/2020	Edmundo	Conhecer Excel	35	R$ 150,00	20%	R$ 30,00	R$ 120,00
6	135240	05/02/2020	João	Conhecer Excel	25	R$ 150,00	20%	R$ 30,00	R$ 120,00
7	134143	10/10/2019	Léia	Conhecer Excel	22	R$ 150,00	20%	R$ 30,00	R$ 120,00
8	132776	15/03/2020	Leonardo	Conhecer Excel	19	R$ 150,00	20%	R$ 30,00	R$ 120,00
9	134522	20/08/2019	Luciano	Conhecer Excel	21	R$ 150,00	20%	R$ 30,00	R$ 120,00
10	134930	15/11/2019	Luiza	Praticar Funções	28	R$ 150,00	15%	R$ 30,00	R$ 120,00
11	132790	14/04/2020	Marcelo	Conhecer Excel com VBA	26	R$ 150,00	10%	R$ 30,00	R$ 120,00
12	135228	10/05/2020	Maria	Conhecer Excel	24	R$ 150,00	20%	R$ 30,00	R$ 120,00
13	133214	12/10/2019	Marta	Conhecer Excel com VBA	29	R$ 150,00	10%	R$ 30,00	R$ 120,00
14	133208	15/04/2020	Oscar	Praticar Funções	32	R$ 150,00	15%	R$ 30,00	R$ 120,00
15	132148	15/05/2010	Regina	Conhecer Excel	20	R$ 150,00	20%	R$ 30,00	R$ 120,00
16	134987	25/10/2019	Ricardo	Conhecer Excel	25	R$ 150,00	20%	R$ 30,00	R$ 120,00
17	133265	12/06/2020	Ricardo Silva	Conhecer Excel	18	R$ 150,00	20%	R$ 30,00	R$ 120,00
18	132144	28/11/2019	Rita	Conhecer Excel	22	R$ 150,00	20%	R$ 30,00	R$ 120,00
19	132453	12/04/2020	Roberto	Conhecer Excel	25	R$ 150,00	20%	R$ 30,00	R$ 120,00
20	132276	15/06/2019	Rodrigo	Conhecer Excel	20	R$ 150,00	20%	R$ 30,00	R$ 120,00
21	133251	27/05/2020	Sabino	Conhecer Excel	30	R$ 150,00	20%	R$ 30,00	R$ 120,00
22	133321	14/09/2019	Wilson	Praticar Funções	31	R$ 150,00	15%	R$ 30,00	R$ 120,00

 Observe: Como a *PROCV* faz com que a planilha "reconheça" automaticamente o curso que está em uma determinada linha e aplique o desconto correto. Além disso, lembre-se que digitar diretamente na célula tem o mesmo efeito que usar a caixa de diálogo *Inserir Função*.

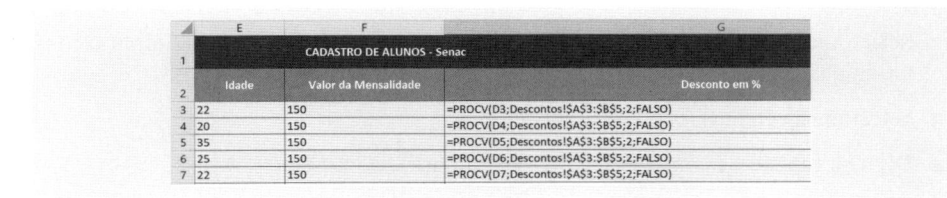

	E	F	G
1		CADASTRO DE ALUNOS - Senac	
2	Idade	Valor da Mensalidade	Desconto em %
3	22	150	=PROCV(D3;Descontos!$A$3:$B$5;2;FALSO)
4	20	150	=PROCV(D4;Descontos!$A$3:$B$5;2;FALSO)
5	35	150	=PROCV(D5;Descontos!$A$3:$B$5;2;FALSO)
6	25	150	=PROCV(D6;Descontos!$A$3:$B$5;2;FALSO)
7	22	150	=PROCV(D7;Descontos!$A$3:$B$5;2;FALSO)

Ajustando o *Valor do Desconto*

Observe que usar a *PROCV* não resolve automaticamente nosso problema, agora é necessário editar a fórmula que define o *Valor do Desconto* para que tudo funcione corretamente.

Para isso, vamos substituir a fórmula que utiliza uma referência fixa pelo resultado da *PROCV*.

1. Abra a pasta de trabalho *Alunos Excel Senac*, clique na planilha *Cadastro*.

2. Edite a fórmula da célula *H3*: altere de *=F3*Descontos!$B$3* para *=F3*G3*.

3. Substituindo a referência fixa à planilha *Descontos* pela célula que contém o resultado da *PROCV*, nossa planilha aplica corretamente os descontos.

4. Analise as três primeiras linhas da planilha e veja se os descontos estão corretos, como na figura a seguir.

	C	D	E	F	G	H	I
1	CADASTRO DE ALUNOS - Senac						
2	Aluno	Curso	Idade	Valor da Mensalidade	Desconto em %	Valor do Desconto	Valor com Desconto
3	Anderson	Conhecer Excel com VBA	22	R$ 150,00	10%	R$ 15,00	R$ 135,00
4	Antonio	Praticar Funções	20	R$ 150,00	15%	R$ 22,50	R$ 127,50
5	Edmundo	Conhecer Excel	35	R$ 150,00	20%	R$ 30,00	R$ 120,00

5. Estando tudo correto, *salve* a pasta de trabalho.

Exercícios resolvidos

Vamos utilizar algumas outras funções importantes para o nosso dia a dia.

1. Ajuste as células *G16*, *G17* e *G18* da planilha *Notas*, substituindo as funções atuais pelas contagens: *Total de Alunos*, *Quantidade de Alunos Aprovados* e *Quantidade de Alunos Reprovados*, respectivamente.

2. Altere a planilha *Cadastro*, eliminando a coluna *G* (*Desconto em %*) e *H* (*Valor do Desconto*), calculando diretamente o *Valor com Desconto*.

Exercícios Resolvidos 1 – Criando contagem de dados

1. Abra a pasta de trabalho *Alunos Excel Senac* e clique na planilha *Notas*.

2. Selecione o intervalo *G16:G18* e em seguida clique em *DELETE* para limpar o conteúdo das células.

3. Selecione a célula *G16*.

4. Digite a função de contagem =*CONT.VALORES(G3:G15)*.

5. O Excel deve apresentar *13*, que é o número total de alunos.

Observe: A função *CONT.VALORES* efetua a contagem de quantas células no intervalo selecionado não estão vazias.

6. Selecione a célula *G17*.

7. Digite a função de contagem =*CONT.SE(G3:G15;"Aprovado")*.

Observe: A função *CONT.SE* efetua uma contagem de acordo com um **critério**, que neste caso é *Aprovado*. O resultado dessa função será a quantidade de alunos aprovados.

8. Selecione a célula *G18*.

9. Digite a função de contagem =*CONT.SE(G3:G15;"Reprovado")*.

10. Salve a *pasta de trabalho*.

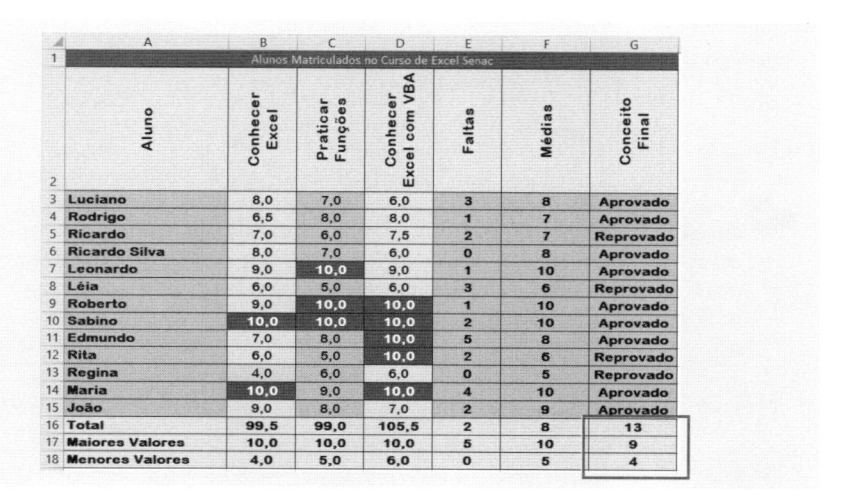

Exercícios resolvidos 2 – Fazendo cálculos "diretos"

1. Abra a pasta de trabalho *Alunos Excel Senac* e clique na planilha *Cadastro*.

2. Analise as células *G3* e *H3*.

3. Na célula *G3*, temos: =*PROCV(D3;Descontos!$A$3:$B$5;2;FALSO)*.

4. Na célula *H3*, temos: =*F3*G3*.

5. Significa que podemos, na célula *H3*, substituir a referência à célula *G3* pelo próprio conteúdo desta célula.

6. Na célula *H3*, digite: =*F3*PROCV(D3;Descontos!$A$3:$B$5;2;FALSO)*.

7. Usando a *Alça de Preenchimento*, arraste até a célula *H22*.

8. Na guia *Fórmulas*, clique em *Mostrar Fórmulas* para analisar se está tudo correto.

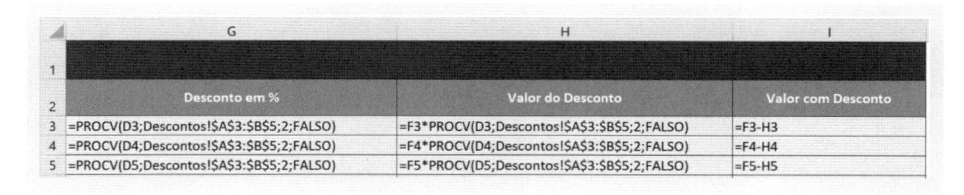

9. Agora, vamos colocar os cálculos diretamente na coluna *I*.

10. Em *H3*, temos: *=F3*PROCV(D3;Descontos!$A$3:$B$5;2;FALSO)*.

11. Em *I3* temos: *=F3-H3*.

12. Significa que podemos, na célula *I3*, substituir a referência à célula *H3* pelo próprio conteúdo desta célula.

13. Em *I3*, digite: *=F3-F3*PROCV(D3;Descontos!$A$3:$B$5;2;FALSO)*.

14. Usando a *Alça de Preenchimento*, arraste até a célula *H22*.

 Observe: Acabamos de fazer uma fórmula extremamente complexa de uma maneira um pouco mais fácil. No dia a dia, faça as fórmulas em etapas e depois será mais fácil juntá-las, em vez de tentar fazer tudo diretamente em uma célula.

15. Na guia *Fórmulas*, clique em *Mostrar Fórmulas* para analisar se está tudo correto.

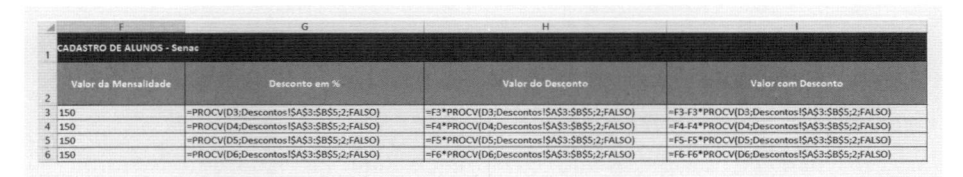

	F	G	H	I
1	CADASTRO DE ALUNOS - Senac			
2	Valor da Mensalidade	Desconto em %	Valor do Desconto	Valor com Desconto
3	150	=PROCV(D3;Descontos!$A$3:$B$5;2;FALSO)	=F3*PROCV(D3;Descontos!$A$3:$B$5;2;FALSO)	=F3-F3*PROCV(D3;Descontos!$A$3:$B$5;2;FALSO)
4	150	=PROCV(D4;Descontos!$A$3:$B$5;2;FALSO)	=F4*PROCV(D4;Descontos!$A$3:$B$5;2;FALSO)	=F4-F4*PROCV(D4;Descontos!$A$3:$B$5;2;FALSO)
5	150	=PROCV(D5;Descontos!$A$3:$B$5;2;FALSO)	=F5*PROCV(D5;Descontos!$A$3:$B$5;2;FALSO)	=F5-F5*PROCV(D5;Descontos!$A$3:$B$5;2;FALSO)
6	150	=PROCV(D6;Descontos!$A$3:$B$5;2;FALSO)	=F6*PROCV(D6;Descontos!$A$3:$B$5;2;FALSO)	=F6-F6*PROCV(D6;Descontos!$A$3:$B$5;2;FALSO)

16. Perceba que agora podemos excluir as colunas *G* e *H* porque o cálculo está completo na coluna *I*.

17. Selecione as colunas *G* e *H*.

18. Com o botão direito do mouse no título das colunas, use o menu de contexto e escolha *Excluir*.

19. Analise a planilha e veja se está como a figura.

	A	B	C	D	E	F	G
1				CADASTRO DE ALUNOS - Senac			
2	Matrícula	Data	Aluno	Curso	Idade	Valor da Mensalidade	Valor com Desconto
3	134155	21/06/2019	Anderson	Conhecer Excel com VBA	22	R$ 150,00	R$ 135,00
4	132457	25/08/2019	Antonio	Praticar Funções	20	R$ 150,00	R$ 127,50
5	134235	22/05/2020	Edmundo	Conhecer Excel	35	R$ 150,00	R$ 120,00
6	135240	05/02/2020	João	Conhecer Excel	25	R$ 150,00	R$ 120,00
7	134143	10/10/2019	Léia	Conhecer Excel	22	R$ 150,00	R$ 120,00
8	132776	15/03/2020	Leonardo	Conhecer Excel	19	R$ 150,00	R$ 120,00
9	134522	20/08/2019	Luciano	Conhecer Excel	21	R$ 150,00	R$ 120,00
10	134930	15/11/2019	Luiza	Praticar Funções	28	R$ 150,00	R$ 127,50
11	132790	14/04/2020	Marcelo	Conhecer Excel com VBA	26	R$ 150,00	R$ 135,00
12	135228	10/05/2020	Maria	Conhecer Excel	24	R$ 150,00	R$ 120,00
13	133214	12/10/2019	Marta	Conhecer Excel com VBA	29	R$ 150,00	R$ 135,00
14	133208	15/04/2020	Oscar	Praticar Funções	32	R$ 150,00	R$ 127,50
15	132148	15/05/2010	Regina	Conhecer Excel	20	R$ 150,00	R$ 120,00
16	134987	25/10/2019	Ricardo	Conhecer Excel	25	R$ 150,00	R$ 120,00
17	133265	12/06/2020	Ricardo Silva	Conhecer Excel	18	R$ 150,00	R$ 120,00
18	132144	28/11/2019	Rita	Conhecer Excel	22	R$ 150,00	R$ 120,00
19	132453	12/04/2020	Roberto	Conhecer Excel	25	R$ 150,00	R$ 120,00
20	132276	15/06/2019	Rodrigo	Conhecer Excel	20	R$ 150,00	R$ 120,00
21	133251	27/05/2020	Sabino	Conhecer Excel	30	R$ 150,00	R$ 120,00
22	133321	14/09/2019	Wilson	Praticar Funções	31	R$ 150,00	R$ 127,50

Exercícios propostos*

1. Crie uma planilha semelhante à planilha *Descontos* chamada *Mensalidade* e coloque o valor da mensalidade de cada curso.

2. Altere a planilha *Cadastro* para que ela procure na planilha *Mensalidade* o valor da mensalidade de cada curso.

*A resolução estará apenas no final do livro e essas atividades não influenciam na sequência dos capítulos.

Anotações

7
Classificação e filtragem

OBJETIVOS

» Compreender quando devemos usar classificação e/ou filtragem

» Usar a classificação de dados

» Utilizar classificações por múltiplas colunas

» Aprender outras maneiras de fazer uso dos recursos de classificação

» Entender como funcionam os filtros

» Conhecer diferentes tipos de filtros

» Aplicar o recurso de "filtro avançado".

Para que utilizemos bem o Excel quando as planilhas começarem a ficar mais complexas, algumas funcionalidades podem facilitar a forma como trabalhamos com os dados, como veremos neste capítulo.

Quando usar classificação e filtragem

No dia a dia é muito comum trabalharmos com planilhas de várias linhas e colunas, dificultando a visualização e análise dos dados. Neste cenário, é necessário dispor de funcionalidades que facilitem a organização e a localização de dados específicos, como as ferramentas de classificação e filtragem.

Classificação de dados

As ferramentas de classificação permitem que façamos ordenação dos dados, escolhendo pela orientação *de cima para baixo* ou *da esquerda para a direita* e pelo tipo de ordenação que faremos, como *valor das células*, *cor da célula* ou *cor da fonte*.

Classificando o cadastro de alunos

Como vimos nos recursos de formatação, a classificação de dados pode ser influenciada pela seleção dos intervalos que seja feita antes da classificação. Assim, muito cuidado ao selecionar os dados para que a classificação não desorganize toda a planilha. Vamos entender isso usando a nossa planilha de cadastro como exemplo.

1. Abra a pasta de trabalho *Alunos Excel Senac* e clique na planilha *Cadastro*.

2. Selecione a célula *C6*.

3. Na guia *Dados*, no grupo *Classificar e Filtrar*, clique em *Classificar*.

4. Observe que o Excel automaticamente selecionará o intervalo *A3:G22*.

 Como o Excel sabia? Claro que o Excel não sabe qual o intervalo correto, mas ele exclui a primeira linha **em razão das células mescladas**. Já a segunda linha não está selecionada porque estamos com a opção *Meus dados contêm cabeçalhos* marcada. Isso significa que a primeira linha do intervalo possui dois cabeçalhos (que não devem entrar na classificação).

5. Esse intervalo permite que façamos a classificação de dados, ao mesmo tempo que mantemos as correspondências entre as diversas colunas de cada linha.

6. Observe que a caixa de diálogo *Classificar* permite escolher a coluna para ordenar (*Classificar por*) (1), o tipo de classificação (*Classificar em*) e a *Ordem* (2):

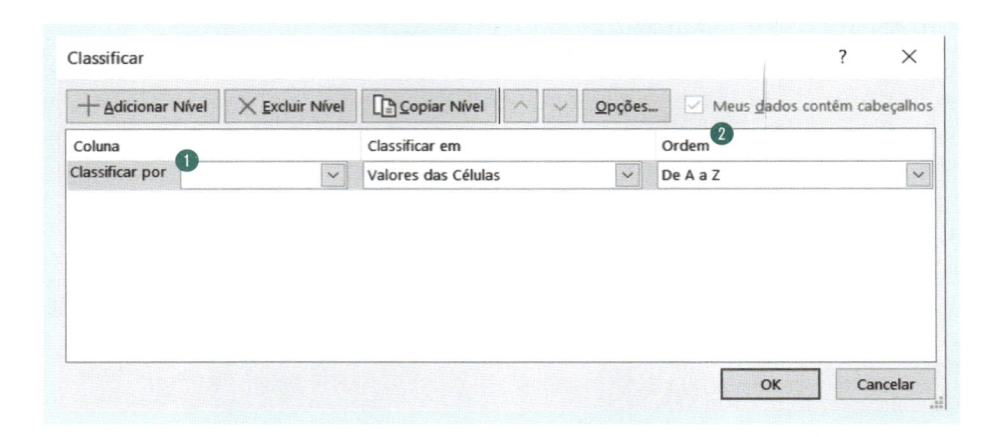

7. Observe também que o tipo padrão de classificação é *Valores das Células* e a *Ordem* padrão é *De A a Z*.

8. Ainda na caixa de diálogo *Classificar*, no campo *Classificar por*, escolha *Data*.

9. Observe que ao selecionar a coluna pela qual desejamos classificar, o Excel identifica o tipo de dado daquela coluna e altera as opções de *Ordem* de acordo com o conteúdo da coluna.

10. Neste caso, alterou para as características de data.

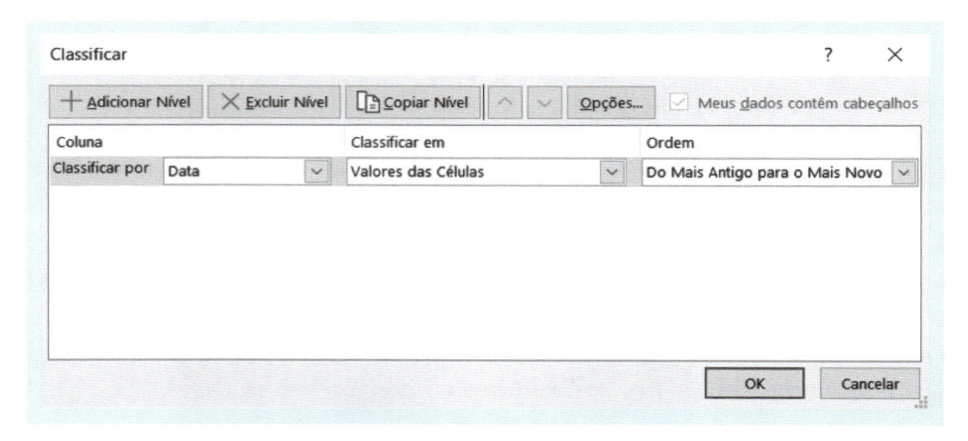

11. Clique em *OK* para classificar pela coluna de data.

12. Agora observe que a ordem das linhas foi alterada para respeitar a ordenação solicitada.

▲	A	B	C	D	E	F	G
1	CADASTRO DE ALUNOS - Senac						
2	Matrícula	Data	Aluno	Curso	Idade	Valor da Mensalidade	Valor com Desconto
3	132148	15/05/2010	Regina	Conhecer Excel	20	R$ 150,00	R$ 120,00
4	132276	15/06/2019	Rodrigo	Conhecer Excel	20	R$ 150,00	R$ 120,00
5	134155	21/06/2019	Anderson	Conhecer Excel com VBA	22	R$ 150,00	R$ 135,00
6	134522	20/08/2019	Luciano	Conhecer Excel	21	R$ 150,00	R$ 120,00
7	132457	25/08/2019	Antonio	Praticar Funções	20	R$ 150,00	R$ 127,50
8	133321	14/09/2019	Wilson	Praticar Funções	31	R$ 150,00	R$ 127,50
9	134143	10/10/2019	Léia	Conhecer Excel	22	R$ 150,00	R$ 120,00
10	133214	12/10/2019	Marta	Conhecer Excel com VBA	29	R$ 150,00	R$ 135,00
11	134987	25/10/2019	Ricardo	Conhecer Excel	25	R$ 150,00	R$ 120,00
12	134930	15/11/2019	Luiza	Praticar Funções	28	R$ 150,00	R$ 127,50
13	132144	28/11/2019	Rita	Conhecer Excel	22	R$ 150,00	R$ 120,00
14	135240	05/02/2020	João	Conhecer Excel	25	R$ 150,00	R$ 120,00
15	132776	15/03/2020	Leonardo	Conhecer Excel	19	R$ 150,00	R$ 120,00
16	132453	12/04/2020	Roberto	Conhecer Excel	25	R$ 150,00	R$ 120,00
17	132790	14/04/2020	Marcelo	Conhecer Excel com VBA	26	R$ 150,00	R$ 135,00
18	133208	15/04/2020	Oscar	Praticar Funções	32	R$ 150,00	R$ 127,50
19	135228	10/05/2020	Maria	Conhecer Excel	24	R$ 150,00	R$ 120,00
20	134235	22/05/2020	Edmundo	Conhecer Excel	35	R$ 150,00	R$ 120,00
21	133251	27/05/2020	Sabino	Conhecer Excel	30	R$ 150,00	R$ 120,00
22	133265	12/06/2020	Ricardo Silva	Conhecer Excel	18	R$ 150,00	R$ 120,00

13. Salve a pasta de trabalho.

CLASSIFICANDO POR MÚLTIPLAS COLUNAS

Vale a pena observar que a caixa de diálogo *Classificar* também permite *Adicionar Nível*. Tenha em mente que esse recurso só faz sentido quando a coluna pela qual será feita a primeira classificação tem repetições.

Se a primeira classificação for feita por uma coluna como a *Matrícula*, não haverá espaço para uma segunda classificação, uma vez que a ordem da matrícula não poderá ser alterada.

No entanto, se a primeira classificação for feita por *Curso* e em seguida por *Data*, estamos dizendo ao Excel que queremos uma lista na qual, **para cada curso**, haja uma classificação por data de matrícula.

1. Abra a pasta de trabalho *Alunos Excel Senac* e clique na planilha *Cadastro*.

2. Selecione a célula *D2*.

3. Na guia *Dados*, no grupo *Classificar e Filtrar*, clique em *Classificar*.

4. Observe que, quando entramos na caixa de diálogo *Classificar* uma segunda vez em seguida, ela mantém os dados da última classificação.

5. Altere o campo *Classificar por* para *Curso*.

6. Escolha a *Ordem* como *De A a Z*.

7. Agora escolha *Adicionar Nível* (1).

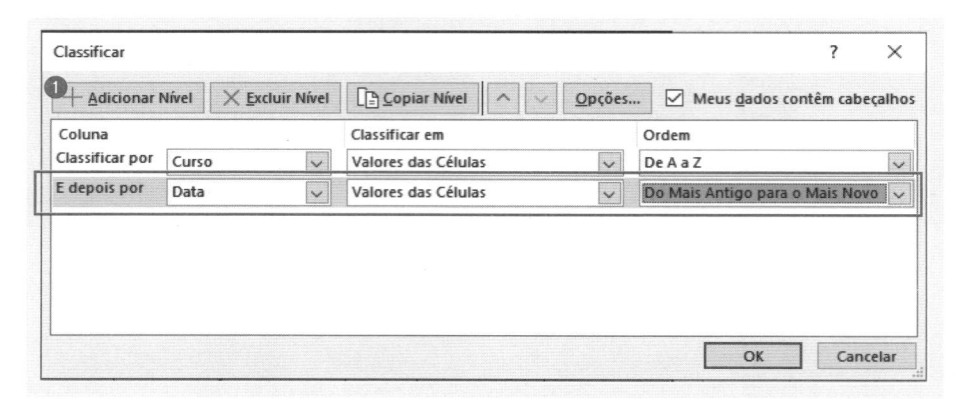

8. Em seguida, no campo *E depois por*, escolha *Data*.

9. No campo *Ordem*, escolha *Do mais antigo para o mais novo*.

10. Agora observe que criamos uma organização semelhante a *Blocos de Cursos* e dentro de cada um desses blocos, uma *Classificação por Data*.

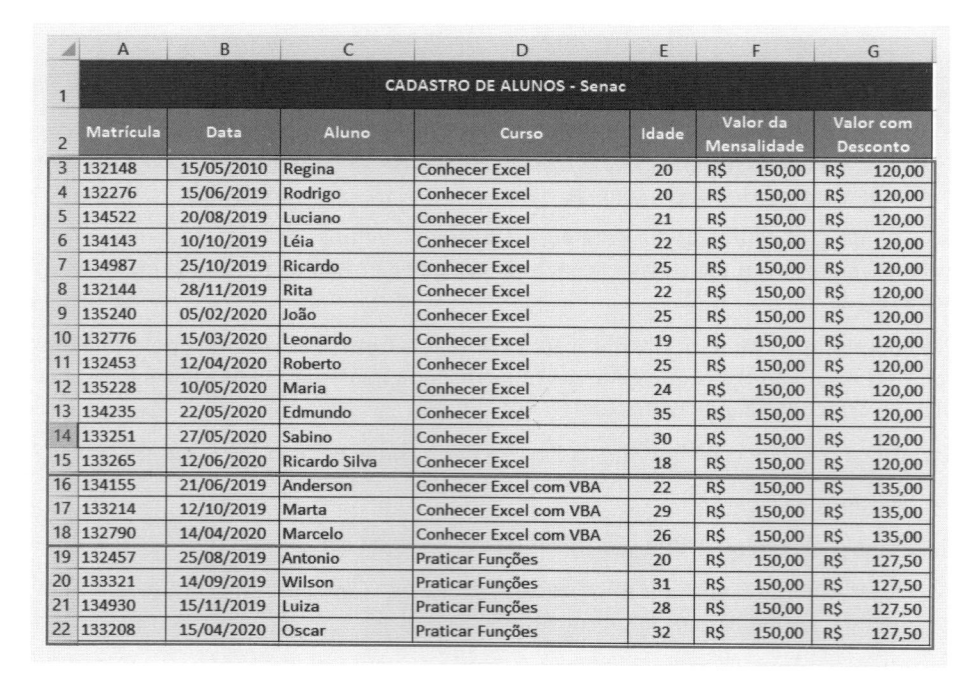

11. Lembre-se de salvar a planilha.

OUTRAS FORMAS DE USAR OS RECURSOS DE CLASSIFICAÇÃO

Podemos classificar utilizando o **menu de contexto**, clicando com o botão direito do mouse a partir de qualquer célula dentro da planilha. Esse é um recurso rápido que contém o atalho para a caixa *Classificar* e tem detalhes interessantes, como a possibilidade de deixar a linha selecionada no início ou no final da lista.

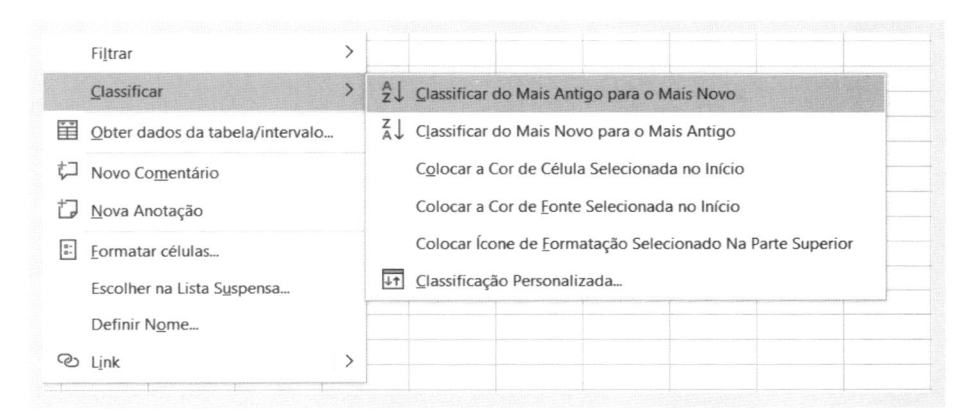

Podemos classificar usando os **comandos** que ficam na guia *Dados*, na guia *Página Inicial*. Basta selecionar uma célula qualquer, dentro da coluna que desejamos classificar. As teclas de atalho são representadas pelos seguintes ícones: ⬇ (Classificar de A a Z) e ⬇ (Classificar de Z a A).

UTILIZANDO OS FILTROS

Algumas vezes somente uma ordenação não é suficiente para facilitar a visualização dos dados desejados, ou porque a planilha tem muitos dados ou porque a complexidade dificulta a análise.

Uma das alternativas mais simples para facilitar essa análise é o recurso de filtragem (o Excel oferece recursos avançados de análise, como a *Tabela Dinâmica*, que não serão estudados neste livro).

Assim como vimos na classificação de dados, o Excel 2019 também identifica o formato da planilha e facilita o uso dos recursos de filtragem.

Filtrando o cadastro de alunos

Semelhante ao que fizemos na classificação, vamos filtrar a planilha de cadastro para achar os alunos de um curso específico.

1. Abra a pasta de trabalho *Alunos Excel Senac* e clique na planilha *Cadastro*.

2. Selecione a célula *D2* (no Excel 2019 qualquer célula dentro do intervalo de dados da planilha serviria).

3. Na guia *Dados*, no grupo *Classificar e Filtrar*, clique em *Filtro* (ou use a tecla de atalho *CTRL + SHIFT + L*).

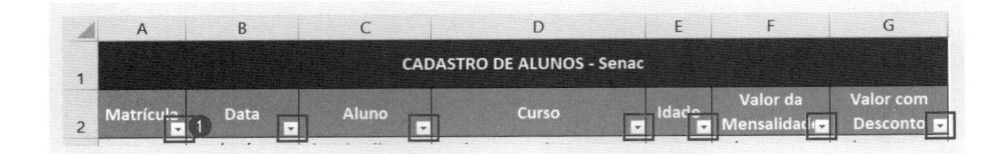

4. Note que os "botões de filtro" foram posicionados na linha em que estão os rótulos de dados. (1)

5. Clique no filtro da célula *D2*.

6. Desmarque os demais cursos, deixando selecionado apenas *Praticar Funções* (2).

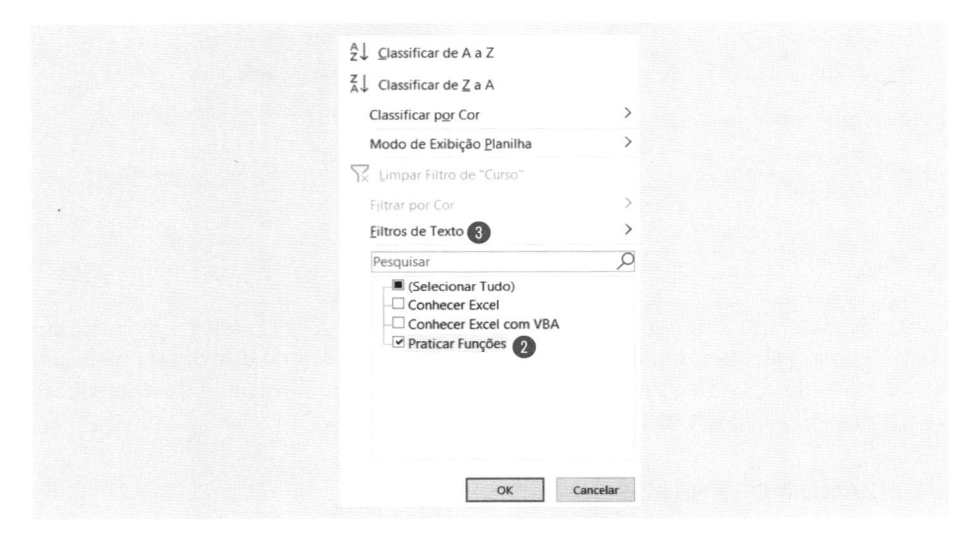

7. Observe que o Excel novamente identificou o tipo de informação que temos nas células e habilitou o *Filtros de Texto* (3).

8. Clique em *OK* para filtrar.

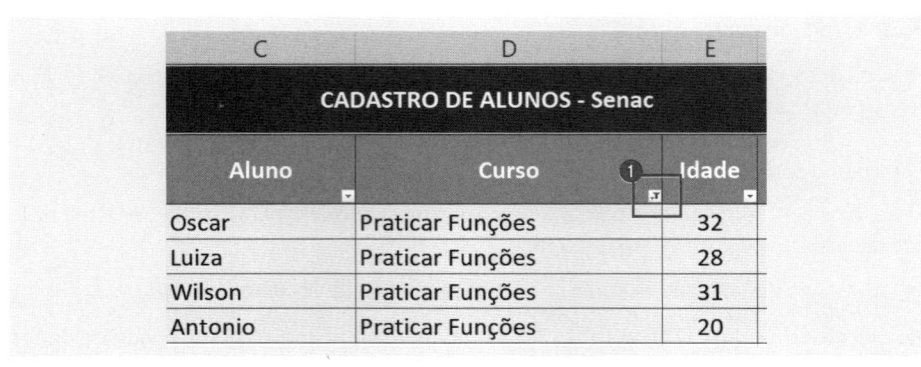

9. Observe que o filtro que estiver restringindo dados ficará com um desenho de um funil (1).

Dica: Para desfazer a filtragem, clique novamente no botão de filtro e, em seguida, em *Limpar Filtro* ou, para retirar todos os filtros de uma vez, na guia *Dados*, desmarque o botão *Filtro* (ou tecle *CTRL + SHIFT + L*).

TIPOS DE FILTROS DIFERENTES

Filtros de Data

Os filtros de data são acionados automaticamente quando os dados da coluna são datas. Esses filtros permitem uma seleção diferente por períodos e já estão agrupados para facilitar o uso.

Além disso, ao selecionar *Filtros de Data*, aparecerão opções como: *Hoje, Este Mês, Ano ou Meses do Ano*, por exemplo.

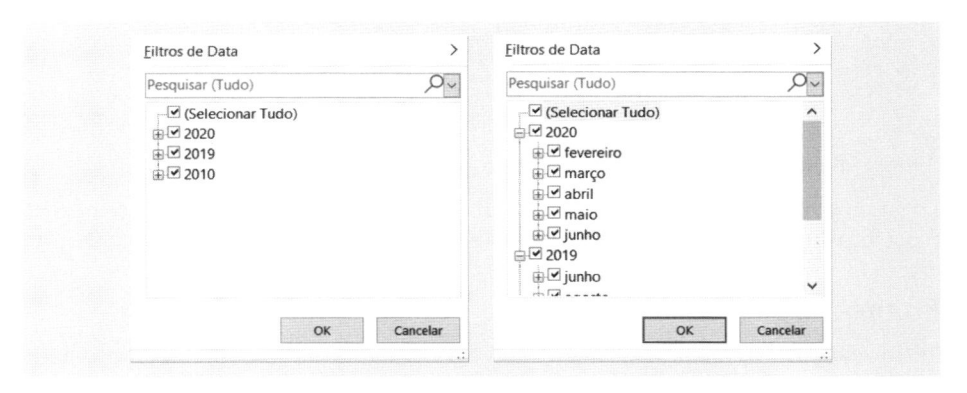

Filtros de Texto

Quando os dados da coluna são textos, outras opções estão disponíveis, como: *Começa com...* ou *Não contém...*

Quando clicar em *Filtros de Texto*, as opções aparecerão:

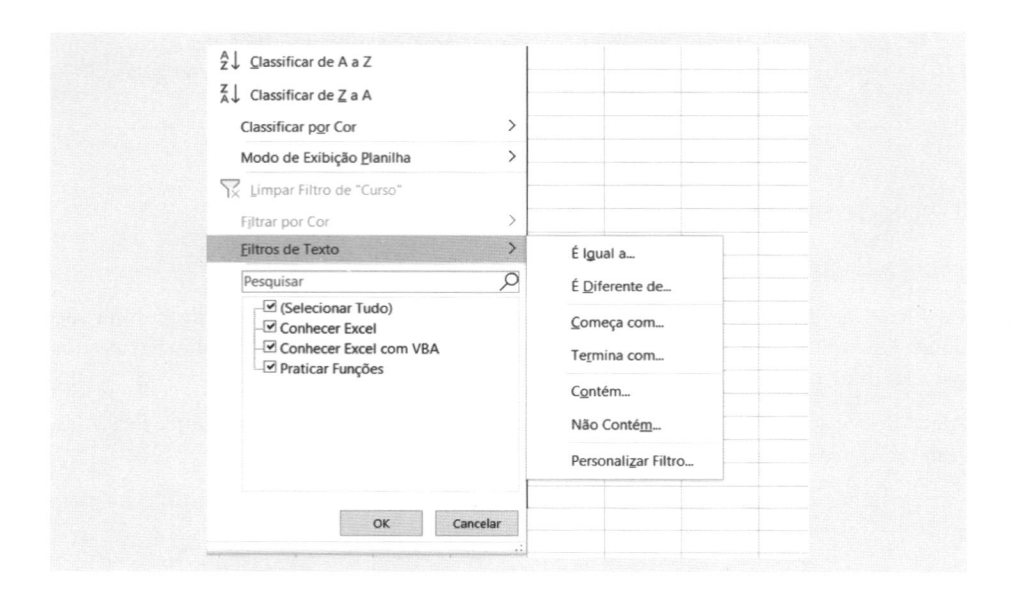

Filtro de Número

Da mesma maneira que nos outros dois tipos de filtro, o de números oferece opções específicas, como: *É igual a*, *É maior do que* ou *Acima da Média*, por exemplo.

FILTRO AVANÇADO

Filtro avançado é uma funcionalidade que agrega algumas possibilidades novas à filtragem, como filtrar os dados copiando automaticamente para outra planilha (apenas com os novos dados filtrados).

Para demonstrar essa possibilidade, vamos criar uma planilha chamada *Dados Filtrados* para fazermos uma filtragem dos dados de cadastro.

1. Abra a pasta de trabalho *Alunos Excel Senac*, clique no botão *Nova Planilha* e renomeie a nova planilha como *Dados Filtrados*.

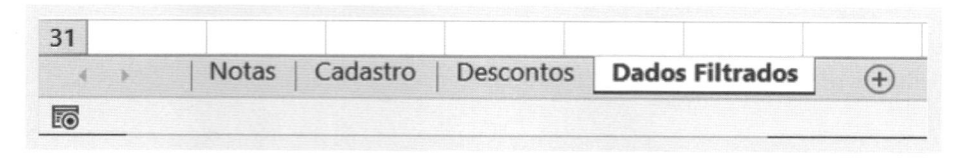

2. Na planilha *Cadastro*, selecione o intervalo *A2:G3* e copie os dados (*CTRL + C*).

3. De volta na planilha *Dados Filtrados*, cole os dados a partir da célula *A1* (*CTRL + V*).

4. Em seguida ajuste a largura das colunas.

	A	B	C	D	E	F	G
1	Matrícula	Data	Aluno	Curso	Idade	Valor da Mensalidade	Valor com Desconto
2	134155	21/06/2019	Anderson	Conhecer Excel com VBA	22	R$ 150,00	R$ 135,00

5. Na planilha *Dados Filtrados*, selecione o intervalo *A2:G2* (onde estão os dados) e tecle *DELETE* para limpar os dados.

6. Na célula *D2*, digite *Conhecer* (esse será o critério do nosso filtro avançado).

7. Para montar uma filtragem em local diferente, é necessário estar posicionado na planilha que **receberá** os dados (neste caso, a planilha *Dados Filtrados*).

8. Na planilha *Dados Filtrados*, selecione a célula *D4*.

9. Na guia *Dados*, no grupo *Classificar e Filtrar*, clique em *Avançado*.

10. Na caixa de diálogo *Filtro Avançado*, escolha ação *Copiar para outro local*.

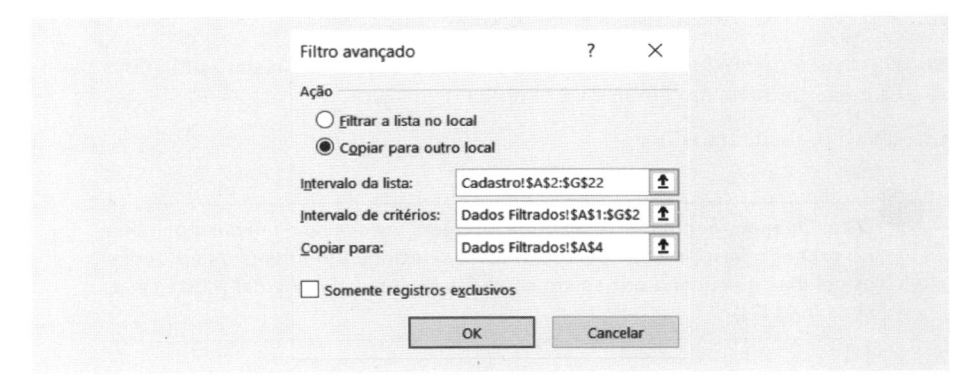

11. Clique no campo *Intervalo da Lista* (que é a origem dos dados a serem filtrados) e quando o cursor estiver parado nele, vá para a planilha *Cadastro* e selecione o intervalo *A2:G22*.

12. Observe que a caixa de diálogo continua visível. Clique no campo *Intervalo de critérios* (neste momento o Excel voltará automaticamente para a planilha *Dados Filtrados*).

13. Selecione o intervalo *A1:G2* (onde estão os campos com os critérios).

14. Clique no campo *Copiar para* e, em seguida, na célula *A4*.

15. Clique em *OK*.

	A	B	C	D	E	F	G
1	Matrícula	Data	Aluno	Curso	Idade	Valor da Mensalidade	Valor com Desconto
2				Conhecer			
3							
4	Matrícula	Data	Aluno	Curso	Idade	Valor da Mensalidade	Valor com Desconto
5	133265	12/06/2020	Ricardo Silva	Conhecer Excel	18	R$ 150,00	R$ 120,00
6	133251	27/05/2020	Sabino	Conhecer Excel	30	R$ 150,00	R$ 120,00
7	134235	22/05/2020	Edmundo	Conhecer Excel	35	R$ 150,00	R$ 120,00
8	135228	10/05/2020	Maria	Conhecer Excel	24	R$ 150,00	R$ 120,00
9	132453	12/04/2020	Roberto	Conhecer Excel	25	R$ 150,00	R$ 120,00
10	132776	15/03/2020	Leonardo	Conhecer Excel	19	R$ 150,00	R$ 120,00
11	135240	05/02/2020	João	Conhecer Excel	25	R$ 150,00	R$ 120,00
12	132144	28/11/2019	Rita	Conhecer Excel	22	R$ 150,00	R$ 120,00
13	134987	25/10/2019	Ricardo	Conhecer Excel	25	R$ 150,00	R$ 120,00
14	134143	10/10/2019	Léia	Conhecer Excel	22	R$ 150,00	R$ 120,00
15	134522	20/08/2019	Luciano	Conhecer Excel	21	R$ 150,00	R$ 120,00
16	132276	15/06/2019	Rodrigo	Conhecer Excel	20	R$ 150,00	R$ 120,00
17	132148	15/05/2010	Regina	Conhecer Excel	20	R$ 150,00	R$ 120,00
18	132790	14/04/2020	Marcelo	Conhecer Excel com VBA	26	R$ 150,00	R$ 135,00
19	133214	12/10/2019	Marta	Conhecer Excel com VBA	29	R$ 150,00	R$ 135,00
20	134155	21/06/2019	Anderson	Conhecer Excel com VBA	22	R$ 150,00	R$ 135,00

16. Observe que o Excel filtrou apenas os cursos que contém *Conhecer* no nome.

17. Observe também que neste caso os dados são transportados para uma nova planilha e não influenciam em nada a planilha de origem.

18. Salve a pasta de trabalho.

Dica: Quando for criar uma segunda filtragem avançada, na mesma planilha do primeiro filtro, no campo *Copiar para*, selecione um intervalo com todas as colunas que queira que sejam copiadas do intervalo original (neste caso, seria o *A4:G4*).

Exercícios resolvidos

Vamos aprender como utilizar algumas novas formas de classificação e filtragem.

1. Crie uma classificação por cor de fundo das células da coluna *Conhecer Excel* na planilha *Notas*.

2. Crie uma segunda *Filtragem Avançada* na planilha *Dados Filtrados*, incluindo o critério *Idade maior que 22 anos*.

Exercícios resolvidos 1 – Classificando por cor de célula (passo a passo)

1. Abra a pasta de trabalho *Alunos Excel Senac* e clique na planilha *Notas*.

2. Com o botão direito do mouse (menu de contexto), clique na célula *B2*.

3. No menu de contexto, escolha *Classificar*.

4. Em seguida, escolha *Colocar a Cor da Célula Selecionada no Início*.

5. O resultado **não** foi o esperado, vamos analisar a figura a seguir:

	A	B	C	D	E	F	G
1	Alunos Matriculados no Curso de Excel Senac						
2	Aluno	Conhecer Excel	Praticar Funções	Conhecer Excel com VBA	Faltas	Médias	Conceito Final
3	Luciano	8,0	7,0	6,0	3	8	Aprovado
4	Rodrigo	6,5	8,0	8,0	1	7	Aprovado
5	Ricardo	7,0	6,0	7,5	2	7	Reprovado
6	Ricardo Silva	8,0	7,0	6,0	0	8	Aprovado
7	Leonardo	9,0	10,0	9,0	1	10	Aprovado
8	Léia	6,0	5,0	6,0	3	6	Reprovado
9	Roberto	9,0	10,0	10,0	1	10	Aprovado
10	Edmundo	7,0	8,0	10,0	5	8	Aprovado
11	Rita	6,0	5,0	10,0	2	6	Reprovado
12	João	9,0	8,0	7,0	2	9	Aprovado
13	Total	75,5	74,0	79,5	2	7	11
14	Maiores Valores	9,0	10,0	10,0	5	10	7
15	Menores Valores	6,0	5,0	6,0	0	6	3
16	Sabino	10,0	10,0	10,0	2	10	Aprovado
17	Regina	4,0	6,0	6,0	0	5	Reprovado
18	Maria	10,0	9,0	10,0	4	10	Aprovado

6. As linhas referentes a *Total*, *Maiores Valores* e *Menores Valores* não deveriam ter sido incluídas na classificação.

7. Ao incluir essas linhas, as linhas com cores diferentes foram colocadas abaixo da formatação condicional e perderam suas cores de fundo.

8. Vamos *Desfazer* teclando *CTRL + Z*.

9. Iniciando a atividade de classificação novamente, agora começaremos pela seleção. Selecione o intervalo *A2:G15*.

10. Na guia *Dados*, escolha *Classificar* (1).

11. Na caixa de diálogo *Classificar*, escolha:

12. Classificar por *Conhecer Excel* (2).

13. Classificar em *Cor da Célula* (3).

14. Ordem *Azul* (4).

15. *Na parte Superior* (5).

16. Agora vamos *Adicionar Nível* (6).

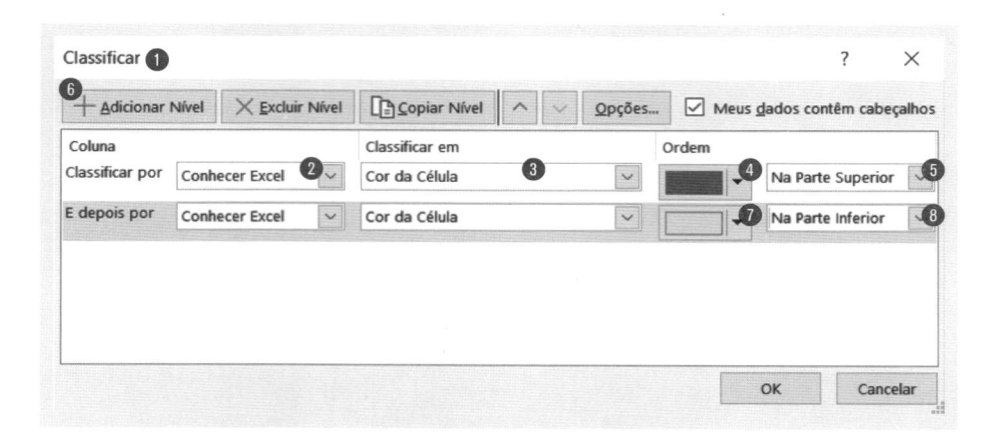

1. No segundo nível, escolha:

2. Classificar por *Conhecer Excel* (a mesma coluna do primeiro nível).

3. Classificar em *Cor da Célula*.

4. Ordem *Amarelo* (7).

5. *Na parte Inferior* (8).

Agora, observe a diferença da classificação correta:

	A	B	C	D	E	F	G
1	Alunos Matriculados no Curso de Excel Senac						
2	Aluno	Conhecer Excel	Praticar Funções	Conhecer Excel com VBA	Faltas	Médias	Conceito Final
3	Sabino	10,0	10,0	10,0	2	10	Aprovado
4	Maria	10,0	9,0	10,0	4	10	Aprovado
5	Luciano	8,0	7,0	6,0	3	8	Aprovado
6	Rodrigo	6,5	8,0	8,0	1	7	Aprovado
7	Ricardo	7,0	6,0	7,5	2	7	Reprovado
8	Ricardo Silva	8,0	7,0	6,0	0	8	Aprovado
9	Leonardo	9,0	10,0	9,0	1	10	Aprovado
10	Léia	6,0	5,0	6,0	3	6	Reprovado
11	Roberto	9,0	10,0	10,0	1	10	Aprovado
12	Edmundo	7,0	8,0	10,0	5	8	Aprovado
13	Rita	6,0	5,0	10,0	2	6	Reprovado
14	João	9,0	8,0	7,0	2	9	Aprovado
15	Regina	4,0	6,0	6,0	0	5	Reprovado
16	Total	99,5	99,0	105,5	2	8	13
17	Maiores Valores	10,0	10,0	10,0	5	10	9
18	Menores Valores	4,0	5,0	6,0	0	5	4

Observe: As últimas três linhas não foram incluídas na classificação (correto). Os dois níveis usados para a mesma coluna (Azul e Amarelo) são uma opção para organizar por cor.

Exercícios resolvidos 2 – Incluir critério em filtro avançado (passo a passo)

1. Abra a pasta de trabalho *Alunos Excel Senac* e clique na planilha *Dados Filtrados*.

2. Na célula *E2*, digite *>22*.

3. Na guia *Dados*, no grupo *Classificar e Filtrar*, clique em *Avançado*.

4. Escolha a ação *Copiar para outro local*.

5. Selecione o intervalo que está no campo *Intervalo Lista*, para substituí-lo.

6. Na planilha *Cadastro*, selecione o intervalo *$A$2:$G$22*.

7. No *Intervalo de Critérios*, mantenha *$A$1:$G$2*.

8. No campo *Copiar para*, escolha *$A$4:$G$4* (observe que se não selecionar as demais colunas da linha 4, o Excel não copiará todas as colunas da origem).

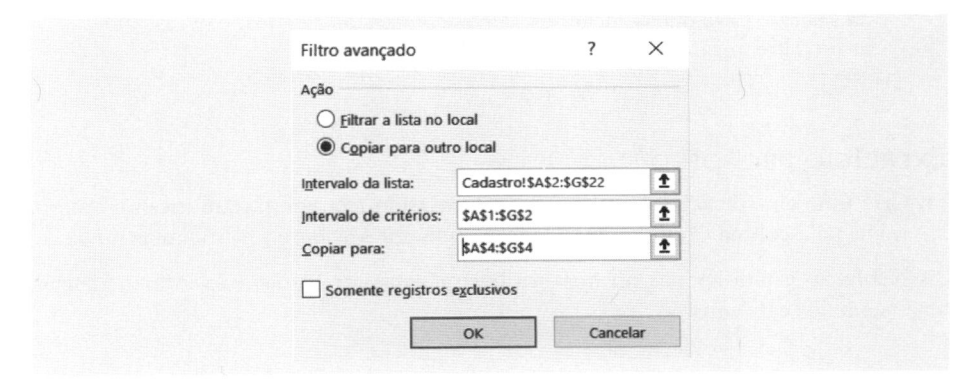

9. Pode ser que o Excel substitua o intervalo selecionado no campo *Copiar para* por um nome que foi criado na primeira filtragem.

10. Clique em *OK* para refazer a filtragem.

	A	B	C	D	E	F		G	
1	Matrícula	Data	Aluno	Curso	Idade	Valor da Mensalidade		Valor com Desconto	
2				Conhecer	>22				
3									
4	Matrícula	Data	Aluno	Curso	Idade	Valor da Mensalidade		Valor com Desconto	
5	133251	27/05/2020	Sabino	Conhecer Excel	30	R$	150,00	R$	120,00
6	134235	22/05/2020	Edmundo	Conhecer Excel	35	R$	150,00	R$	120,00
7	135228	10/05/2020	Maria	Conhecer Excel	24	R$	150,00	R$	120,00
8	132453	12/04/2020	Roberto	Conhecer Excel	25	R$	150,00	R$	120,00
9	135240	05/02/2020	João	Conhecer Excel	25	R$	150,00	R$	120,00
10	134987	25/10/2019	Ricardo	Conhecer Excel	25	R$	150,00	R$	120,00
11	132790	14/04/2020	Marcelo	Conhecer Excel com VBA	26	R$	150,00	R$	135,00
12	133214	12/10/2019	Marta	Conhecer Excel com VBA	29	R$	150,00	R$	135,00
13									
14									
15									
16									
17									
18									
19									
20									

11. Salve a pasta de trabalho.

Observe: O filtro >22 elimina todos os alunos que tiverem 22 anos ou menos da seleção. Caso queira incluir os alunos com exatos 22 anos, é necessário usar o filtro >=22.

Exercício proposto*

1. Crie uma classificação na planilha *Notas* usando três colunas ao mesmo tempo. Inicie pela coluna *Conceito Final*, em seguida por *Médias* e finalmente por *Faltas*.

*A resolução estará apenas no final do livro e essas atividades não influenciam na sequência dos capítulos.

Anotações

8

Criando gráficos

OBJETIVOS

» Visualizar dados graficamente

» Aprender como funciona o recurso
de gráficos recomendados

» Descobrir quais são os principais tipos
de gráficos

» Conhecer os recursos de edição

» Entender as diferenças no uso
dos gráficos 3D

» Utilizar o recurso adicional
de minigráficos

Neste capítulo entenderemos como a
representação gráfica dos dados pode facilitar o
entendimento e melhorar a comunicação desses
dados. Veremos os recursos que o Excel oferece
para criar, editar e formatar gráficos.

Visualizando os dados graficamente

Criar gráficos é uma ferramenta poderosa do Excel para melhorar a análise de dados e simplificar a compreensão de dados complexos. Nosso cérebro assimila mais facilmente dados amparados por uma versão **visual**.

Gráfico é a expressão visual de dados, que facilita a compreensão e a comparação de dados. Muitas vezes, no dia a dia das empresas, o gráfico é fundamental para otimizar a comunicação e interpretação dos dados.

A capacidade do Excel 2019 de transformar dados numéricos em informações visuais é fundamental para valorizar a atuação profissional, visto que os gestores precisam tomar decisões cada vez mais rápidas, às vezes diante de dados instáveis, por causa do grande número de informações disponíveis, que se atualizam constantemente. Este capítulo apresenta ferramentas que facilitam muito a tarefa de criar gráficos eficientes.

O recurso de inserir gráficos já está disponível há muito tempo nas versões anteriores, porém as versões mais recentes "ganharam" uma facilidade chamada *Gráficos Recomendados*.

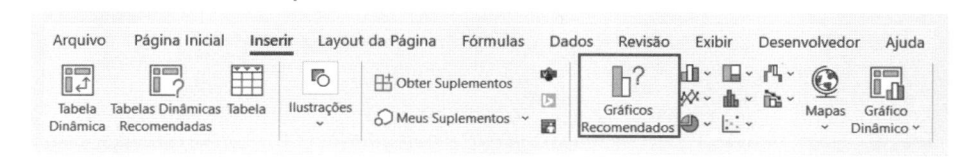

Usando Gráficos Recomendados

O objetivo da funcionalidade de *Gráficos Recomendados* é diminuir ao mínimo o trabalho que o usuário terá no momento de criar um gráfico. Para isso o Excel usará os padrões de planilha mais comuns e o tipo de gráfico que representa melhor aqueles dados. Embora algumas vezes isso não garanta que serão as melhores opções para o trabalho a ser feito, na maioria das vezes costuma ajudar muito na produtividade, minimizando esforços para criar os gráficos.

Vamos criar uma forma visual de apresentar as notas dos alunos para cada um dos três cursos.

1. Abra a pasta de trabalho *Alunos Excel Senac* e clique na planilha *Notas*.

2. **Atenção:** uma das dicas mais recorrentes no Excel é selecionar o intervalo correto antes de usar uma funcionalidade.

3. Selecione o intervalo *A2:D15*.

4. Na guia *Inserir*, clique em *Gráficos Recomendados* (1)

5. Observe a caixa de diálogo *Inserir Gráfico* (2).

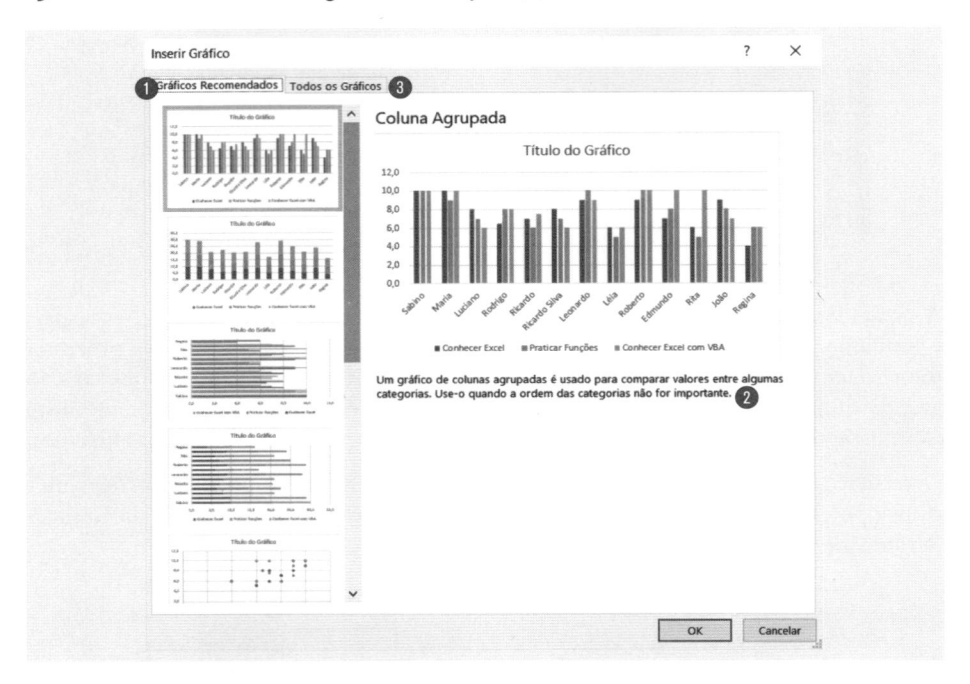

6. Embora esteja selecionada a aba *Gráficos Recomendados* (1), observe que na mesma caixa de diálogo, ao lado, temos *Todos os Gráficos* (3).

7. Na coluna da esquerda estão os gráficos que o Excel recomenda como os mais adequados para os dados selecionados. Esses gráficos estão por ordem de relevância, sendo os primeiros os mais relevantes.

8. Ao lado da lista de gráficos, temos um exemplo do gráfico selecionado (já usando os dados da planilha) e abaixo do gráfico uma descrição do melhor uso para o gráfico (2).

9. Para escolher o gráfico desejado, basta clicar na "prévia" da coluna da esquerda. Escolha o segundo gráfico *Coluna Empilhada*.

10. Clique em *OK* para inserir o gráfico.

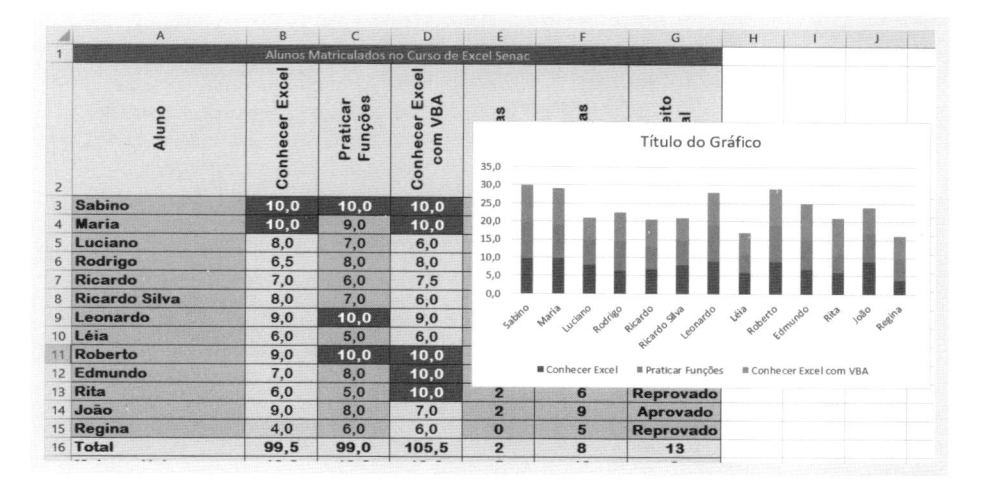

11. Salve a pasta de trabalho.

Observe: O gráfico é inserido na mesma planilha que contém os dados de origem (embora possa ser movido). Para mover o gráfico dentro da planilha, clique perto da borda (exceto nos pontos de redimensionamento) e arraste com o mouse para o local desejado. Para redimensionar o gráfico, use um dos oito pontos de redimensionamento da área do gráfico, presentes nas extremidades da borda do gráfico.

PRINCIPAIS TIPOS DE GRÁFICOS

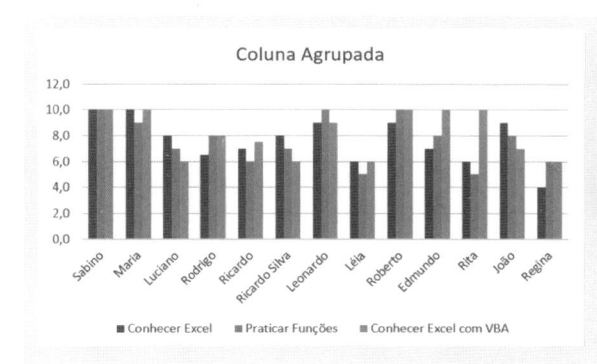

Coluna Agrupada: exibe os dados numéricos representados por colunas, agrupados de acordo com as "séries" selecionadas. Cada grupo de três colunas representa as notas de um aluno. (As legendas mostram qual curso está representado em cada cor).

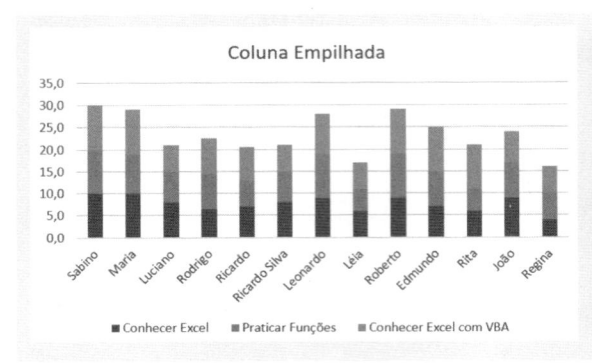

Coluna Empilhada: este gráfico "empilha" os dados em uma mesma coluna, de maneira a mostrar os dados individuais e agrupados por séries em uma mesma coluna. Nesse caso, vemos as notas de cada aluno (cores diferentes) e o total da soma das notas desse aluno (tamanho da coluna).

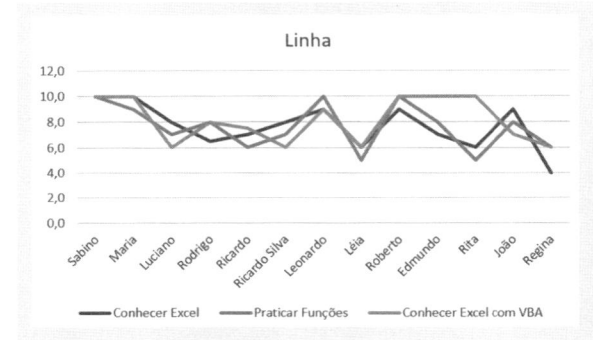

Linha: o gráfico em linhas é semelhante ao de colunas, mas ressalta a comparação entre os dados. Existem algumas variações, como o *Linha Empilhada*.

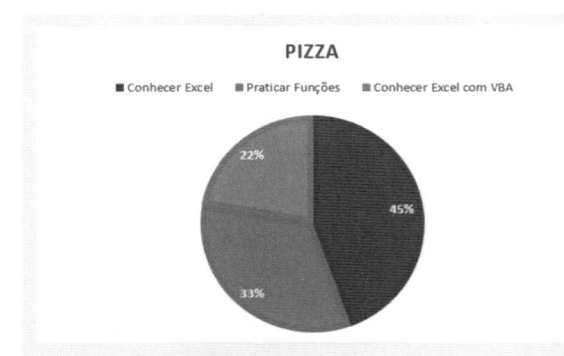

Pizza: gráficos em pizza mostram o tamanho dos itens em uma série de dados, proporcional à soma desses itens. Nesse caso, optamos por mostrar a soma das notas de cada um dos cursos, em comparação ao total das notas somadas. Existem algumas variações desse gráfico, como o *Rosca*.

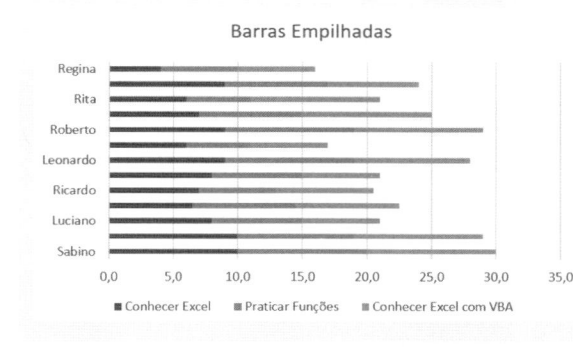

Barras Empilhadas: este gráfico "empilha" os dados em uma mesma barra, de maneira a mostrar os dados individuais e agrupados por séries em uma mesma barra. Nesse caso, vemos as notas de cada aluno (cores diferentes) e o total da soma das notas desse aluno (tamanho da barra).

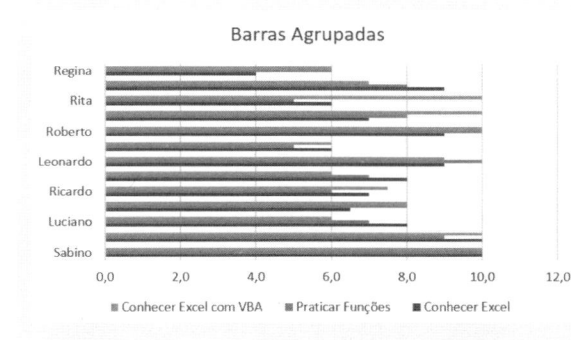

Barras Agrupadas: este gráfico, muito semelhante ao de *Colunas Agrupadas*, mostra os itens sob uma perspectiva gráfica "horizontal".

ALTERANDO O GRÁFICO

Os gráficos inseridos em uma planilha são objetos totalmente "customizáveis", isto é, podemos alterar quase todas as características do gráfico. Contudo, é aconselhável ter muito cuidado ao alterar um gráfico, porque algumas modificações podem invalidar informações que precisam ser mostradas com o gráfico (se isso acontecer, lembre-se de usar *CTRL + Z*).

Alterando tamanho e posição

A primeira coisa a saber é que o gráfico pode ser reposicionado em qualquer lugar da planilha em que ele foi incluído, pode ser movido para uma outra planilha da pasta de trabalho e até ser recolocado como uma "planilha" exclusiva.

1. Abra a pasta de trabalho *Alunos Excel Senac* e selecione a planilha *Notas*.

2. Clique na borda do gráfico que inserimos na atividade anterior e arraste até que ele fique "ao lado" dos dados da planilha, como na figura a seguir:

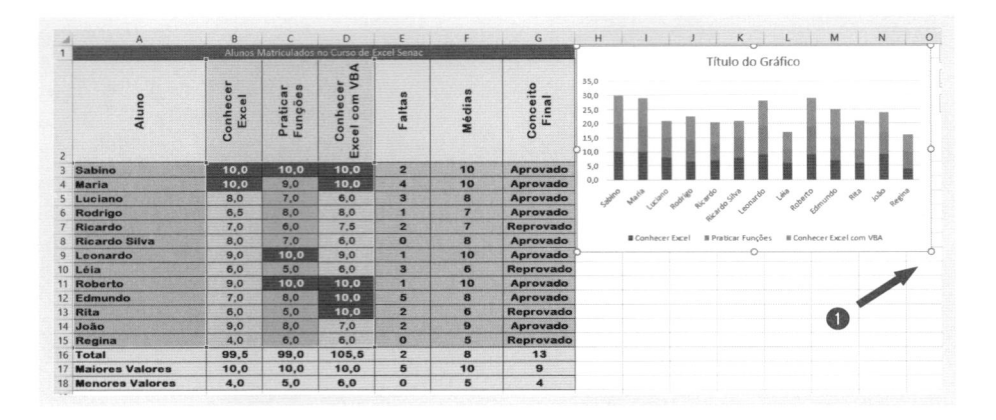

3. Em seguida, usando o *Ponto de Redimensionamento* (1) (Área do Gráfico) na parte inferior direita, redimensione o gráfico para que ele fique com a mesma "altura" da área de dados da planilha.

4. Observe na figura a seguir como deve estar sua planilha.

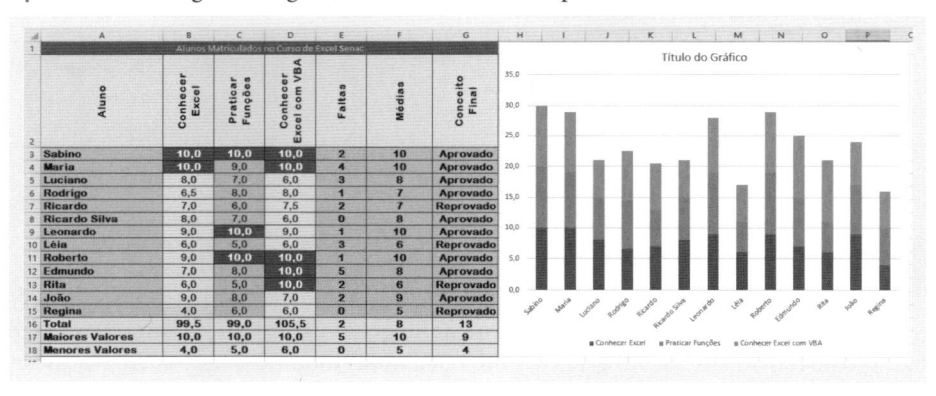

5. Salve a pasta de trabalho.

 Observe: Essa é uma das formas mais comuns de fazer e apresentar gráficos, mas outras vezes é preciso dar mais destaque ao gráfico, que não precisa estar ao lado dos dados, mas sim em uma planilha exclusiva. Vamos criar esse outro modelo na próxima atividade.

Agora, usando as guias exclusivas do gráfico, vamos movê-lo para uma planilha própria.

1. Com a planilha *Notas* selecionada, clique sobre o gráfico para mantê-lo selecionado.

2. Observe que ao clicar no gráfico, duas novas guias são apresentadas na *Faixa de Opções*. São elas: *Design do Gráfico* e *Formatar*.

3. Na guia *Design do Gráfico*, no grupo *Local*, clique em *Mover Gráfico*.

4. Na caixa de diálogo *Mover Gráfico*, escolha *Nova planilha* e defina como nome *Gráfico de Notas* (1).

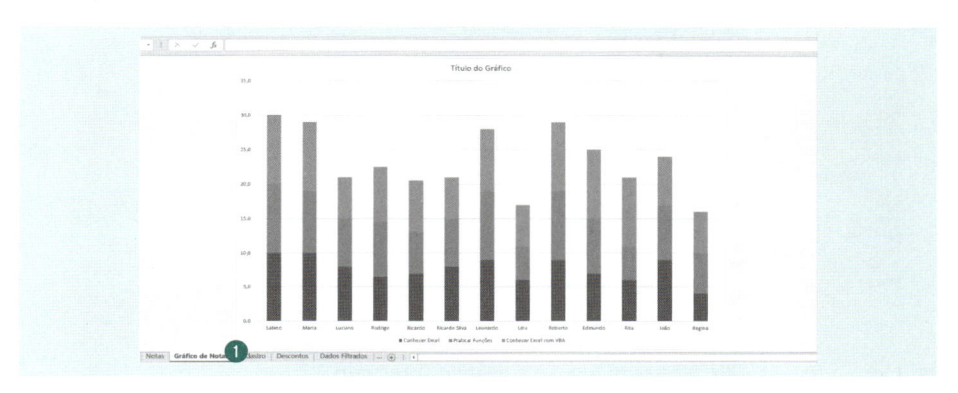

5. Salve a pasta de trabalho.

Alterando dados do gráfico

Algumas vezes pode ser necessário incluir ou retirar dados que estão sendo mostrados no gráfico. Nesse caso, vamos incluir as médias dos alunos no gráfico (porém, sem adicionar as faltas). Teremos que usar uma técnica chamada *Selecionar Intervalos Não Adjacentes* para "pular" os dados das faltas. Na figura a seguir, observe os dados que pretendemos mostrar no gráfico:

	A	B	C	D	E	F	G
1	Alunos Matriculados no Curso de Excel Senac						
2	Aluno	Conhecer Excel	Praticar Funções	Conhecer Excel com VBA	Faltas	Médias	Conceito Final
3	Sabino	10,0	10,0	10,0	2	10	Aprovado
4	Maria	10,0	9,0	10,0	4	10	Aprovado
5	Luciano	8,0	7,0	6,0	3	8	Aprovado
6	Rodrigo	6,5	8,0	8,0	1	7	Aprovado
7	Ricardo	7,0	6,0	7,5	2	7	Reprovado
8	Ricardo Silva	8,0	7,0	6,0	0	8	Aprovado
9	Leonardo	9,0	10,0	9,0	1	10	Aprovado
10	Léia	6,0	5,0	6,0	3	6	Reprovado
11	Roberto	9,0	10,0	10,0	1	10	Aprovado
12	Edmundo	7,0	8,0	10,0	5	8	Aprovado
13	Rita	6,0	5,0	10,0	2	6	Reprovado
14	João	9,0	8,0	7,0	2	9	Aprovado
15	Regina	4,0	6,0	6,0	0	5	Reprovado
16	Total	99,5	99,0	105,5	2	8	13
17	Maiores Valores	10,0	10,0	10,0	5	10	9
18	Menores Valores	4,0	5,0	6,0	0	5	4

1. Com a planilha *Gráfico de Notas* selecionada, clique sobre o gráfico para mostrar as guias *Design do Gráfico* e *Formatar*.

2. Na guia *Design do Gráfico*, clique sobre *Selecionar Dados*.

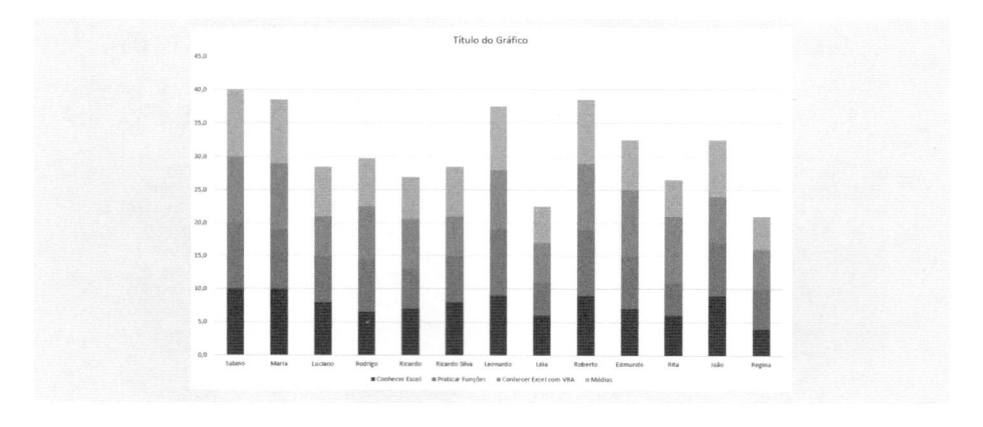

3. Com a tecla *CTRL* pressionada, selecione o intervalo *F2:F15*.

4. Confira se o campo *Intervalo de dados do gráfico* está correto: *=Notas!$A$2:$D$15 ;Notas!$F$2:$F$15*.

5. Observe que temos agora dois *Intervalos Não Adjacentes* como fonte para o gráfico. Para não termos problemas, os intervalos devem ser do *mesmo tamanho* (neste caso, o mesmo número de linhas).

6. Quando o intervalo estiver correto, clique em *OK* para alterar o gráfico.

7. Observe na figura a seguir como o seu gráfico deve estar (mostrando as médias de cada aluno).

8. Nosso gráfico agora mostra quatro dados em cada coluna (três notas e a média).

9. Salve a pasta de trabalho.

Alterando o tipo de gráfico

Pode ser que ao longo do trabalho o profissional perceba que o tipo de gráfico que está utilizando não é adequado para mostrar os dados que se deseja compartilhar. Neste caso pode ser necessário usar o recurso *Alterar Tipo de Gráfico*.

Essa opção equivale a refazer o gráfico, alterando o seu formato básico. A caixa de diálogo que aparecerá em seguida é a mesma que foi mostrada quando fizemos o primeiro passo: *Gráficos Recomendados*, porém com a segunda aba selecionada.

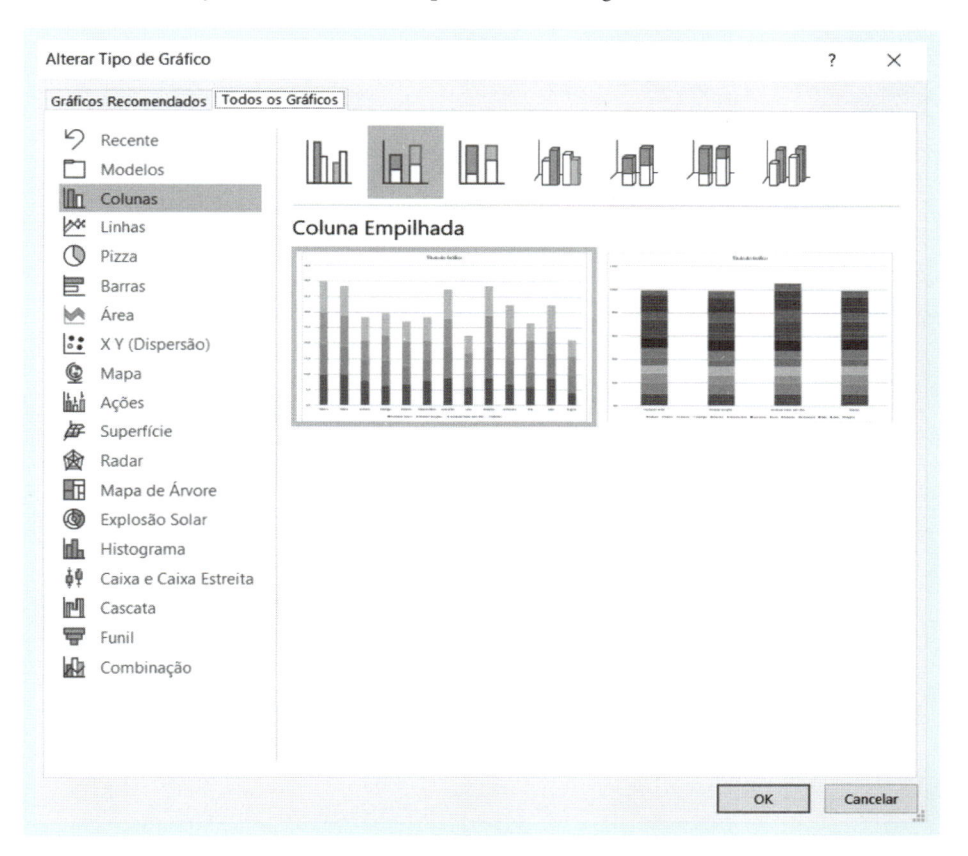

 Dica: Não se perca nos detalhes, tentando fazer algo muito elaborado. Utilize ao máximo os recursos mais simples e será bem mais fácil fazer alterações e ajustes nos seus gráficos.

Agora vamos alterar o tipo do *Gráfico de Notas* para uma forma mais avançada de gráfico, que combina tipos diferentes de gráficos. Vamos mostrar os dados da nota como *Colunas* e a média como *Linha*.

1. Com a planilha *Gráfico de Notas* selecionada, clique sobre o gráfico para mostrar as guias *Design do Gráfico* e *Formatar*.

2. Na guia *Design do Gráfico*, clique sobre *Alterar Tipo do Gráfico*.

3. Na coluna de tipos à esquerda, selecione *Combinação*.

4. Na parte inferior direita, escolha o tipo de gráfico para cada uma das séries de dados.

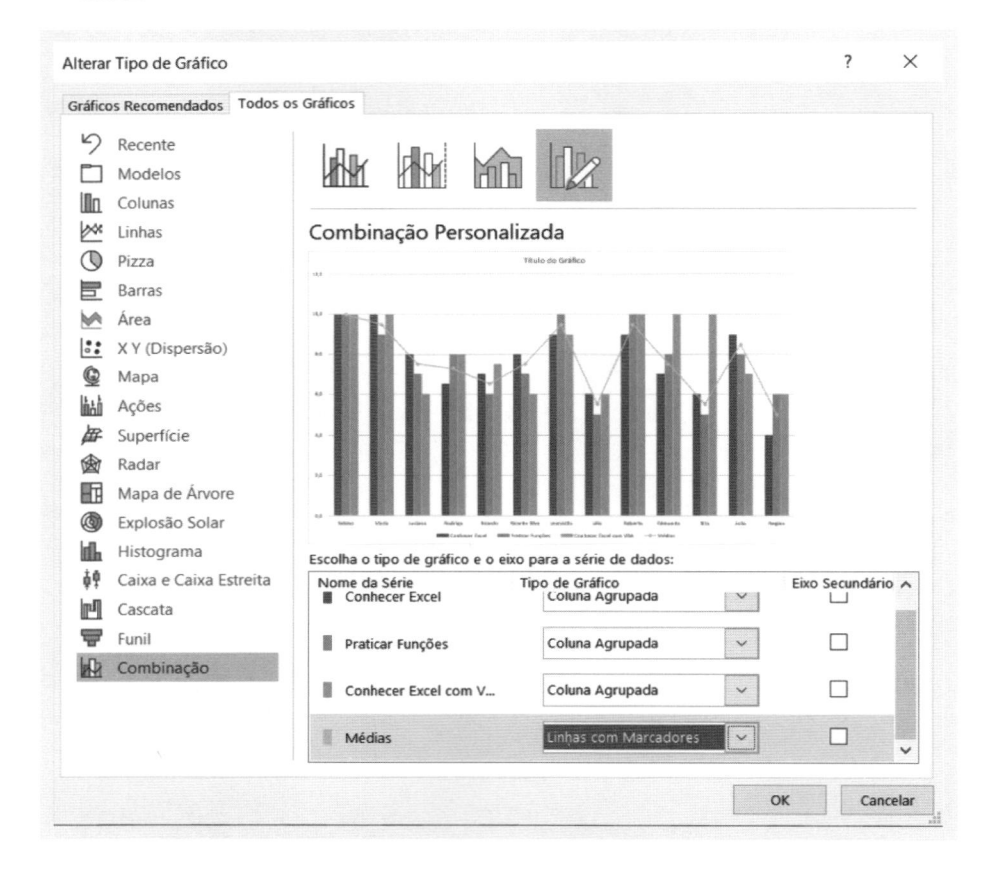

5. Para as notas *Conhecer Excel*, *Praticar Funções* e *Conhecer Excel com VBA*, escolha *Coluna Agrupada*.

6. Para as *Médias*, escolha *Linha com Marcadores*.

7. Clique em *OK* para atualizar o gráfico.

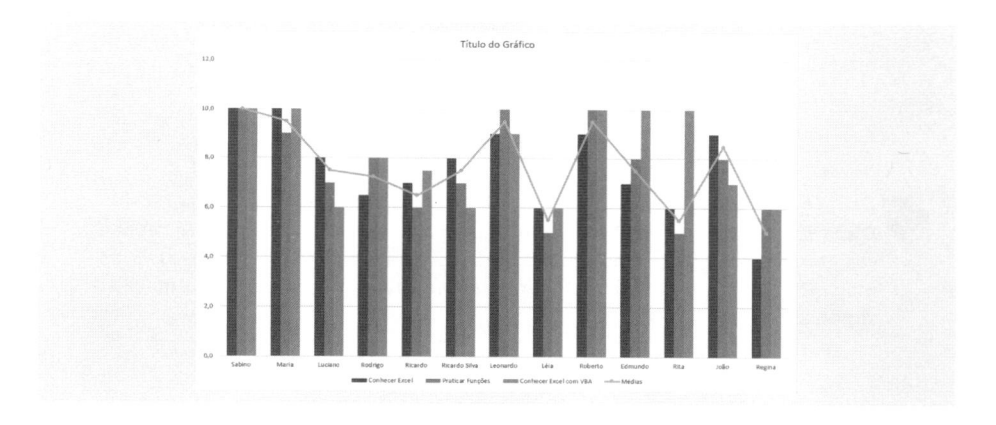

8. Observe que o gráfico do tipo combinação possibilita fazer comparações entre valores de naturezas diferentes. Neste caso, a *Média* está destacada das *Notas*.

9. Salve a *Pasta de Trabalho*.

Alterando o design do gráfico

Os *Estilos de Gráfico* permitem que você mude várias características da aparência do gráfico com poucos cliques. Provavelmente algum deles será bem próximo daquilo que você deseja. Clique sobre o gráfico e selecione a guia *Design do Gráfico*:

Ao passar o mouse sobre o estilo (mesmo antes de clicar), o Excel já mostrará como seu gráfico pode ficar. Quando localizar um estilo que lhe agrade, basta clicar sobre ele.

Observe que cada estilo pode alterar os elementos que aparecem no seu gráfico, como: título, legenda e rótulos, entre outros.

Ao lado esquerdo dos estilos, temos o seletor *Alterar Cores*, que ajuda a escolher cores que já estejam relacionadas entre si, alterando o gráfico automaticamente.

Alterando com o Layout Rápido

Depois de localizar um possível estilo para seu gráfico, ainda pode ser necessário fazer um ajuste geral. Existe outra opção de ajuste rápido do gráfico chamada *Layout Rápido*. Semelhante ao *Estilo*, os layouts rápidos são estruturas de gráfico predefinidas, porém alteram basicamente a distribuição dos itens no gráfico, e não as cores e sombras.

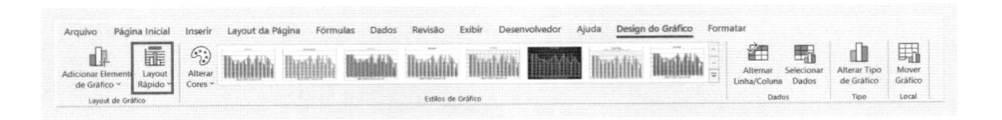

 Dica: Essas duas ferramentas juntas (*Estilos* + *Layout Rápido*) podem resolver grande parte das necessidades de ajuste nos gráficos. Procure usá-las mais, em vez de fazer alterações diretas no gráfico, **para manter a edição simples!**

Mudando itens do gráfico diretamente

Mesmo tendo sempre em mente a ressalva do item anterior, algumas vezes será necessário localizar um item específico do gráfico e alterá-lo diretamente.

Vamos considerar, por hipótese, que a legenda apresentada no gráfico (na parte de baixo) não atenda às necessidades e seja preciso trocá-la de lugar (colocá-la à direita). Podemos fazer esse ajuste da seguinte forma:

1. Com a planilha *Gráfico de Notas* selecionada, clique sobre o gráfico para mostrar as guias *Design do Gráfico* e *Formatar*.

2. Na guia *Design do Gráfico*, clique sobre *Adicionar Elemento de Gráfico*.

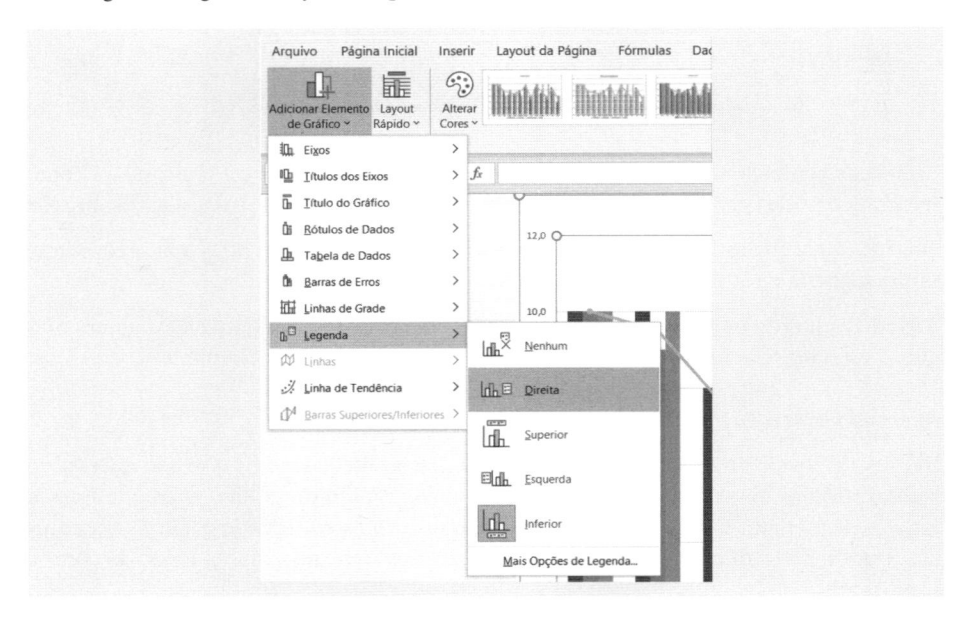

3. Em seguida, escolha *Legenda*.

4. Depois clique em *Direita*.

5. Observe que é possível alterar muitos itens do gráfico.

6. No fim, seu gráfico deve ficar como na imagem a seguir:

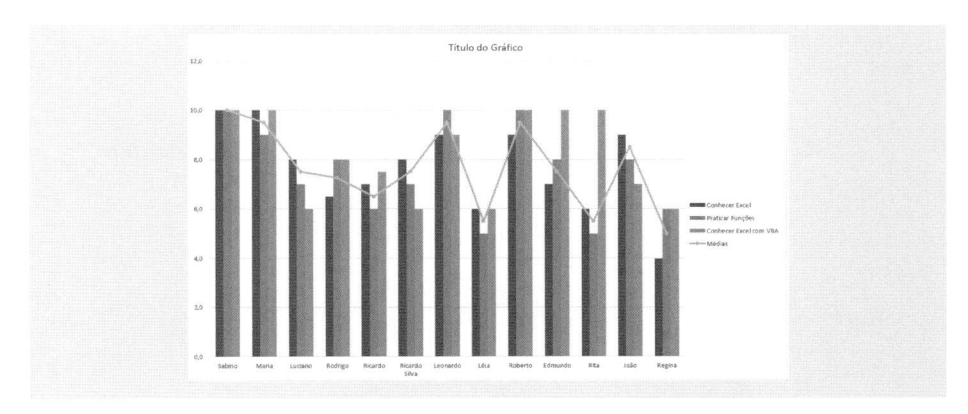

7. Salve a pasta de trabalho.

Ajustando o título do gráfico

Um dos ajustes mais simples a serem feitos é o ajuste do título do gráfico. Podemos simplesmente clicar uma vez para selecionar o título do gráfico e, em seguida, clicando mais uma vez, o título fica "aberto" para edição.

Aproveite e altere o título do gráfico para *Notas dos Alunos*.

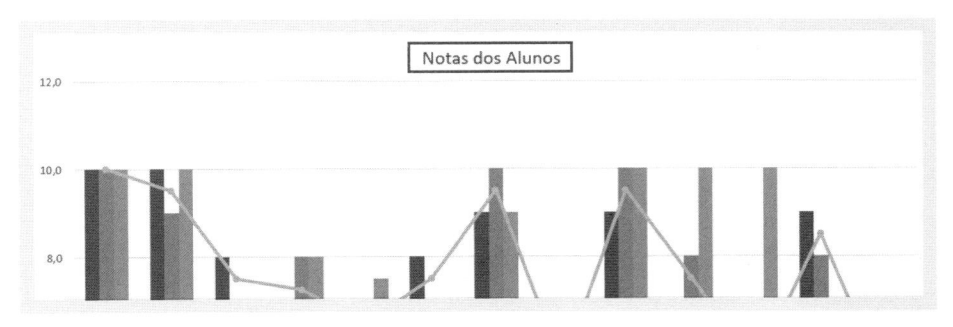

Gráficos em 3D

A maioria dos gráficos permite a variação em 3D. Embora facilite a visualização e tenha um aspecto mais "moderno", trabalhar com gráficos 3D é muito semelhante ao que fazemos com gráficos em 2D (os que trabalhamos até agora). Nos exercícios resolvidos, criaremos um gráfico 3D para visualizar em que são diferentes.

Minigráficos

Uma ferramenta mais recente e que pode fazer diferença na apresentação da planilha com pouco esforço é a utilização de um minigráfico, uma forma fácil e rápida de complementar a visualização de dados dentro das próprias células.

Vamos criar uma coluna na planilha de notas, para mostrar a evolução do aluno.

1. Com a planilhas *Notas* selecionada, crie uma coluna com a mesma formatação das três últimas, com o rótulo *Evolução dos Alunos*, como na figura a seguir:

	A	B	C	D	E	F	G	H
1				Alunos Matriculados no Curso de Excel Senac				
2	Aluno	Conhecer Excel	Praticar Funções	Conhecer Excel com VBA	Faltas	Médias	Conceito Final	Evolução dos Alunos
3	Sabino	10,0	10,0	10,0	2	10	Aprovado	
4	Maria	10,0	9,0	10,0	4	10	Aprovado	
5	Luciano	8,0	7,0	6,0	3	8	Aprovado	
6	Rodrigo	6,5	8,0	8,0	1	7	Aprovado	
7	Ricardo	7,0	6,0	7,5	2	7	Reprovado	
8	Ricardo Silva	8,0	7,0	6,0	0	8	Aprovado	
9	Leonardo	9,0	10,0	9,0	1	10	Aprovado	
10	Léia	6,0	5,0	6,0	3	6	Reprovado	
11	Roberto	9,0	10,0	10,0	1	10	Aprovado	
12	Edmundo	7,0	8,0	10,0	5	8	Aprovado	
13	Rita	6,0	5,0	10,0	2	6	Reprovado	
14	João	9,0	8,0	7,0	2	9	Aprovado	
15	Regina	4,0	6,0	6,0	0	5	Reprovado	
16	Total	99,5	99,0	105,5	2	8	13	
17	Maiores Valores	10,0	10,0	10,0	5	10	9	
18	Menores Valores	4,0	5,0	6,0	0	5	4	

2. Em seguida, selecione o intervalo *B3:D18* (intervalo apenas das notas dos alunos, sem os rótulos).

3. Na guia *Inserir*, no grupo *Minigráficos*, escolha *Linha*.

4. O Excel abrirá a caixa de diálogo *Criar Minigráficos*.

5. O *Intervalo de Dados* já deve estar selecionado em *B3:D18*, que foi o intervalo que selecionamos antes de acionar o comando para inserir o minigráfico.

6. Clique no campo *Intervalo de Locais*, que deve ser o local (células) onde devem ser adicionados os minigráficos.

7. Em seguida, selecione o intervalo *H3:H18* (a coluna que criamos para mostrar a evolução dos alunos).

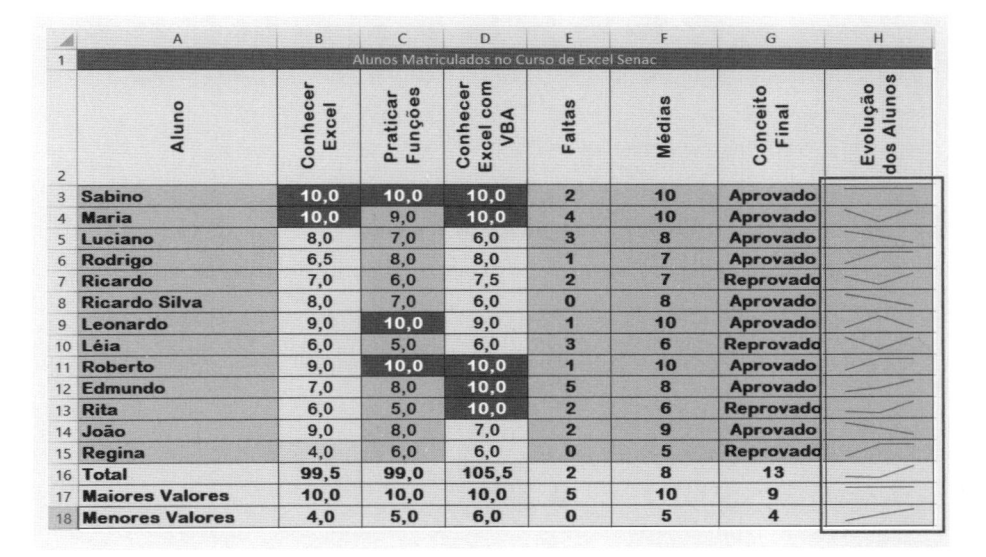

8. Serão criados minigráficos dentro das células da coluna criada, como na figura a seguir:

	A	B	C	D	E	F	G	H
1		Alunos Matriculados no Curso de Excel Senac						
2	Aluno	Conhecer Excel	Praticar Funções	Conhecer Excel com VBA	Faltas	Médias	Conceito Final	Evolução dos Alunos
3	Sabino	10,0	10,0	10,0	2	10	Aprovado	
4	Maria	10,0	9,0	10,0	4	10	Aprovado	
5	Luciano	8,0	7,0	6,0	3	8	Aprovado	
6	Rodrigo	6,5	8,0	8,0	1	7	Aprovado	
7	Ricardo	7,0	6,0	7,5	2	7	Reprovado	
8	Ricardo Silva	8,0	7,0	6,0	0	8	Aprovado	
9	Leonardo	9,0	10,0	9,0	1	10	Aprovado	
10	Léia	6,0	5,0	6,0	3	6	Reprovado	
11	Roberto	9,0	10,0	10,0	1	10	Aprovado	
12	Edmundo	7,0	8,0	10,0	5	8	Aprovado	
13	Rita	6,0	5,0	10,0	2	6	Reprovado	
14	João	9,0	8,0	7,0	2	9	Aprovado	
15	Regina	4,0	6,0	6,0	0	5	Reprovado	
16	Total	99,5	99,0	105,5	2	8	13	
17	Maiores Valores	10,0	10,0	10,0	5	10	9	
18	Menores Valores	4,0	5,0	6,0	0	5	4	

9. Salve a pasta de trabalho.

Exercícios resolvidos

1. Criar um gráfico *Pizza 3D* com os descontos de cada curso (planilha *Descontos*).

2. Altere o gráfico *Notas dos Alunos* para que fique com a aparência da figura a seguir:

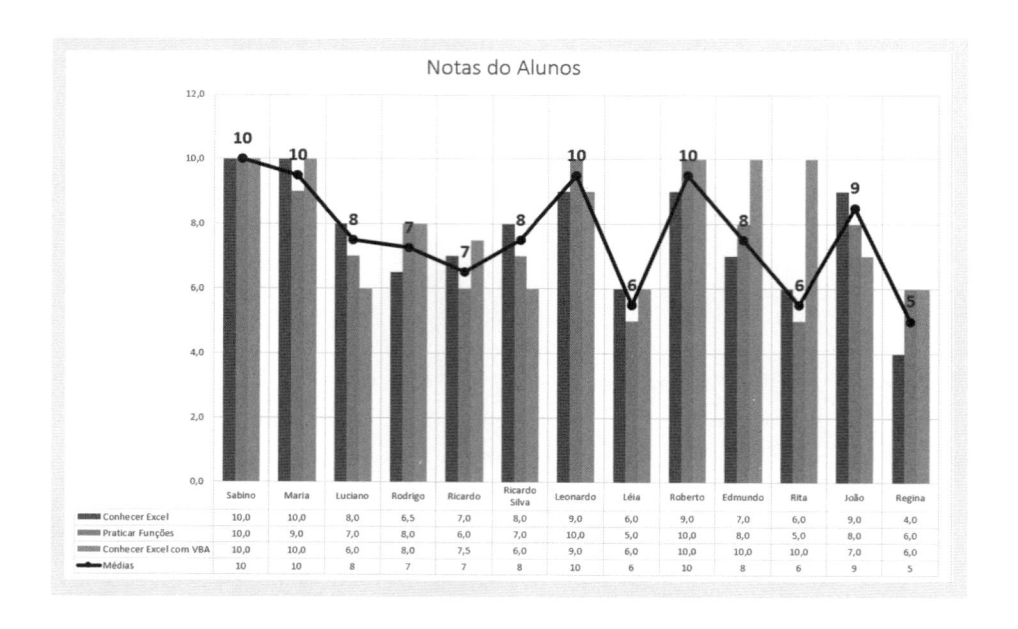

Exercícios resolvidos 1 – Gráfico Pizza 3D (passo a passo)

1. Abra a pasta de trabalho *Alunos Excel Senac* e clique na planilha *Descontos*.

2. Selecione o intervalo *A2:B5*.

3. Na guia *Inserir*, no grupo *Gráficos*, clique no botão *Inserir Gráfico de Pizza* (1) ou de Rosca (2).

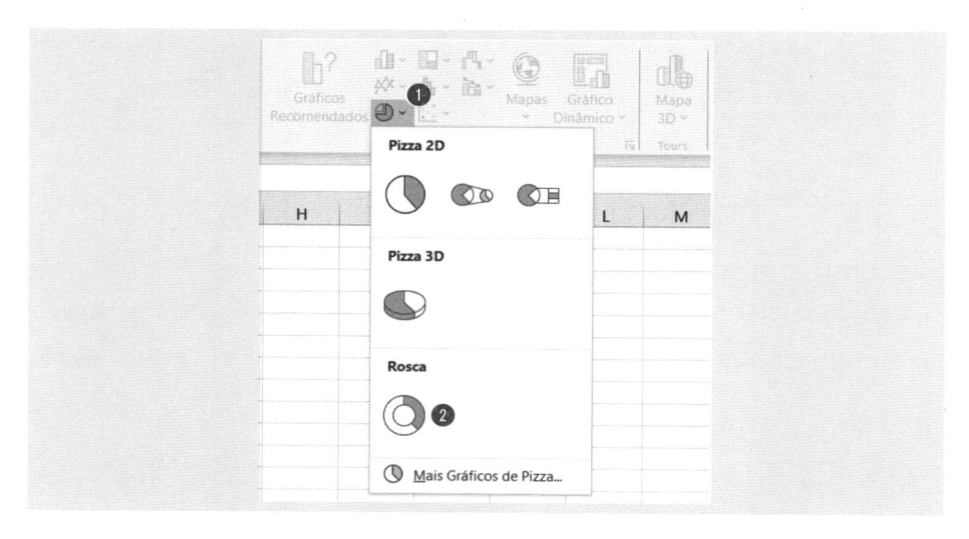

4. Em seguida selecione *Pizza 3D*.

5. Arraste o gráfico para ficar embaixo da planilha de desconto.

6. Redimensione o gráfico para ficar com a mesma largura da planilha.

7. Na guia *Design do Gráfico*, nos estilos de gráfico, escolha o *Estilo 5*.

8. Na guia *Formatar*, no grupo *Estilos da Forma* em *Contorno da Forma*, escolha a cor *Preto, Texto 1*.

9. Em seguida, novamente em *Contorno da Forma*, escolha *Espessura, 3 pt*.

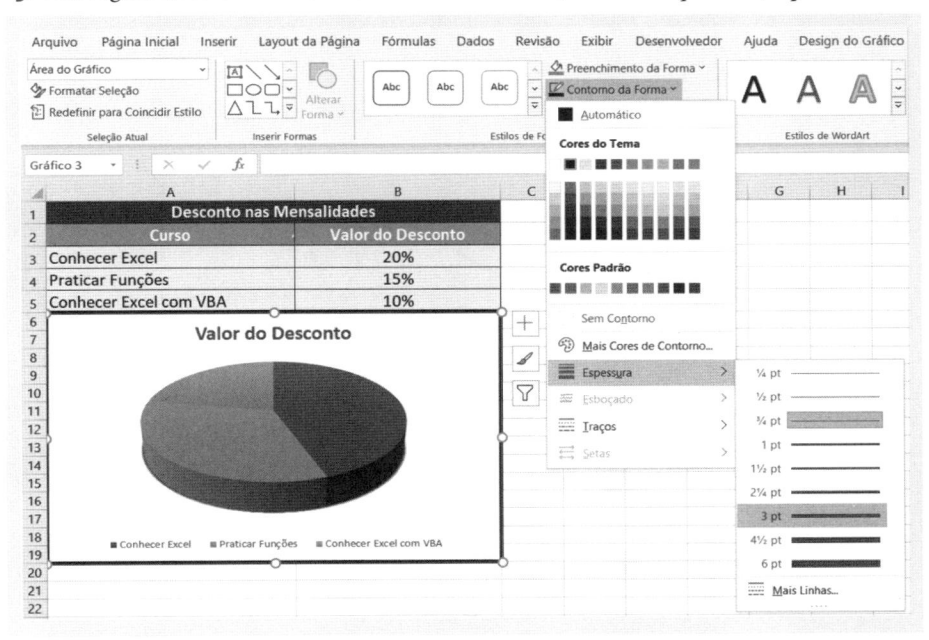

10. Salve a pasta de trabalho.

Observe: Este gráfico cria automaticamente uma distribuição **em porcentagem** para os dados em questão. Quando os dados (como neste caso) são descontos em porcentagem, colocar os rótulos pode confundir quem vier a ler o gráfico, porque os percentuais estarão diferentes dos descontos originais.

Exercícios resolvidos 2 – Alterando o Gráfico de Notas (passo a passo)

1. Abra a pasta de trabalho *Alunos Excel Senac* e clique na planilha *Gráfico de Notas*.

2. Deixe o gráfico selecionado.

3. Na guia *Design do Gráfico*, em estilos de gráfico, escolha o *Estilo 7*.

4. No grupo *Layout Rápido*, escolha o *Layout 5*.

5. Em *Adicionar Elemento de Gráfico*, em *Eixo*, desmarque o *Vertical Principal*.

6. Ainda em *Adicionar Elemento de Gráfico*, em *Linhas de Grade*, deixe marcadas apenas *Horizontal Principal* e *Vertical Principal*.

7. Agora clique sobre a linha que mostra os dados das médias e, na guia *Formatar*, escolha a cor *Preto, Texto 1* para *Contorno da Forma* e *Preenchimento da Forma*.

8. Observe se a linha das médias agora mudou de cor, como na figura a seguir:

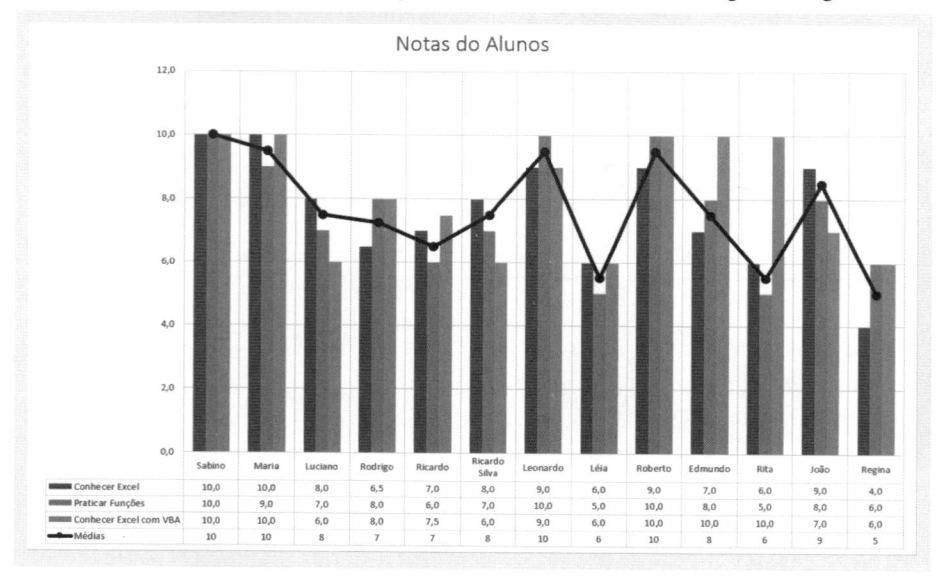

9. Ainda com a linha das médias selecionada, na Guia *Design do Gráfico*, em *Adicionar Elemento do Gráfico*, escolha *Rótulo de Dados* e em seguida *Acima*.

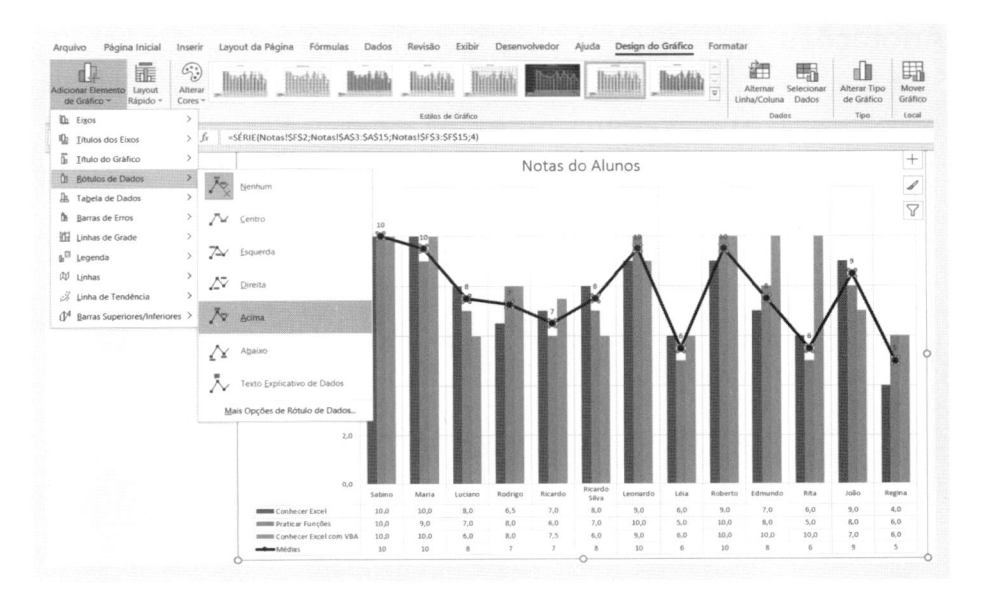

10. Clique sobre um dos rótulos de dados que acabamos de criar.

11. Observe que TODOS os rótulos ficam selecionados.

12. Na guia *Página Inicial*, no grupo *Fonte*, escolha o tamanho *16* e *Negrito* (observe que é possível alterar fontes e cores do gráfico também com as ferramentas da página inicial).

13. Pronto! Nosso gráfico deve estar como o da figura inicial do exercício.

14. Salve a *pasta de trabalho*.

Exercício proposto*

1. Baseado na planilha *Cadastro*, crie um gráfico *Colunas 3D* para os alunos, mostrando suas respectivas idades.

*A resolução estará apenas no final do livro e essas atividades não influenciam na sequência dos capítulos.

Anotações

9
Recursos adicionais

OBJETIVOS

» Validar dados

» Proteger a planilha

» Criar estilo de célula

» Colar especial

» Ocultar e reexibir planilhas

» Congelar painéis

» Utilizar recursos de revisão

» Funções aninhadas

» Incluir links

Agora que aprendemos os conceitos básicos no uso do Excel, vamos conhecer alguns outros recursos interessantes que podem nos ajudar muito no dia a dia. Neste capítulo, cada um dos recursos será visto sob o formato de tópico, e ilustrado com um exemplo prático.

Formato do capítulo

Nomeamos aqui algumas facilidades do Excel 2019 como **"recursos adicionais"**, que serão apresentados sob a forma de exercícios resolvidos, para facilitar a assimilação do conteúdo.

A sequência dos exercícios não seguirá a ordem dos comandos nas guias, porque será mostrada da forma mais parecida com o que podemos encontrar no dia a dia do trabalho com o Excel.

Validação de dados

A validação de dados cria regras de validação em uma ou mais células, impedindo as células de "receberem" outros valores que não sejam "válidos em uma determinada regra". É um recurso muito útil caso uma planilha seja compartilhada com outros usuários, ou até mesmo para dar mais precisão, restringindo as opções de entrada dos dados.

Principal vantagem: elimina erros de digitação e facilita a resposta do usuário.

Exercício resolvido – Criar uma validação na planilha Cadastro

Vamos criar uma validação na planilha de *Cadastro* de maneira que não seja possível digitar um curso que não esteja presente na planilha *Descontos*.

1. Abra a pasta de trabalho *Alunos Excel Senac* e clique na planilha *Cadastro*.

2. Selecione o intervalo *D3:D22* (intervalo que receberá a validação).

3. Na guia *Dados*, no grupo *Ferramentas de Dados*, clique em *Validação de Dados*.

4. Na caixa de diálogo *Validação de Dados*, na aba *Configurações*, no campo *Permitir*, escolha *Lista* (1).

5. Clique no campo *Fonte* (2) e, na pasta de trabalho, selecione a planilha *Descontos* e em seguida selecione o intervalo *A3:A5* (3).

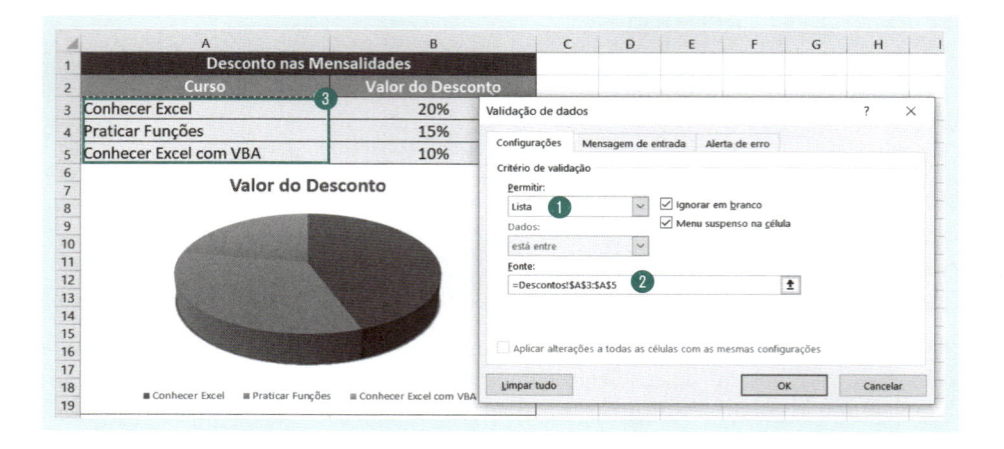

 Dica: Para selecionar intervalos maiores, como o *D3:D22*, faça da seguinte forma: 1- Clique na primeira célula do intervalo; 2- Pressione as teclas *CTRL + SHIFT*; 3- No teclado, clique na seta **direcional para baixo**. Pronto! Intervalo selecionado.

6. Agora podemos testar a validação de dados. **Observe** que ao selecionar qualquer uma das células do intervalo *D3:D22*, aparece uma seta para baixo (1).

7. Clique na seta e receberá as opções da lista da validação de dados.

4	132457	25/08/2019	Antonio	Praticar Funções	20
5	134235	22/05/2020	Edmundo	Conhecer Excel	35
6	135240	05/02/2020	João	Conhecer Excel	25
7	134143	10/10/2019	Léia	Praticar Funções Conhecer Excel com VBA	22

8. Basta escolher na lista e alterar o valor da célula.

9. Contudo, ainda é possível alterar o valor da célula digitando diretamente, mas, se o valor não corresponder à lista, receberemos uma mensagem de erro. Digite *teste* na célula *D5*.

10. Ao pressionar *Enter*, o Excel emitirá uma mensagem de erro (essa mensagem pode ser personalizada na caixa de diálogo *Validação de Dados*, na aba *Alerta de Erro*).

11. Escolha *Cancelar* para desfazer a digitação.

12. Salve a pasta de trabalho.

Proteger a planilha

Proteger a planilha impede que ela seja alterada indevidamente, sendo possível escolher quais partes e de que forma essa proteção será feita – pode-se proteger fórmulas, por exemplo. Além disso, garante a integridade dos dados, principalmente quando uma planilha for utilizada por mais de uma pessoa.

 Importante: proteja a planilha em "duas" etapas, procedimento que descreveremos no passo a passo. Atenção! Se um dos passos não for feito, não funcionará.

Principal vantagem: protege a planilha contra alterações indevidas.

Exercício resolvido – Proteger a planilha Descontos

Como fizemos a validação de dados, agora só é possível cadastrar alunos em cursos que estejam na planilha *Descontos*. Vamos criar uma proteção na planilha *Descontos* de maneira que não seja possível criar cursos (ao menos que se tenha a senha de desbloqueio da planilha).

1. Abra a pasta de trabalho *Alunos Excel Senac*, na planilha *Descontos*.

ETAPA 1 – Escolher as células que estarão desbloqueadas

2. Selecione o intervalo *B3:B5* (intervalo que ficará aberto para digitação).

3. Na guia *Página Inicial*, no grupo *Células*, clique em *Formatar* (1).

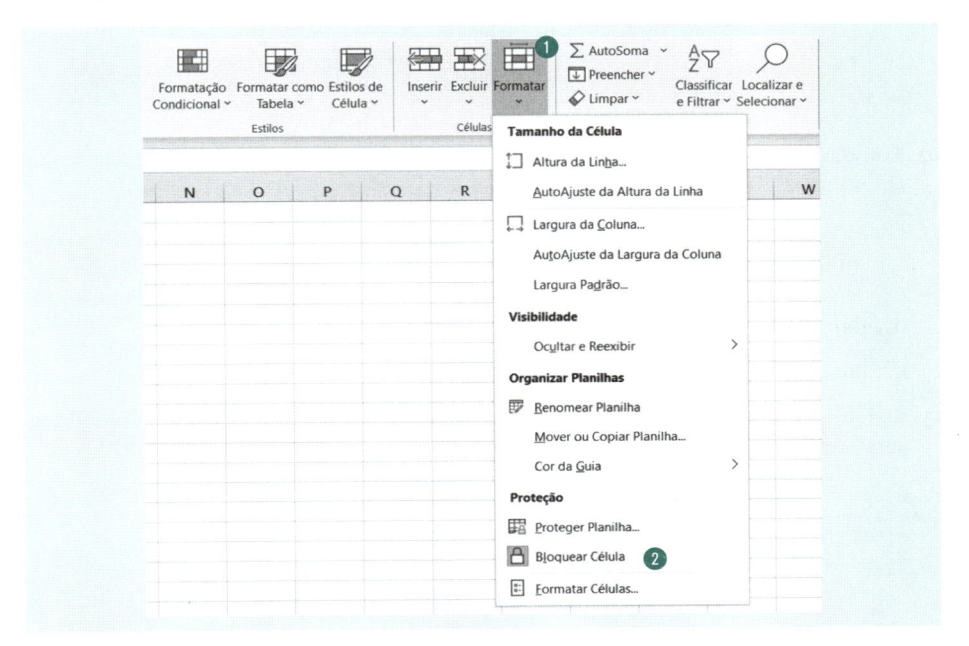

4. Em seguida clique sobre *Bloquear Célula* (2) para desmarcar o bloqueio (quando o cadeado estiver "sombreado", as células selecionadas estarão bloqueadas).

5. **Alternativa:** caso prefira usar a caixa de diálogo *Formatar Células* a aba *Proteção* tem o mesmo efeito (ver Capítulo 3).

6. Agora que já escolhemos as células que ficarão "desbloqueadas", podemos passar para a **Etapa 2**.

ETAPA 2 – Proteger a planilha

7. Na guia *Página Inicial*, novamente no grupo *Células*, escolha *Formatar*.

8. Em seguida clique em *Proteger Planilha*.

9. Na caixa de diálogo *Proteger Planilha* é possível escolher os detalhes da proteção.

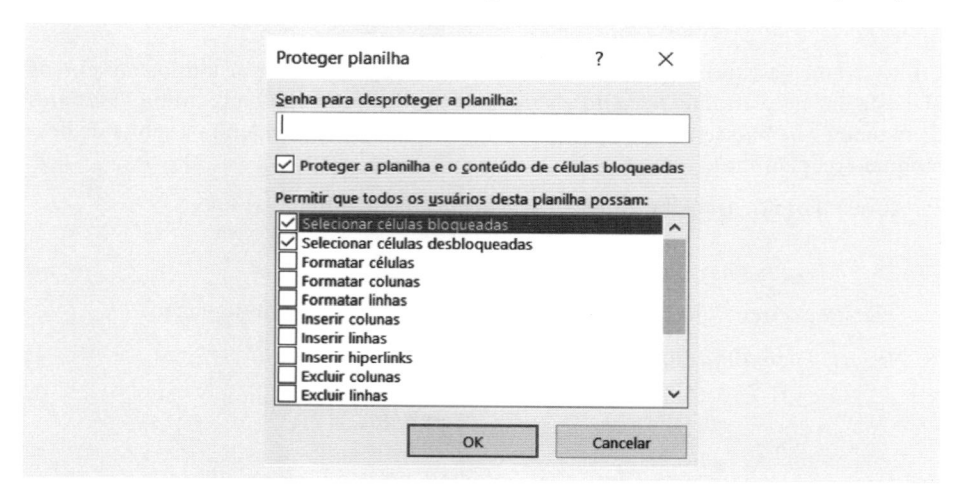

10. Embora seja possível proteger a planilha *sem senha*, vamos colocar uma senha simbólica *1234* (não perca essa senha para não perder acesso à planilha).

11. Observe que é possível escolher o que os usuários poderão fazer mesmo com a planilha "protegida". Por padrão será permitido *Selecionar Células Bloqueadas* e *Selecionar Células Desbloqueadas* (todas as outras ações listadas nesta caixa de diálogo serão negadas).

12. Clique em *OK* e confirme a senha.

13. Pronto! Agora, caso tente alterar o nome de um curso ou incluir uma nova linha, será emitida uma mensagem:

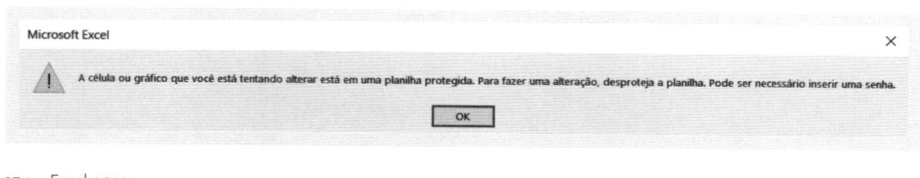

14. Como deixamos o intervalo *B3:B5* desbloqueado, é possível alterar os percentuais de desconto normalmente.

15. Salve a pasta de trabalho.

Estilo de Célula

O recurso *Estilo de Célula* é uma funcionalidade que serve para formatar as células de maneira rápida e manter um padrão de formatação entre as células. Quando o estilo for alterado, todas as células da pasta de trabalho que estiverem associadas ao estilo serão alteradas automaticamente.

Principal vantagem: permite padronizar títulos e rótulos em todas as planilhas de uma pasta de trabalho.

Exercício resolvido – padronizar os rótulos das planilhas Descontos, Cadastro e Dados Filtrados

Os estilos de células podem ser usados a fim de criar uma identidade visual para as planilhas da nossa pasta de trabalho. Vamos criar uma configuração padrão para os rótulos e observar como uma alteração no *Estilo de Célula* escolhido refletirá em todas elas.

1. Abra a pasta de trabalho *Alunos Excel Senac* na planilha *Cadastro*.

2. Selecione o intervalo de título e rótulos em *A1:G2*.

3. Na guia *Página Inicial*, no grupo *Estilos*, escolha o *Estilo de Célula* chamado *Ênfase 1* (Azul).

4. Agora, selecione a planilha *Descontos*.

5. Selecione o intervalo de título e rótulos em *A1:B2*.

6. Na guia *Página Inicial* no grupo *Estilos*, a opção *Estilo de Célula* deve estar desabilitada (lembre-se que a planilha foi protegida).

7. **Desprotegendo a planilha:** na guia *Página Inicial*, no grupo *Células* em *Formatar*, escolha *Desproteger Planilha* (depois digite a senha *1234* para desproteger).

8. Em seguida, na guia *Página Inicial*, no grupo *Estilos*, escolha o *Estilo de Célula* chamado *Ênfase 1* (Azul).

9. E, finalmente, repita o procedimento nos intervalos *A1:G1* e *A4:G4* da planilha *Dados Filtrados*.

	A	B	C	D	E	F	G
1	Matrícula	Data	Aluno	Curso	Idade	Valor da Mensalidade	Valor com Desconto
2				Conhecer	>22		
3							
4	Matrícula	Data	Aluno	Curso	Idade	Valor da Mensalidade	Valor com Desconto
5	134235	22/05/2020	Edmundo	Conhecer Excel	35	R$ 150,00	R$ 120,00
6	135240	05/02/2020	João	Conhecer Excel	25	R$ 150,00	R$ 120,00

Alterando um estilo já utilizado na planilha

Continuando o exercício, vamos alterar o *Estilo de Células* chamado *Ênfase 1* e observar o que acontece com as planilhas que alteramos.

10. Com qualquer uma das 3 planilhas alteradas selecionada, na guia *Página Inicial*, no grupo *Estilos*, clique em *Estilos de Célula*.

11. Em seguida, clique com o botão direito do mouse sobre o estilo que usamos *Ênfase 1* (Azul).

12. Escolha *Modificar*.

13. Os itens destacados na caixa de diálogo *Estilo* são aqueles que estão incluídos no estilo selecionado.

14. Alterar os itens selecionados já surtirá efeito no referido estilo.

15. Clique em *Formatar* (1).

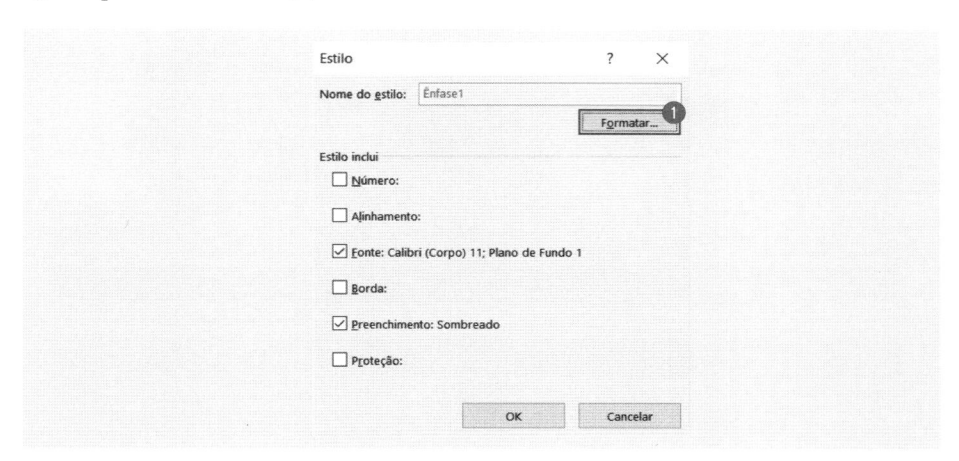

16. O Excel abrirá a caixa de diálogo *Formatar Células* (a mesma que já usamos em atividades anteriores).

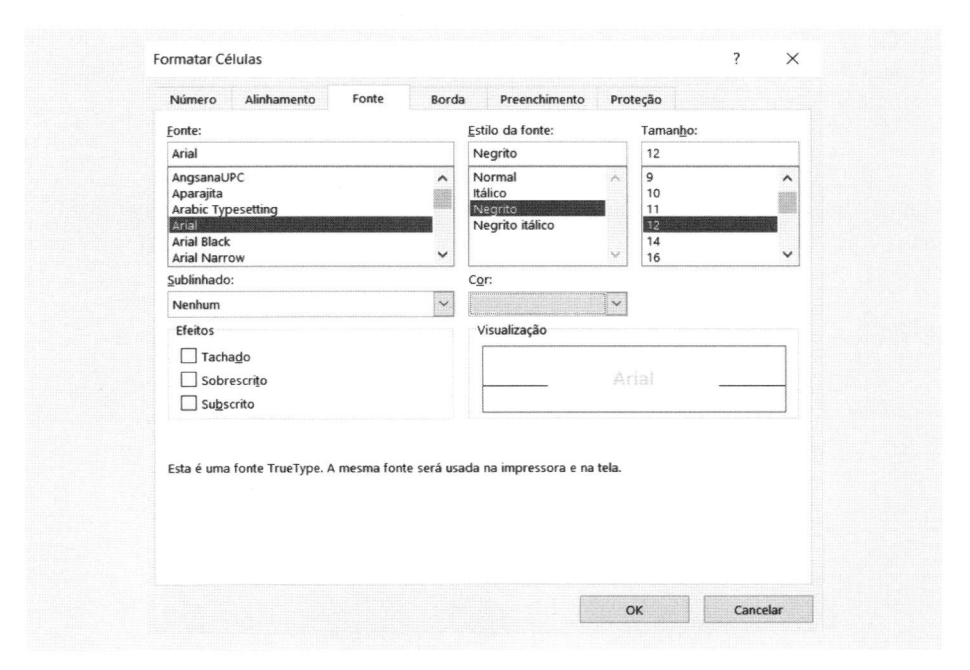

17. Na aba *Fonte*, escolha *Fonte: Arial, Estilo da Fonte: Negrito, Tamanho: 12* e *Cor: Amarela*.

18. Em seguida, clique em *OK*.

19. Note que as três planilhas agora tiveram seus rótulos e títulos alterados simultaneamente.

20. Como aumentamos o tamanho da fonte, pode ser necessário ajustar a largura de algumas colunas.

21. Qualquer alteração que for feita no estilo *Ênfase 1* refletirá nas 3 planilhas.

22. Salve a *pasta de trabalho*.

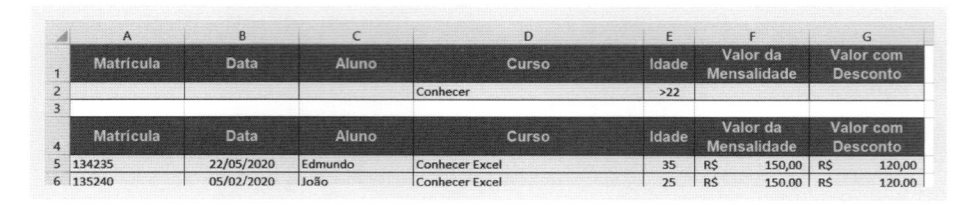

	A	B	C	D	E	F	G
	Matrícula	Data	Aluno	Curso	Idade	Valor da Mensalidade	Valor com Desconto
1							
2				Conhecer	>22		
3							
4	Matrícula	Data	Aluno	Curso	Idade	Valor da Mensalidade	Valor com Desconto
5	134235	22/05/2020	Edmundo	Conhecer Excel	35	R$ 150,00	R$ 120,00
6	135240	05/02/2020	João	Conhecer Excel	25	R$ 150.00	R$ 120,00

COLAR ESPECIAL

O recurso *Colar Especial* permite aumentar as opções, ao colar o conteúdo de uma célula ou intervalo.

Principal vantagem: explorar as opções de colagem, facilitar a transcrição de dados entre planilhas e arquivos.

Exercício resolvido – criando diferentes cópias da planilha Notas

Vamos observar as diferentes formas de colar usando o *Colar Especial*, criando algumas cópias da planilha *Notas*. Vamos renomear cada uma de acordo com o recurso usado.

Planilha 1 – Somente valores

1. Na pasta de trabalho *Alunos Excel Senac* crie uma planilha e renomeie para *Cópia Notas – Apenas Valores*.

2. Selecione a planilha *Notas* e clique no botão *Selecionar Tudo* (1).

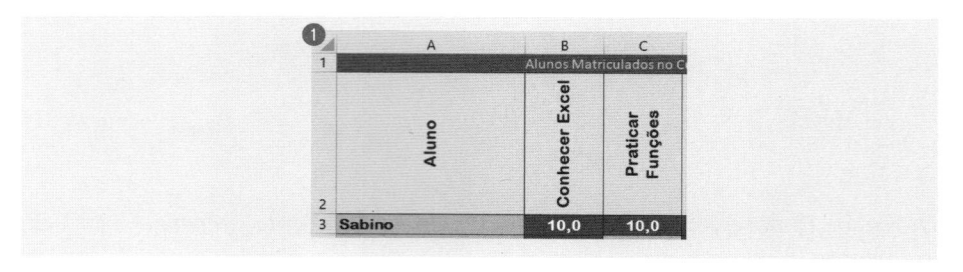

3. Para copiar a planilha toda, tecle *CTRL + C*.

4. Na planilha criada *Cópia Notas - Apenas Valores*, clique no botão *Selecionar Tudo*.

5. Na guia *Página Inicial*, no grupo *Área de Transferência*, clique na seta para baixo do botão *Colar* (1) (não clique em cima do botão *Colar*, porque o efeito é diferente).

6. Escolha a opção *Colar Valores* (2).

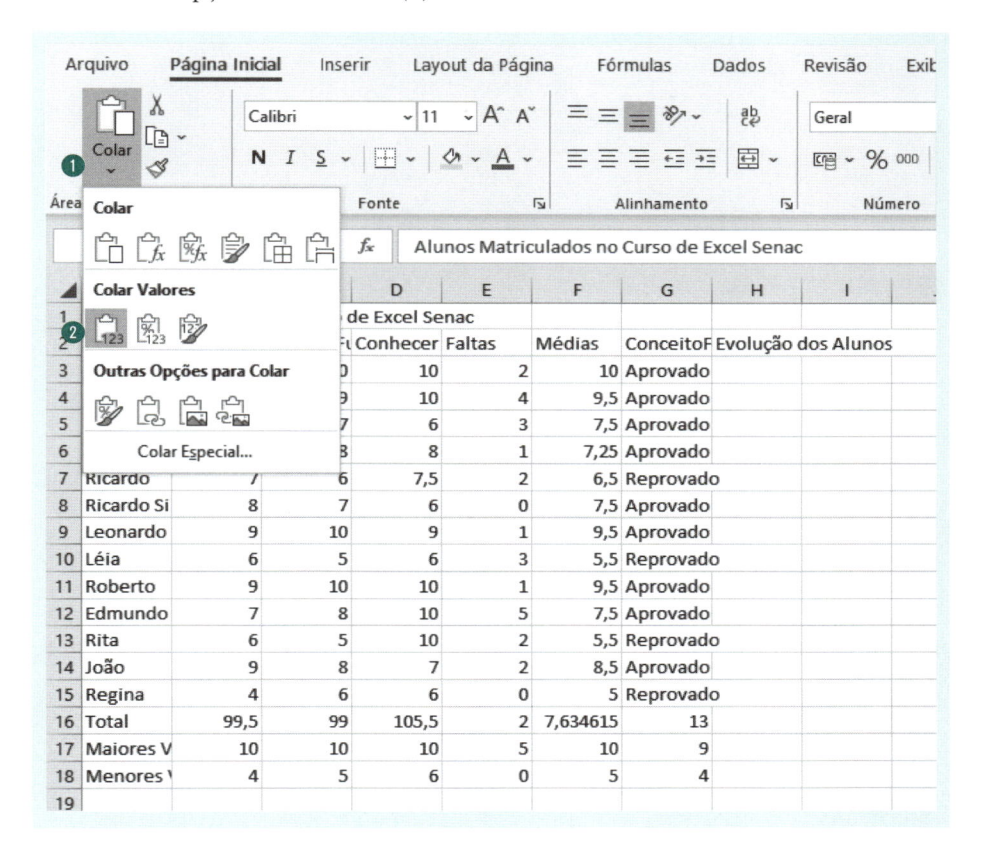

7. Salve a pasta de trabalho.

Observe: Os valores foram copiados sem nenhuma formatação. Além disso, as fórmulas e funções não foram copiadas, mas apenas os resultados.

Planilha 2 – Somente formatação

1. Na pasta de trabalho *Alunos Excel Senac*, crie uma planilha, nomeando-a como *Cópia Notas - Apenas Formatação*.

2. Selecione a planilha *Notas* e clique no botão *Selecionar Tudo*.

3. Para copiar a planilha toda, tecle *CTRL + C*.

4. Na planilha criada *Cópia Notas - Apenas Formatação*, clique no botão *Selecionar Tudo*.

5. Na guia *Página Inicial*, no grupo *Área de Transferência*, clique na seta para baixo do botão *Colar* (1) (não clique em cima do botão *Colar* porque o efeito é diferente).

6. Escolha a opção *Colar Formatação* (2).

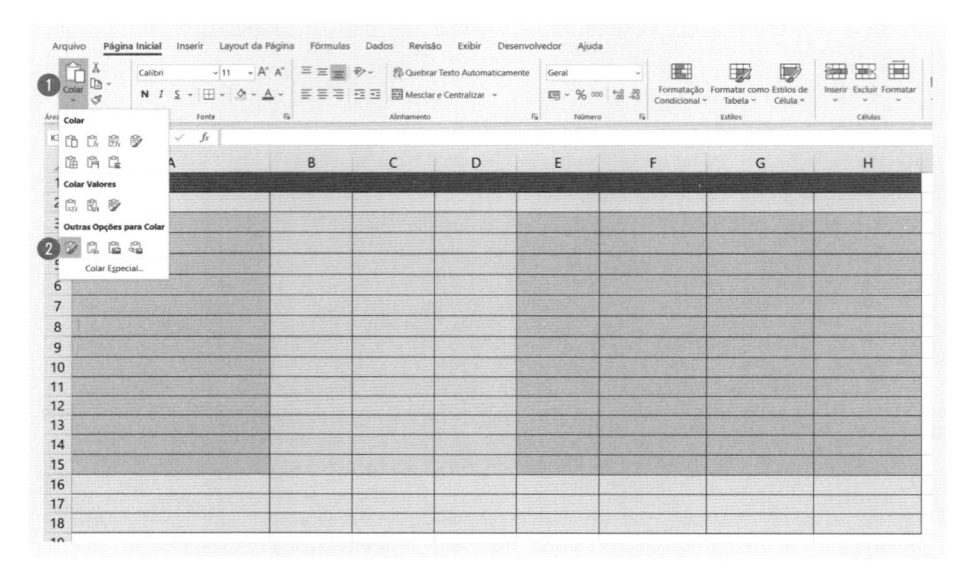

7. Salve a pasta de trabalho.

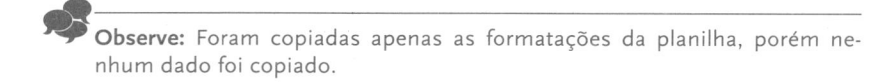
Observe: Foram copiadas apenas as formatações da planilha, porém nenhum dado foi copiado.

Planilha 3 – Sem as bordas

1. Na pasta de trabalho *Alunos Excel Senac*, crie uma planilha e nomeie-a como *Cópia Notas – Sem as Bordas*.

2. Selecione a planilha *Notas* e clique no botão *Selecionar Tudo*.

3. Para copiar a planilha toda, tecle *CTRL + C*.

4. Na planilha criada *Cópia Notas – Sem as Bordas*, clique no botão *Selecionar Tudo*.

5. Na guia *Página Inicial*, no grupo *Área de Transferência*, clique na seta para baixo do botão *Colar* (não clique em cima do botão *Colar*, porque o efeito é diferente).

6. Escolha a opção *Colar Especial....*

7. O Excel abrirá a caixa de diálogo *Colar Especial*.

8. Escolha a opção *Tudo, Exceto Bordas*.

Colar especial		? ✕
Colar		
○ T<u>u</u>do	○ Todos usando te<u>m</u>a da origem	
○ <u>F</u>órmulas	◉ Tudo, e<u>x</u>ceto bordas	
○ <u>V</u>alores	○ Larguras da coluna	
○ Fo<u>r</u>mato<u>s</u>	○ Fó<u>r</u>mulas e formatos de número	
○ <u>C</u>omentários e Anotações	○ Valor<u>e</u>s e formatos de número	
○ Va<u>l</u>idação	○ Todos os formatos condicionais de mesclagem	
Operação		
◉ <u>N</u>enhuma	○ <u>M</u>ultiplicação	
○ A<u>d</u>ição	○ <u>D</u>ivisão	
○ Su<u>b</u>tração		
☐ <u>I</u>gnorar em branco	☐ <u>T</u>ranspor	
Colar víncul<u>o</u>	OK Cancelar	

9. Salve a pasta de trabalho.

 Observe: Existem outras opções de colagem especial que podem ajudar no dia a dia, por exemplo, *Colar como Imagem*. Explore as opções e veja aquelas que podem ajudar nos seus trabalhos com planilhas.

OCULTAR E REEXIBIR PLANILHAS

Em uma pasta de trabalho é possível manter planilhas ocultas. Sejam fontes de informações, sejam planilhas que não podem ser visualizadas por qualquer usuário, esse recurso pode ajudar a simplificar a visualização da pasta de trabalho.

Principal vantagem: permitir que as planilhas não poluam a pasta de trabalho se sua visualização contínua não for necessária.

Exercício resolvido – Ocultando as cópias da planilha Notas

Embora tenhamos criado três cópias da planilha *Notas*, elas não precisam ser visualizadas a todo momento. Supondo que não queremos excluí-las definitivamente, vamos ocultá-las.

1. Selecione a planilha *Cópia Notas - Apenas Valores*.

2. Com a tecla *CTRL* apertada, selecione as planilhas *Cópia Notas - Apenas Formatação* e *Cópia Notas – Sem as Bordas*.

3. Em seguida, solte a tecla *CTRL* e clique com o botão direito sobre uma das guias das planilhas selecionadas.

4. Clique em *Ocultar*.

Dica: Se, em vez de ocultar desejássemos excluir, bastaria clicar em *Excluir*, no lugar de *Ocultar*.

5. Salve a pasta de trabalho.

Exercício resolvido – Reexibindo as cópias da planilha Notas

Desta vez vamos supor que temos planilhas ocultas, como as planilhas *Notas* que ocultamos no exercício anterior, e que queremos exibi-las novamente.

1. Clique com o botão direito do mouse sobre a guia das planilhas.

2. Escolha *Reexibir* (O Excel mostrará todas as planilhas ocultas desta pasta de trabalho).

3. Selecione a planilha *Cópia Notas - Apenas Formatação*.

4. Clique em *Ok*.

5. Salve a pasta de trabalho.

CONGELAR PAINÉIS

Congelar painéis é uma opção para que permaneçam visíveis as primeiras linhas e/ou colunas de uma planilha, facilitando a visualização. Isso porque, na maioria das vezes, é nessas primeiras linhas e colunas que estão os rótulos de dados.

Principal vantagem: facilita a visualização, fixando parte de planilhas durante a rolagem.

Exercício resolvido – Congelando os rótulos da planilha Notas

Na planilha de *Notas*, para que seja possível visualizar os rótulos das colunas, mesmo que seja preciso "rolar" a planilha para baixo, vamos congelar as duas primeiras linhas. Aproveitando o congelamento das linhas, congelaremos também a primeira coluna para que o nome dos alunos esteja sempre visível, mesmo que seja preciso criar mais colunas futuramente.

1. Abra a pasta de trabalho *Alunos Excel Senac* e clique na planilha *Notas*.

2. Selecione a célula *B3* (essa será a referência para o congelamento dos painéis).

3. Na guia *Exibir*, no grupo *Janela*, escolha *Congelar Painéis*.

4. Em seguida, clique em *Congelar Painéis*.

 Observe: Ao rolar a planilha, as linhas acima e as colunas à esquerda da referência *B3* ficam congeladas e não participam da rolagem.

5. Salve a pasta de trabalho.

Recursos de revisão

O Excel 2019 possui uma guia específica de revisão de textos. Os principais recursos de revisão são: *Verificar Ortografia, Comentários* e *Anotações*.

Principal vantagem: possibilitar a revisão da planilha para evitar problemas de ortografia e erros de preenchimento.

Exercício resolvido – revisar as planilhas e adicionar uma anotação

Na planilha *Notas*, vamos aplicar a revisão ortográfica e adicionar uma anotação no rótulo da coluna *Conceito Final*, explicitando a regra de aprovação.

1. Abra a pasta de trabalho *Alunos Excel Senac* e clique na planilha *Notas*.

2. Na guia *Revisão*, no grupo *Revisão de Texto*, clique em *Verificar Ortografia*.

3. Corrija as palavras indicadas que possam estar erradas.

4. Em seguida, selecione a célula *G2* (rótulo da coluna *Conceito Final*).

5. Na guia *Revisão*, no grupo *Anotações*, clique em *Nova Anotação*.

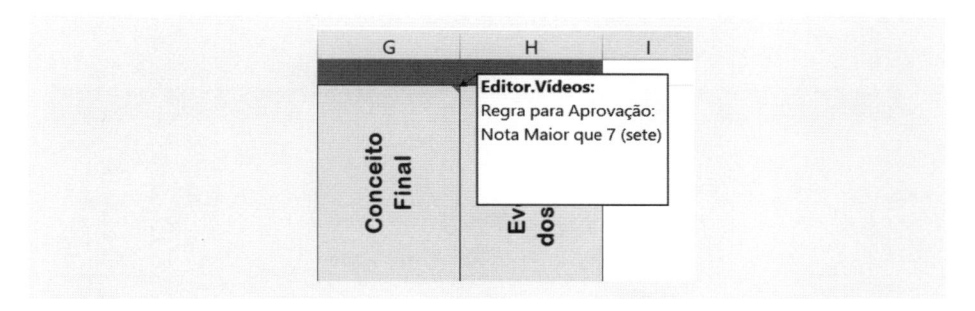

6. Na anotação adicionada, escreva: *Regra para Aprovação: Nota Maior que 7 (sete).*

7. Se preciso, clique na borda da anotação e arraste para não ficar sobre a célula *H2*.

8. Se quiser que a anotação só apareça quando selecionar a célula *G2*, na guia *Revisão*, grupo *Anotações*, na opção *Anotações*, desmarque a opção *Mostrar Todas as Anotações*.

9. Salve a pasta de trabalho.

 Observe: As células que possuem anotações ficam com uma pequena marca vermelha no canto superior direito.

Funções aninhadas

Chamamos de aninhamento a junção de duas ou mais funções no Excel onde uma está "dentro" da outra. Esse recurso aumenta a versatilidade das funções, usando uma função como argumento de outra. Existem inúmeras combinações possíveis e você vai ficando mais confortável em aninhar funções conforme aumenta seus conhecimentos.

A função SEERRO() sempre será usada em combinação com uma outra fórmula ou função, porque ela serve exatamente para devolver uma resposta "amigável", caso uma fórmula ou função gere qualquer erro.

Principal vantagem: aumenta a versatilidade do uso de funções.

Exercício resolvido – colocar tratamento de erro no cálculo da Média

Vamos "blindar" a fórmula que calcula a média do aluno na planilha *Notas*, mesmo que o aluno ainda não tenha notas marcadas. O primeiro passo será apagar as notas do aluno *Ricardo Silva* e observar o que acontece com a média desse aluno.

1. Abra a pasta de trabalho *Alunos Excel Senac* e clique na planilha *Notas*.

2. Apague o conteúdo das células *B8:D8* e observe.

	A	B	C	D	E	F	G	H
1		Alunos Matriculados no Curso de Excel Senac						
2	Aluno	Conhecer Excel	Praticar Funções	Conhecer Excel com VBA	Faltas	Médias	Conceito Final	Evolução dos Alunos
3	Sabino	10,0	10,0	10,0	2	10	Aprovado	
4	Maria	10,0	9,0	10,0	4	10	Aprovado	
5	Luciano	8,0	7,0	6,0	3	8	Aprovado	
6	Rodrigo	6,5	8,0	8,0	1	7	Aprovado	
7	Ricardo	7,0	6,0	7,5	2	7	Reprovado	
8	Ricardo Silva				0	#DIV/0!	#DIV/0!	
9	Leonardo	9,0	10,0	9,0	1	10	Aprovado	
10	Léia	6,0	5,0	6,0	3	6	Reprovado	
11	Roberto	9,0	10,0	10,0	1	10	Aprovado	
12	Edmundo	7,0	8,0	10,0	5	8	Aprovado	
13	Rita	6,0	5,0	10,0	2	6	Reprovado	
14	João	9,0	8,0	7,0	2	9	Aprovado	
15	Regina	4,0	6,0	6,0	0	5	Reprovado	
16	Total	91,5	92,0	99,5	2	#DIV/0!	13	
17	Maiores Valores	10,0	10,0	10,0	5	#DIV/0!	8	
18	Menores Valores	4,0	5,0	6,0	0	#DIV/0!	4	

 Observe: A média do aluno e as médias dos valores totais do final da planilha também estão gerando erro.

3. Agora, vamos adicionar o tratamento de erro com a função *SEERRO* desde a célula *F3*.

4. Edite a célula *F3*, altere de *=MÉDIA(A3:C3)* para *=SEERRO(MÉDIA(A3:C3);0)* (com essa alteração, quando der qualquer erro, o valor retornado será zero).

5. Arraste a função até a célula *F15* (não arraste para as 3 últimas linhas).

6. Observe na imagem abaixo, como a função *SEERRO* protege a média para não gerar erro.

	A	B	C	D	E	F	G	H
1	Alunos Matriculados no Curso de Excel Senac							
2	Aluno	Conhecer Excel	Praticar Funções	Conhecer Excel com VBA	Faltas	Médias	Conceito Final	Evolução dos Alunos
3	Sabino	10,0	10,0	10,0	2	10	Aprovado	
4	Maria	10,0	9,0	10,0	4	10	Aprovado	
5	Luciano	8,0	7,0	6,0	3	8	Aprovado	
6	Rodrigo	6,5	8,0	8,0	1	7	Aprovado	
7	Ricardo	7,0	6,0	7,5	2	7	Reprovado	
8	Ricardo Silva				0	0	Reprovado	
9	Leonardo	9,0	10,0	9,0	1	10	Aprovado	
10	Léia	6,0	5,0	6,0	3	6	Reprovado	
11	Roberto	9,0	10,0	10,0	1	10	Aprovado	
12	Edmundo	7,0	8,0	10,0	5	8	Aprovado	
13	Rita	6,0	5,0	10,0	2	6	Reprovado	
14	João	9,0	8,0	7,0	2	9	Aprovado	
15	Regina	4,0	6,0	6,0	0	5	Reprovado	
16	Total	91,5	92,0	99,5	2	7	13	
17	Maiores Valores	10,0	10,0	10,0	5	10	8	
18	Menores Valores	4,0	5,0	6,0	0	0	5	

7. Salve a pasta de trabalho.

INCLUIR LINKS

Incluir links possibilita criar vínculos da sua pasta de trabalho com outras pastas de trabalho, sites da internet e até mesmo com células dentro da própria pasta. Esses vínculos podem ajudar a encontrar as informações relacionadas com uma determinada parte da sua planilha.

Principal vantagem: facilita acesso rápido a outra planilha, arquivo ou site.

Exercício resolvido – colocar link na pasta de trabalho para redirecionar o usuário

Vamos criar dois tipos de links diferentes. O primeiro, ligando os nomes dos cursos na planilha *Descontos* com os mesmos cursos na planilha *Notas*. O segundo, ligando a planilha *Notas* ao site da livraria Senac.

Criar link na própria pasta de trabalho

1. Abra a pasta de trabalho *Alunos Excel Senac* e clique na planilha *Descontos*.

2. Selecione a célula *A3* (Conhecer Excel).

3. Na guia *Inserir*, no grupo *Links*, clique em *Link*.

4. Na caixa de diálogo *Inserir Hiperlink*, escolha *Colocar neste documento* (1), *Local neste documento = Notas* (2) e *referência de célula = B2* (3).

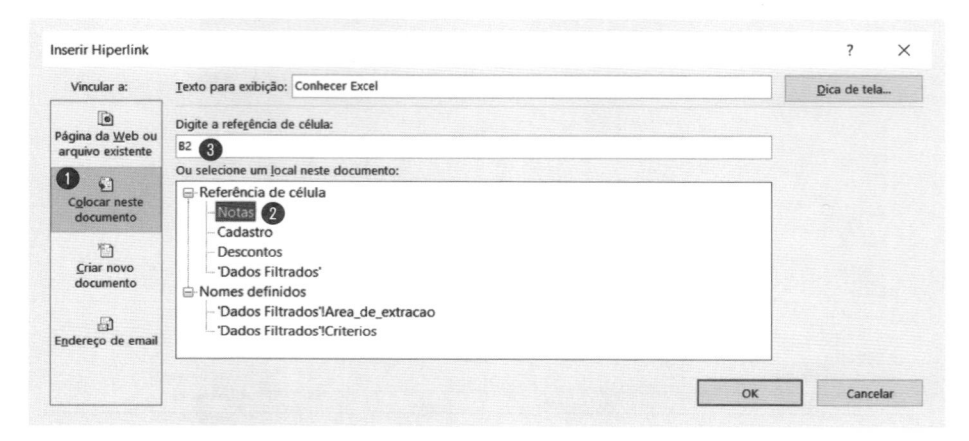

5. Para adicionar o link, clique em *OK*.

6. Usando o mesmo procedimento, crie link para os outros dois cursos.

7. Sua planilha de *Descontos* agora está como na figura:

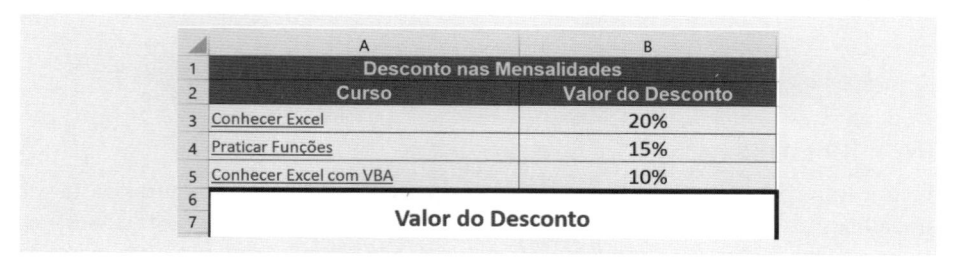

8. Ao clicar nos links, o usuário da planilha deve ser redirecionado para a célula correspondente ao curso na planilha de notas.

9. Salve a pasta de trabalho.

Criar link para um site da web

1. Abra a pasta de trabalho *Alunos Excel Senac* e clique na planilha *Notas*.

2. Selecione a célula *A1* (título da planilha).

3. Agora, na guia *Inserir*, no grupo *Links*, clique em *Link*.

4. Na caixa *Inserir Hiperlink*, escolha:

5. Vincular a: *Página da Web ou Arquivo* (1).

6. Endereço: *https://www.livrariasenac.com.br/* (2).

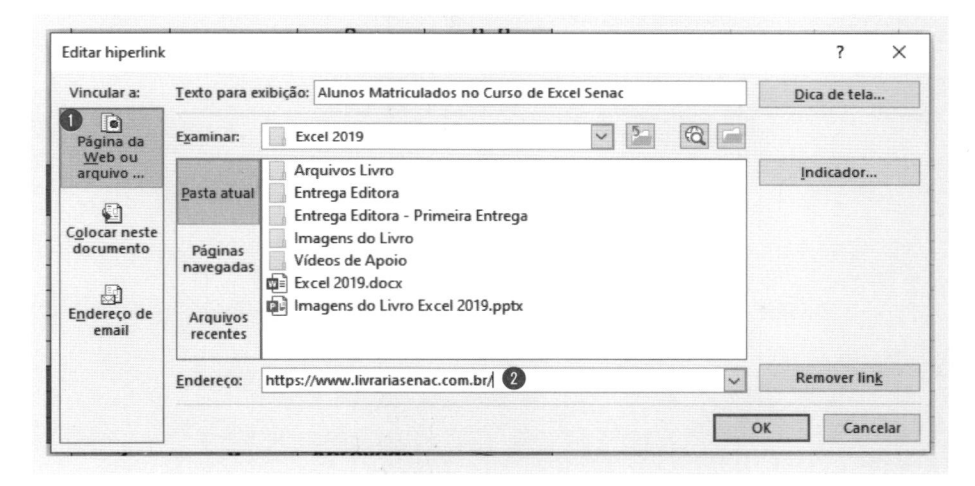

7. Para inserir o link, clique em *OK*.

8. Depois de inserir o link, vamos ajustar a fonte do título para tamanho *18* e cor *Amarela* (Guia *Página Inicial*, grupo *Fonte*).

9. Ao clicar no título da planilha, deve abrir o site da livraria Senac (só funcionará se houver uma conexão com a internet).

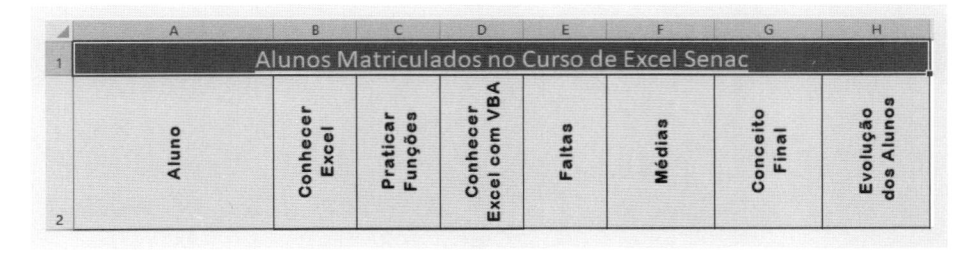

10. Salve a *pasta de trabalho*.

Anotações

10

Novidades do Excel 2019

OBJETIVOS

» Conhecer as versões disponíveis do Office e do Excel

» Saber quais são as novas facilidades para compartilhar

» Verificar quais "funções" foram incluídas

» Entender como funcionam os "modelos 3D"

» Aprender as novas funcionalidades de escrita em tela

» Compreender os aperfeiçoamentos gerais da versão 2019

Para os usuários que já trabalham com Excel, este capítulo mostra as diferenças da versão 2019 para as versões anteriores. Agora que temos mais frequentemente o uso da assinatura Microsoft 365 (ou Office 365), pode ser necessário entender quais versões do Excel existem atualmente no mercado.

Entendendo o versionamento do Microsoft Office

Embora este livro esteja focado na versão **Excel 2019**, é importante entender que existem três formas de distribuição (ou três versões) do Office que coexistem, apresentando algumas características específicas.

Office 2019 (distribuição de "compra única"): esse é o aplicativo "desktop" (aquele que instalamos no PC) dos usuários que fizeram a compra do Microsoft Office 2019 e não pagam a assinatura de atualização.

Office 365 (assinatura): podemos considerar essa como a **"versão 2019 com atualizações constantes"**. Quando houver uma versão nova, o usuário do Office 365 receberá automaticamente a versão mais nova. Assim, mesmo enquanto estivermos na versão 2019, o usuário do Office 365 tem mais funcionalidades disponíveis. A empresa rebatizou essa versão recentemente como **"Microsoft 365"**, já que a assinatura engloba mais ferramentas que somente as do Office.

Office Online (versão on-line e gratuita): essa é a versão em nuvem dos aplicativos da Microsoft que estão disponíveis gratuitamente para qualquer usuário. Essa versão é um pouco mais simples (com menos recursos), mas pode ser útil para grande parte dos usuários. No Capítulo 11, falaremos sobre colaboração on-line e sobre o Excel Online.

Qual é a "melhor" versão?

Com o tempo, a Microsoft passou a investir mais no Office 365 (Microsoft 365), de forma que para a maior parte dos usuários acaba sendo mais interessante que o uso da versão de **"compra única"**. Não só pela atualização contínua, mas pelos demais serviços que estão incluídos no pacote, como o armazenamento em nuvem, instalação em mais de um computador, recursos adicionais on-line e aplicativos extras como Access e OneNote.

Porém, uma outra avaliação que se deve fazer é se a versão on-line (gratuita) já não é suficiente para o usuário que pouco utiliza os aplicativos.

No restante do capítulo vamos falar de algumas funcionalidades que foram incluídas na passagem da versão 2016 para a versão 2019 (portanto, estão disponíveis para os assinantes do Office 365 também).

Facilidades para compartilhar

Uma das principais novidades do pacote Office a cada nova versão é uma nova facilidade para o compartilhamento de trabalho. Na versão 2016, já tínhamos uma grande quantidade de melhorias sobre as versões anteriores, mas na versão 2019 foram adicionados alguns outros recursos, como veremos a seguir.

Inclusão de links externos

A funcionalidade de inclusão de links (que usamos no capítulo anterior) foi aprimorada e agora permite facilmente anexar arquivos ou redirecionamentos para sites da web.

Histórico de versões

Agora é possível acompanhar pelo próprio Excel as versões compartilhadas de uma pasta de trabalho e inclusive voltar a editar uma versão anterior (**essa funcionalidade só funcionará com pastas de trabalho gravadas no OneDrive ou no SharePoint**). Veja como fazer isso:

1. Abra a pasta de trabalho *Alunos Excel Senac*.

2. Na guia *Arquivo*, clique em *Informações*.

3. Em seguida, escolha *Histórico de Versões*.

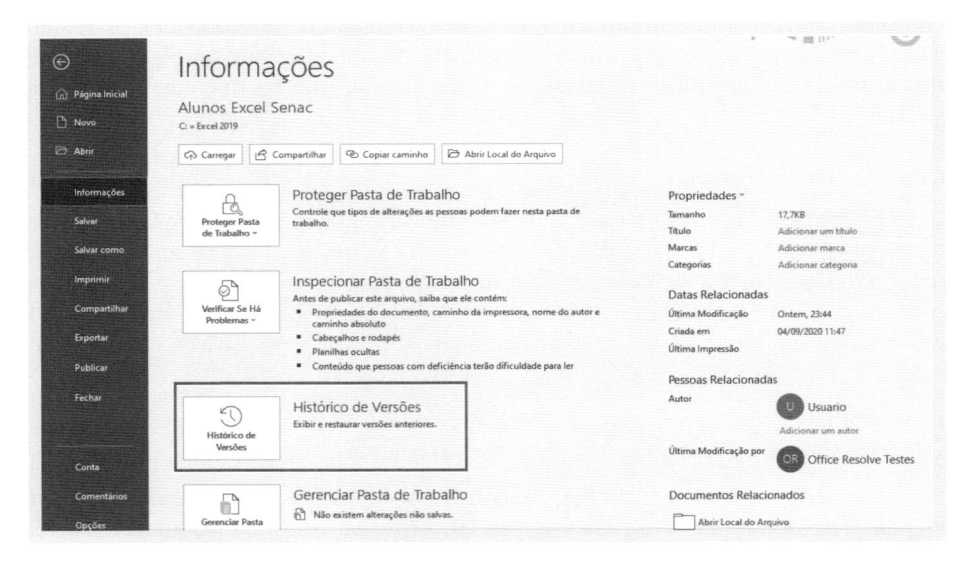

4. Se a pasta de trabalho estiver gravada local (no computador que estiver usando), será emitida uma mensagem para entrar no OneDrive.

5. Se a pasta de trabalho estiver gravada no OneDrive ou no SharePoint, será aberto no próprio Excel o histórico das versões, como na imagem a seguir:

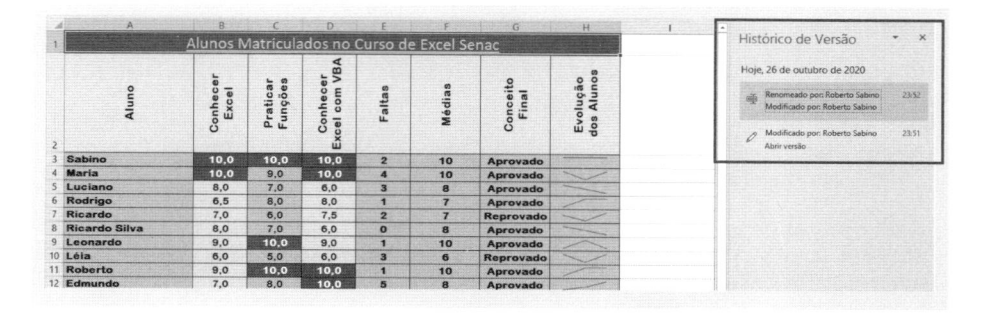

6. Observe: nas versões anteriores à atual, aparece uma opção de *Abrir Versão*.

NOVAS FUNÇÕES

Com o passar do tempo, são agregadas funções mais modernas e que facilitam o trabalho dos usuários. A seguir, uma lista com as principais funções adicionadas na versão 2019. (A versão do Office 365 já apresenta algumas funções mais novas, como a *PROCX*, por exemplo).

CONCAT()	
O que faz:	Esta função nova é como *CONCATENAR()*, só que melhor. Antes de tudo: é menor e mais fácil de digitar. Mas ela também dá suporte a referências de intervalo além de referências de célula.
Quando usar:	Quando precisar criar textos a partir da junção de informações de outras células ou outras fontes de texto.
Estrutura (sintaxe):	=CONCAT([texto1] ; [texto2] ; [textoN])
Pontos de atenção:	Pode ser usada em substituição à função *CONCATENAR()*.

SES()	
O que faz:	Função nova do Excel 2019 que serve para utilizar várias condições em uma função *SE()*.
Quando usar:	Sempre que for necessário "aninhar" mais de uma função *SE()* (colocar uma função dentro da outra), o profissional poderá substituir por *SES()* para facilitar o uso e a leitura da função.
Estrutura (sintaxe):	=SES([teste1] ; [verdadeiro1] ; [teste2] ; [verdadeiro2] ; [teste n] ; [verdadeiro n])
Pontos de atenção:	Observe que as condições são testadas na sequência. Ao criar a segunda condição, considere que a primeira foi avaliada como falsa e assim por diante. Para criar uma condição final (semelhante a *caso contrário*), use a condição *verdadeiro*. O Excel entenderá que sempre deve entrar nessa condição, caso nenhuma das anteriores seja verdadeira.

MÁXIMOSES()	
O que faz:	Encontra o valor máximo (primeiro maior valor) de um intervalo, de acordo com um ou mais critérios.
Quando usar:	Quando precisar identificar o valor máximo de um intervalo, tendo sido dado um critério, como: *a maior nota de um aluno com mais de 20 anos*.
Estrutura (sintaxe):	=MÁXIMOSES([intervalo]; [intervalo_critérioX]; [CritérioX])
Pontos de atenção:	O funcionamento dos critérios é semelhante ao que fazemos na função *SOMASES()*.

MÍNIMOSES()	
O que faz:	Encontra o valor mínimo (primeiro menor valor) de um intervalo, de acordo com um ou mais critérios.
Quando usar:	Quando precisar identificar o valor mínimo de um intervalo, tendo sido dado um critério, como: *a menor nota de um aluno com mais de 20 anos*.
Estrutura (sintaxe):	=MÍNIMOSES([intervalo]; [intervalo_critérioX]; [CritérioX])
Pontos de atenção:	O funcionamento dos critérios é semelhante ao que fazemos na função *SOMASES()*.

Modelos 3D

Os modelos 3D são imagens em três dimensões que podem ser reposicionadas em qualquer ângulo. Podem ser um complemento para a estética da planilha. Vamos adicionar um modelo 3D na nossa planilha como exemplo:

1. Abra a pasta de trabalho *Alunos Excel Senac* e clique na planilha *Notas*.

2. Na guia *Inserir*, clique em *Ilustrações*.

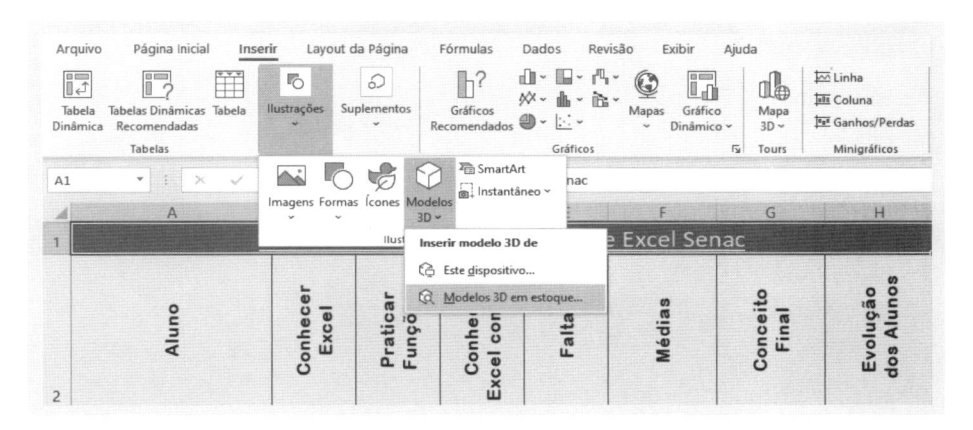

3. Escolha *Modelos 3D* e em seguida *Modelos 3D em estoque....*

4. Abrirá uma *Galeria* de modelos 3D.

5. Nas categorias disponíveis, escolha *Produtos da Microsoft*.

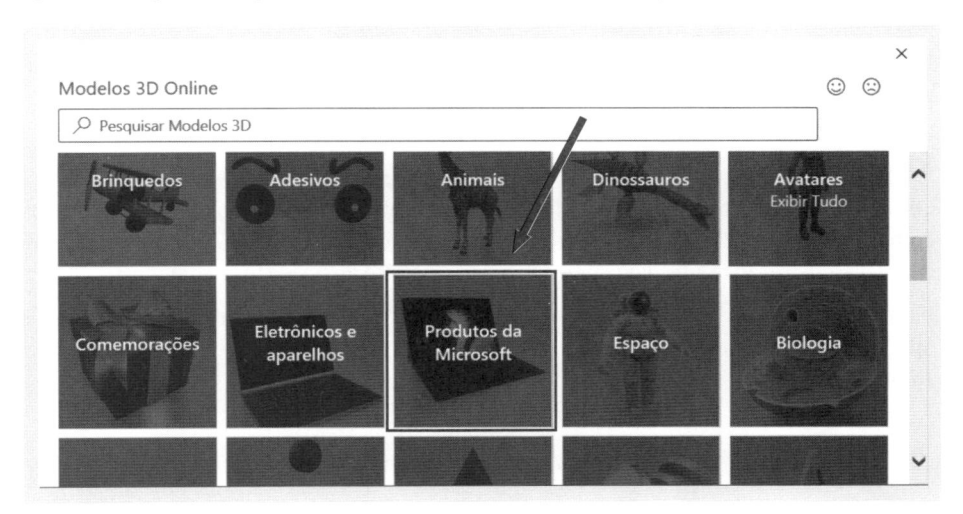

1. Escolha um dos modelos de notebook e clique em *Inserir*.

2. Clique na borda do *Modelo 3D* para arrastá-lo na planilha.

3. Use o botão de ajuste 3D que está bem no centro do modelo para alterar o ângulo de inclinação do objeto.

4. Sua planilha deve ficar como na figura.

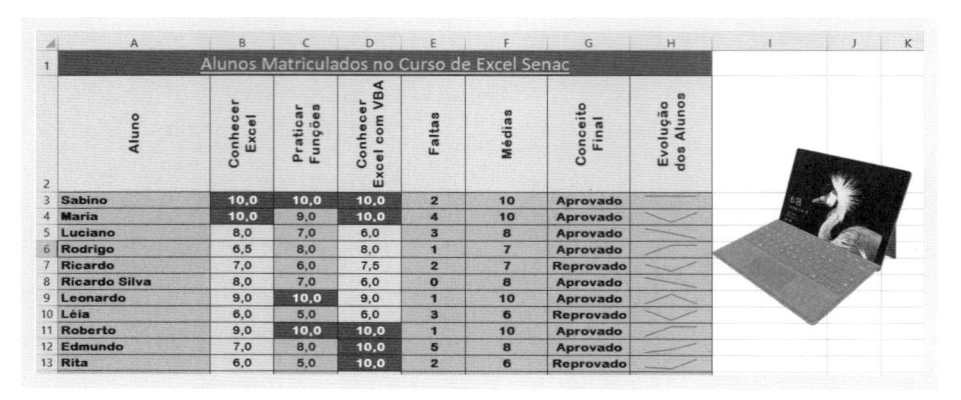

5. Salve a pasta de trabalho.

Novos gráficos

Nas últimas alterações de versão do Excel, vários gráficos têm sido adicionados, como *Mapas* e *Funil*, na versão de 2019. Contudo, dependendo da versão que o usuário utilizava anteriormente, outros gráficos vão aparentar como novos.

Experimente trabalhar outros exemplos de gráfico (além dos que trabalhamos no capítulo 8) e descubra aqueles que mais te ajudam no dia a dia.

Recursos de escrita na tela (tinta)

Os recursos de escrita são direcionados para os aplicativos mobile (tablet e celular), muito embora seja possível utilizá-los em computadores – os modelos mais recentes contam com tela sensível ao toque, o que permite o uso desses recursos de forma bem mais efetiva.

Para utilizá-los em um computador, clique com o botão direito em uma das abas da faixa de opções e escolha *Personalizar a Faixa de Opções*. Em seguida, habilite a guia *Desenhar*.

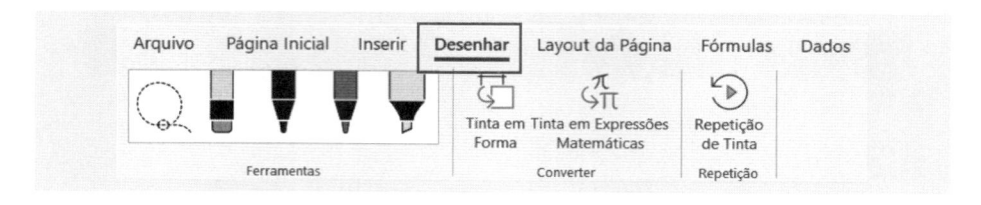

Anotações

11

Colaboração on-line

O que é, e para que serve a colaboração on-line?

O trabalho no mundo moderno tem sido cada vez mais conectado e on-line. A pandemia do novo coronavírus aumentou muito a sensação de que temos que aprender a trabalhar em locais diferentes e ainda assim ter uma produtividade coletiva. As ferramentas de escritório vêm evoluindo muito nas funcionalidades que possibilitam essa produção on-line e remota, e o Microsoft Office como principal suíte de escritório usada nas empresas tem também evoluído nessa direção.

Usar armazenamento em nuvem (salvar a planilha em um local que possa ser acessado por várias pessoas ao mesmo tempo) e edição compartilhada são os principais componentes dessa colaboração.

Por isso é fundamental aprendermos a usar o OneDrive (serviço de armazenamento na nuvem da Microsoft) e o Excel Online (versão do Excel que pode ser usada de qualquer dispositivo, direto no navegador web). Vale ressaltar que a versão "aplicativo desktop" (aquele Excel que instalamos no computador) também pode ser usado para editar planilhas na nuvem, até com mais recursos. Mas usar o Excel Online traz uma maior mobilidade e pode ser importante para edições de "emergência".

Imagine que você recebe por whatsapp uma solicitação para editar uma simples informação em uma planilha de trabalho, mas não está mais na empresa, e não possui Excel instalado em seu computador de casa. O Excel Online permite que você faça a edição do seu computador pessoal (pelo navegador) ou mesmo do seu tablet ou smartphone.

Como acessar a versão on-line do Excel

É comum as equipes nas empresas fazerem planilhas que precisam ser compartilhadas com muitos colegas ou mesmo serem editadas por vários integrantes do time. Algumas equipes definem quais "pedaços" da planilha cada um deve fazer e depois ficam em uma troca interminável de e-mails com versões da planilha. Às vezes combinam um diretório de rede e tentam deixar a última versão "sempre" disponível.

Todos nós sabemos como pode ser complicado e confuso esse processo de edição e compartilhamento de planilhas entre os membros da equipe, parceiros externos, clientes, etc.

Há uma forma muito mais fácil de fazer esse tipo de trabalho, que até algum tempo só podia ser feito com o auxílio de outra ferramenta (como o Google Docs, por exemplo). Em 2011 a Microsoft lançou a sua versão on-line do Office, que aos poucos foi ficando mais estável e está em franco desenvolvimento, incorporando pouco a pouco os recursos da versão desktop.

E não confunda a versão Excel Online (disponível gratuitamente no OneDrive para uso pessoal, precisando apenas possuir uma conta Microsoft) com a versão do Excel presente no Office 365 (assinatura paga que disponibiliza a versão mais atualizada dos principais aplicativos do Microsoft Office, incluindo uso corporativo).

Vamos aprender a entrar no Excel Online mesmo sem ter nenhuma assinatura nem ter o Excel instalado no computador. Vamos entrar no site office.com para termos acesso aos principais aplicativos on-line, incluindo o OneDrive. Se precisar criar uma conta Microsoft, também é fácil.

Passo a passo:

1. No seu navegador, entre no site: https://office.com

2. Clique em *Entrar*.

Entre para usar seus aplicativos de produtividade favoritos em qualquer dispositivo

3. Caso já tenha uma conta Microsoft criada, basta informar as credenciais de entrada.

4. Se não tiver uma conta Microsoft, clique em *Crie uma!* e siga o passo a passo (é bem simples e gratuito).

5. Na tela inicial do Office Online estarão disponíveis os principais aplicativos (incluindo o Excel Online).

6. Lembre-se de que soluções on-line mudam muito rapidamente, portanto podem existir algumas diferenças no momento do seu acesso.

7. Na barra lateral (à esquerda), localize o Excel Online.

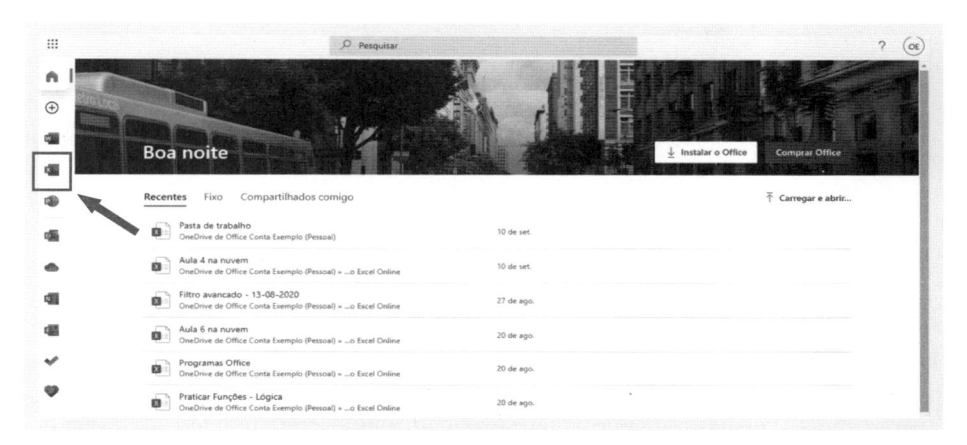

8. Você terá os aplicativos do Office (versão on-line) disponíveis para uso.

9. Caso já esteja usando o Office Online, seus documentos aparecerão na lista de *Recentes*.

10. Clique em *Excel Online*.

11. Agora você está na versão on-line e gratuita do Excel (caso sua conta Microsoft tenha uma assinatura do Office 365 associada, algumas funcionalidades extras estarão disponíveis).

12. Na tela inicial do Excel Online, clique em *Nova Pasta de Trabalho em Branco*.

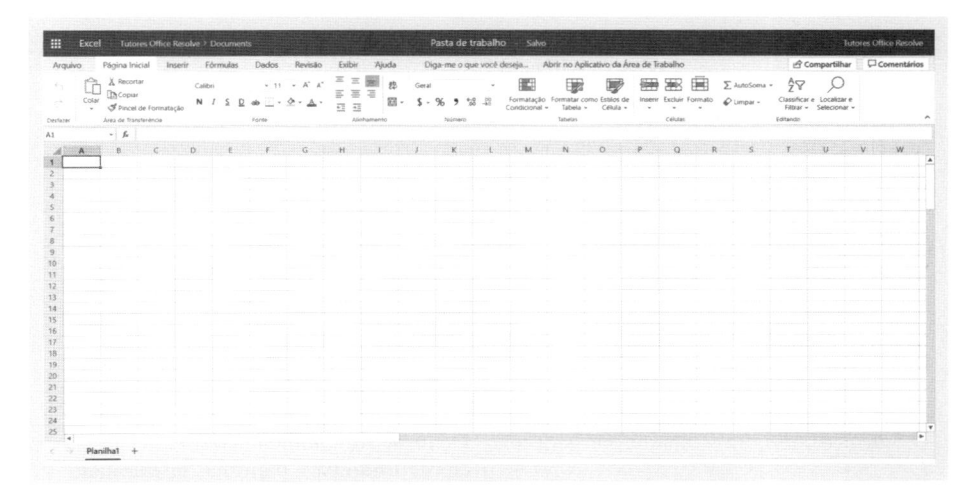

13. É fácil perceber que quase tudo que aprendemos para a versão desktop (que está no seu computador) funcionará igual na versão on-line.

14. Utilize normalmente os conceitos que aprendemos até agora também no Excel Online.

 Observe: A planilha que estávamos usando até este ponto do livro foi salva localmente (no computador), portanto não está disponível para uso no Excel Online. Vamos ver algumas diferenças entre a versão desktop e a versão on-line, e depois carregaremos a planilha para o OneDrive, ficando assim disponível para uso on-line.

DIFERENÇAS ENTRE A VERSÃO ON-LINE E A VERSÃO DESKTOP

Podemos listar algumas diferenças entre a versão Excel Online gratuita mais atual e a versão Excel 2019 (desktop) para instalar em seu computador. Contudo, vale registrar que as versões têm sido atualizadas com muito mais rapidez, até mesmo a versão desktop, quando adquirida pela assinatura Office 365, que oferece atualizações constantes.

Ao configurar a sua conta Microsoft e passar a usar o Excel Online, também fica disponível o uso dos aplicativos para celular e tablet, integrados à sua conta de forma que você pode acessar diretamente suas planilhas nos dispositivos móveis.

Outra ressalva importante é que o Excel Online (assim como os aplicativos para celular e tablet) quando associado a uma conta que tenha assinatura Office 365, ganha recursos extras, como a inserção de dados diretamente de imagens. Porém, essa versão não é gratuita, por isso vamos listar a seguir apenas os recursos presentes na versão mais simples.

Tabela 1 – Principais diferenças entre as versões

Excel Online (Gratuito)	Excel 2019 (Desktop)
Edição de planilhas diretamente no navegador web.	Versão completa de edição (com todos os recursos disponíveis).
Possibilita editar planilhas em computadores que não têm o Excel instalado.	Permite editá-las somente quando o Excel estiver instalado no computador.
Leitura automática das planilhas do OneDrive.	Possibilita editá-las e gravá-las no OneDrive, mas isso tem de ser definido no momento da gravação.
O *Salvar Automático* é ligado por padrão.	O *Salvar Automático* pode ser configurado para planilhas que tenham sido gravadas no OneDrive.

A colaboração on-line pode ser feita diretamente na planilha e em dispositivos diferentes.	Para ativar a colaboração on-line é necessário colocar a planilha no OneDrive e usar uma conta Microsoft.
Uso de aplicativo em celular.	Para planilhas que forem gravadas no computador, essa opção não estará disponível.
Uso de aplicativo em tablet.	Para planilhas que forem gravadas no computador, essa opção não estará disponível.
Apenas uma parte dos recursos está disponível.	Recursos completos.
Uso e edição de macros ainda não está disponível na versão gratuita.	Criação, gravação e uso de macros para automatizar as planilhas.
O idioma da planilha será determinado pela sua conta, pode ser que as funções apareçam em inglês se o idioma não for corretamente definido.	Todas as funções disponíveis no idioma de instalação da versão desktop.

USANDO O ONEDRIVE

No item anterior, notamos que a colaboração on-line depende do uso do serviço de armazenamento em nuvem da Microsoft, o OneDrive. Para alguns profissionais que usam apenas o serviço Google Drive, conhecer o OneDrive fica muito fácil, pensando que os dois serviços têm exatamente o mesmo objetivo, sendo cada um de uma empresa. Usar o Microsoft Office funciona melhor e é integrado "de forma nativa" com o OneDrive por ser da Microsoft.

Vamos ver a seguir algumas formas de usar o OneDrive.

"Carregar" uma planilha do seu computador

Se a planilha já foi feita no seu computador (que é o nosso caso) e você precisar facilitar o uso da "**colaboração online**", é possível "carregar" a planilha para o OneDrive:

1. Na tela inicial do Office Online, escolha o OneDrive (ícone de uma nuvem).
2. Assim como entramos no Excel Online, agora estamos nas Pastas Online, ou seja, os arquivos que colocarmos no OneDrive estarão automaticamente na nuvem (prontos para compartilhamento on-line).

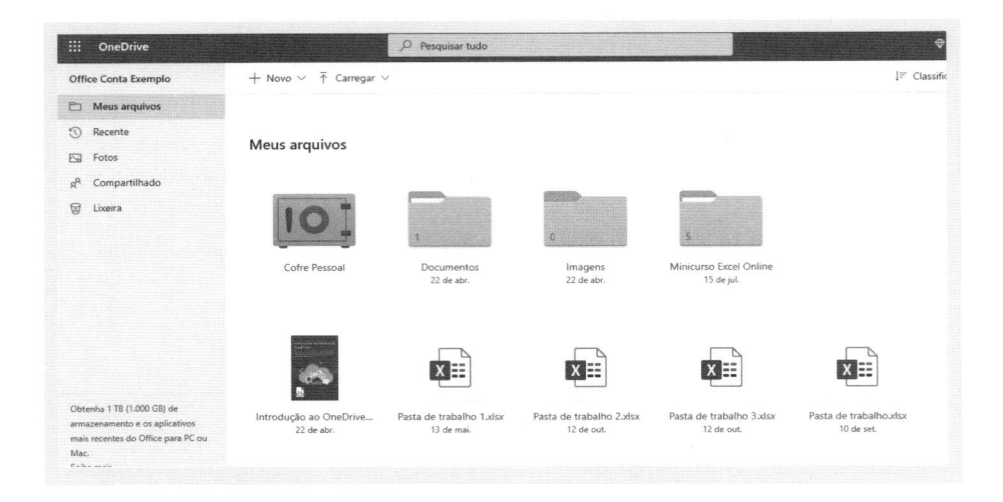

1. Clique para escolher a pasta do OneDrive onde quer armazenar a planilha.

2. Selecione *Carregar* e escolha *Arquivo*.

3. Agora basta localizar a planilha no seu computador.

4. Clique em *Abrir*.

5. Pronto! A planilha está disponível no OneDrive.

 Atenção: Essa pasta de trabalho que subimos no OneDrive é uma nova cópia da pasta de trabalho, e não a mesma pasta que estava em nosso PC. Cuidado para não confundir os dois arquivos.

"Abrir" uma planilha do OneDrive

Abrir uma planilha do OneDrive é muito fácil porque o serviço já está "nativamente" integrado com o Excel 2019 e com o Excel Online, assim é possível escolher onde editar a planilha. Por exemplo, para fazer pequenas alterações ou para alterar ao mesmo tempo que outros colegas de equipe, pode ser mais fácil usar o Excel Online. Para fazer edições mais complexas, use o Excel 2019 em seu computador.

1. No OneDrive, localize a planilha que deseja alterar.

2. Clique sobre a planilha para editar no Excel Online.

3. Ou selecione a planilha para escolher onde editar.

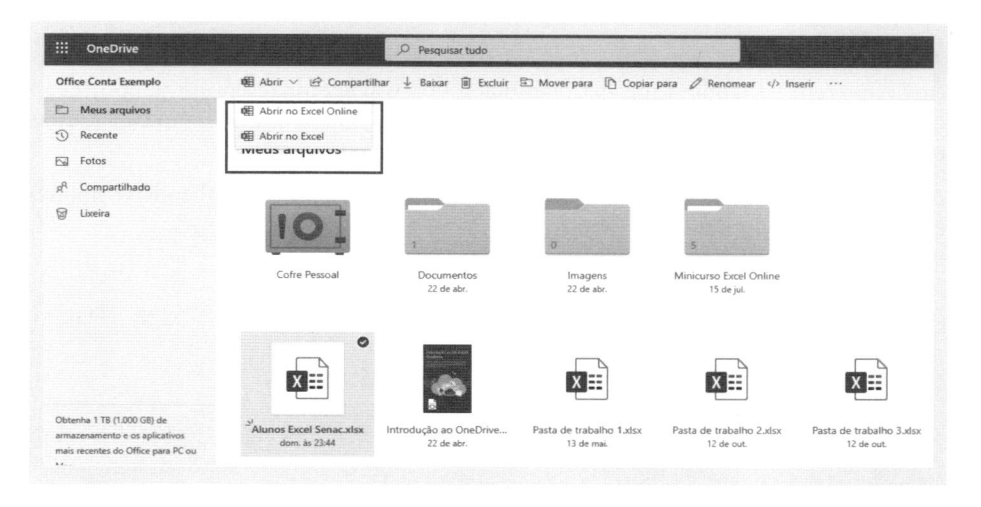

4. Basta usar seus conhecimentos em Excel e fazer as alterações necessárias.

5. Se usar o Excel Online, suas alterações serão gravadas automaticamente no OneDrive.

EDITANDO COM COLABORAÇÃO ON-LINE

Para editar uma planilha com colaboração on-line, basta usar o comando *Compartilhar* e identificar a conta Microsoft da outra pessoa que deve ter acesso à planilha ou usar a mesma conta Microsoft, em dispositivos diferentes. Na imagem a seguir, um exemplo de uma edição em dois dispositivos diferentes, notebook e celular, com a mesma conta Microsoft (neste caso, não é necessário usar o *Compartilhar*).

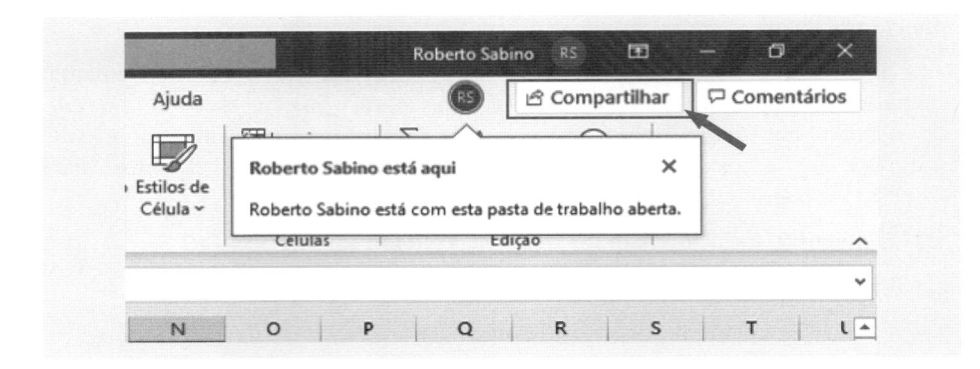

Ao editar uma pasta de trabalho com colaboração on-line, se os dois (ou mais) usuá-rios estiverem editando a mesma planilha, é possível acompanhar em tempo real o que cada um está fazendo (também pode ocorrer alguma lentidão se houver muitas edições ao mesmo tempo na mesma planilha).

Na figura a seguir, um exemplo de edição simultânea, uma feita no aplicativo (mobile) e outra no computador (PC).

E	F	G	H	I	J	K	L	M
e Resolve								
Idade	**Valor da Mensalidad**	**Valor com Descont**						
22	R$ 150,00	R$ 135,00						
20	R$ 150,00	R$ 127,50						
35	R$ 150,00	R$ 120,00						
25	R$ 150,00	R$ 120,00		PC				
22	R$ 150,00	R$ 120,00						
19	R$ 150,00	R$ 120,00						
21	R$ 150,00	R$ 120,00		Mobile				
28	R$ 150,00	R$ 127,50						
26	R$ 150,00	R$ 135,00						

O Excel como ferramenta de desenvolvimento profissional

Chegamos ao final do nosso trabalho de apresentar tudo aquilo que é fundamental para que você possa evoluir profissionalmente e ter o Excel como uma ferramenta que lhe proporcionará produtividade em seu trabalho diário. Discutiremos agora como você pode aproveitar ao máximo esse recurso.

Colaboração on-line: é apenas o começo para que você possa interagir melhor com a equipe. É necessário que cada profissional procure sua evolução contínua, buscando sempre adquirir novos conhecimentos, desenvolvendo sua capacidade de produzir resultados e colaborar em equipe, percebendo os recursos do Excel que mais lhe aju-darão em sua caminhada profissional.

Como aprender mais: o Excel é hoje um dos principais aplicativos de produtividade, sendo em muitos ramos de atuação a ferramenta mais utilizada, daí a importância de buscar um contínuo aprendizado. Para tanto, é possível realizar cursos de aplicativos do Senac (Excel Avançado, Excel com VBA, entre outros), ler livros e publicações da Editora Senac e acessar portais de conhecimento específicos, dentre tantas opções para continuar aprendendo.

Como me manter atualizado com as versões do Excel: alguns recursos do Excel evoluem muito rapidamente, como aqueles que estão sendo disponibilizados na versão on-line do Excel, enquanto alguns outros mantêm-se estáveis por muito tempo, como a função *PROCV()*, que é um recurso que vem sendo usado há muito tempo e continua sendo um grande aliado para desenvolver planilhas. Por isso, procure identificar quais tipos de funcionalidades são mais importantes para sua atividade profissional, a fim de saber quando forem atualizadas ou precisarem ser revistas.

Como manter a prática no Excel: se você não usa muitos recursos do Excel ou não tem uma versão do Excel instalada em seu computador de casa, agora já sabe que é possível usar a versão on-line e continuar treinando. Procure fazer planilhas para seu uso pessoal para manter a prática, como por exemplo fazer planilhas de compras em supermercados, controles financeiros pessoais, ou um organizador de tarefas diárias.

Outros aplicativos podem ajudar na produtividade: os aplicativos de escritório, como os aplicativos do Microsoft Office, são hoje uma grande ferramenta de produtividade nas empresas. Por esse motivo é bom procurar saber um pouco mais sobre aqueles que têm sido mais usados, como:

- **Microsoft Word:** editor de textos usado para escrever livros, confeccionar apostilas para cursos, digitar documentos e criar formulários para preenchimento impresso, por exemplo.

- **Microsoft Power Point:** editor de apresentações de slides, usado para montar palestras, como ferramenta de apoio em reuniões de vendas ou para fazer exposição de teses ou aulas, por exemplo.

Recursos avançados usando Excel 2019: sendo um dos aplicativos mais completos atualmente, existem tantos recursos no Excel 2019 que seria muito difícil encontrar um profissional que detivesse conhecimento sobre todos eles. Dessa forma, é bom saber quais são os recursos avançados que podem ser aprendidos no futuro e para que servem:

- **Tabela dinâmica:** Para profissionais e equipes que trabalham com planilhas complexas e grande quantidade de informações é muito útil poder reorganizá-las dinamicamente, filtrando, resumindo e ocultando dados de acordo com o objetivo da planilha a ser usada. O recurso de tabela dinâmica possibilita que todo esse trabalho seja feito com menos esforço, provendo diversas ferramentas para reorganizar os dados, além de trabalhar em conjunto com o recurso de "**gráfico dinâmico**" para que os dados possam ser apresentados de forma visual.

- **Criar funções "aninhadas":** Assim como vimos neste livro vários exemplos de uso de funções, quando evoluímos no conhecimento do Excel aprendemos que essas funções podem ser combinadas para trazer um resultado muito mais completo. Observe o exemplo *=ÍNDICE(A2:I10;CORRESP(A17;A2:A10;0);CORRESP (A18;A2:I2;0))*, onde as funções *ÍNDICE* e *CORRESP* são usadas em conjunto para possibilitar a localização das informações nas duas dimensões, podendo em muitos casos superar o poder da função *PROCV()*.

- **Importar dados externos:** uma boa ferramenta de trabalho para muitos profissionais é usar dados de outros aplicativos, acesso a bancos de dados de sistemas de gestão e e-mails com arquivos, para criar planilhas que compõem uma visão consolidada desses dados. O Excel 2019 dispõe de várias ferramentas para trabalhar com dados externos.

- **Trabalhar com cenários e hipóteses:** muitas planilhas para serem efetivas precisam considerar diferentes tipos de cenários possíveis e criar hipóteses, por exemplo, para planejamento logístico ou para trabalhar com matemática financeira. Existem recursos específicos para isso no Excel que podem ser mais explorados em conteúdos avançados.

- **Macros e formulários interativos:** as macros são responsáveis pela automatização das planilhas e por facilitar muito o dia a dia nas empresas. São também um recurso bastante trabalhoso para ser aprendido e, por isso, há cursos específicos sobre esses temas.

- **VBA é diferente de macro:** enquanto as macros são a automatização que pode ser colocada em uma planilha para que ela "execute" alguma ação automaticamente, o VBA (Visual Basic for Applications) é a linguagem usada para realizar essa automatização. É possível fazer algumas macros apenas gravando as ações que a planilha deve efetuar com o recurso *Gravar Nova Macro*. Porém, quando se pretende aumentar o "poder" dessas automatizações, passa a ser necessário aprender um pouco mais sobre como essa linguagem de automação chamada VBA funciona. Para isso existem vários cursos voltados especificamente para programação em Excel com o uso de VBA.

Aperfeiçoamentos gerais

Para finalizar as principais novidades, listamos a seguir alguns aprimoramentos gerais:

- **Seleção com precisão:** usando a tecla *CTRL*, é possível selecionar e desmarcar células em um intervalo.

- **Preenchimento automático aprimorado:** se você digitar *=DIA*, o menu de *Preenchimento Automático* trará todas as funções que contêm *DIA*, incluindo, *DIATRABALHOTOTAL*. Antes, você tinha que escrever o nome exato da função.

- **Microsoft Tradutor:** Na guia *Revisão*, é possível achar a ferramenta de tradução, para ajudar a formatar planilhas em outros idiomas.

Para ver todas as novidades da **versão 2019**, acesse:

https://support.microsoft.com/pt-br/office/novidades-no-excel-2019-para-windows -5a201203-1155-4055-82a5-82bf0994631f

Anotações

Capítulo bônus — Guia de consulta rápida e dicas

FUNÇÕES MAIS UTILIZADAS

Abaixo, listaremos as funções mais usadas no Excel, contudo algumas delas são vistas apenas em materiais voltados para o Excel Avançado. Informe-se sobre produtos da Editora Senac que auxiliam no estudo das funções.

Funções de matemática e trigonometria

SOMA()	
O que faz	Efetua uma soma dos parâmetros indicados.
Quando usar	Sempre que precisar realizar uma soma de valores, como valores financeiros, percentuais, parcelas de um empréstimo, entre outros.
Estrutura (sintaxe)	=SOMA([intervalo1]; [intervalo2]; [intervalo x])
Exemplos	=SOMA(B2:D2) "soma usando um único intervalo" =SOMA(B2:D2 ; B4:D4) "soma usando mais de um intervalo"

MULT()	
O que faz	Efetua uma multiplicação dos parâmetros indicados.
Quando usar	Sempre que precisar realizar multiplicação de valores, como quantidade x valor.
Estrutura (sintaxe)	=MULT([intervalo1]; [intervalo2]; [intervalo x])
Exemplos	=MULT(B2:D2) "multiplica usando um único intervalo" =MULT(B2:D2 ; B4:D4) "multiplica usando mais de um intervalo"
Pontos de atenção	Pode ser mais fácil usar a fórmula quando houver poucos valores a serem multiplicados =B2*C2, por exemplo.

SOMARPRODUTO()

O que faz	Efetua a soma do resultado de uma série de multiplicações dos elementos dos intervalos indicados.
Quando usar	Para saber o valor final da soma de uma tabela de produtos (Quantidade x Valor), por exemplo.
Estrutura (sintaxe)	=SOMARPRODUTO([intervalo1]; [intervalo2]; [intervalo x])
Exemplos	=SOMARPRODUTO(B2:B5 ; C2:C5) "somar produto usando dois intervalos" =SOMARPRODUTO(B2:B5 ; C2:C5 ; D2:D5) "somar produto usando mais de dois intervalos"
Pontos de atenção	Os intervalos devem ter a mesma quantidade de itens. Se usar apenas um intervalo, o resultado será o mesmo da função SOMA().

SOMASE()

O que faz	Efetua uma soma, condicionando o resultado a alguma informação (critério).
Quando usar	Quando quiser efetuar a soma de dados de um intervalo, somando apenas os elementos que corresponderem a um critério.
Estrutura (sintaxe)	=SOMASE([intervalo critérios]; [critério]; [intervalo soma])
Exemplos	=SOMASE(A3:A5 ; "caneta" ; B3:B5) "digitando o critério diretamente na função" =SOMASE(A3:A5 ; D7 ; B3:B5) "usando referência para estabelecer os critérios" =SOMASE(B3:B5 ; D7) "usando o intervalo de soma = intervalo de critérios"
Pontos de atenção	O intervalo de critérios deve ter a mesma quantidade de células do intervalo de soma. Se o intervalo de critérios for o mesmo do intervalo a ser somado, pode-se omitir o terceiro parâmetro [intervalo soma].

Funções estatísticas

MÉDIA()	
O que faz	Calcula a média aritmética de um intervalo.
Quando usar	Quando precisar calcular a média de salários ou a média das notas de alunos, por exemplo.
Estrutura (sintaxe)	=MÉDIA([intervalo1]; [intervalo2]; [intervalo x])
Exemplos	=MÉDIA(B2:D2) "média usando um único intervalo" =MÉDIA(B2:D2 ; B4:D4) "média usando mais de um intervalo"

MÉDIASE()	
O que faz	Efetua uma média, condicionando o resultado a alguma informação (critério).
Quando usar	Quando quiser efetuar uma média de dados de um intervalo, considerando apenas os elementos que corresponderem a um critério.
Estrutura (sintaxe)	=MÉDIASE([intervalo critérios]; [critério]; [intervalo média])
Exemplos	=MÉDIASE(A3:A5 ; "caneta" ; B3:B5) "digitando o critério diretamente na função" =MÉDIASE(A3:A5 ; D7 ; B3:B5) "usando referência para estabelecer os critérios" =MÉDIASE(B3:B5 ; D7) "usando o intervalo de média = intervalo de critérios"
Pontos de atenção	O intervalo de critérios deve ter a mesma quantidade de células do intervalo de média. Se o intervalo de critérios for o mesmo do intervalo de média, pode-se omitir o terceiro parâmetro.

MÁXIMO()	
O que faz	Encontra o valor máximo (primeiro maior valor) de um intervalo.
Quando usar	Quando precisar identificar o valor máximo de um intervalo, como por exemplo: o maior valor de vendas ou a maior nota em uma lista de valores.
Estrutura (sintaxe)	=MÁXIMO([intervalo1]; [intervalo2]; [intervalo x])
Exemplos	=MÁXIMO(A3:A5) "procurando o valor máximo em um intervalo" =MÁXIMO(A3 ; A5 ; D7 ; E7) "procurando o valor máximo em células não adjacentes" =MÁXIMO(B3:B5 ; D2:D4) "procurando o valor máximo em intervalos não adjacentes"
Pontos de atenção:	Ao usar mais de um intervalo, não há necessidade de os intervalos terem o mesmo tamanho. Não confundir com a função MAIOR().

MÍNIMO()	
O que faz	Encontra o valor mínimo (primeiro menor valor) de um intervalo.
Quando usar	Quando precisar identificar o valor mínimo de um intervalo, como por exemplo: o menor valor de vendas ou a menor nota em uma lista de valores.
Estrutura (sintaxe)	=MÍNIMO([intervalo1]; [intervalo2]; [intervalo x])
Exemplos	=MÍNIMO(A3:A5) "procurando o valor mínimo em um intervalo" =MÍNIMO(A3 ; A5 ; D7 ; E7) "procurando o valor mínimo em células não adjacentes" =MÍNIMO(B3:B5 ; D2:D4) "procurando o valor mínimo em intervalos não adjacentes"
Pontos de atenção	Ao usar mais de um intervalo, não há necessidade de os intervalos terem o mesmo tamanho. Não confundir com a função MENOR().

MAIOR()	
O que faz	Encontra o "n-ésimo" maior valor em um intervalo.
Quando usar	Quando precisar identificar um valor que seja o segundo maior, ou o terceiro maior, ou o "n-ésimo" maior valor em uma matriz.
Estrutura (sintaxe)	=MAIOR([matriz]; [n])
Exemplos	=MAIOR(A3:A15 ; 2) "procurando o segundo maior valor do intervalo A3:A15"
	=MAIOR(A3:A15 ; 5) "procurando o quinto maior valor do intervalo A3:A15"
Pontos de atenção	Para procurar o primeiro maior valor, pode-se usar a função MÁXIMO().

MENOR()	
O que faz	Encontra o "n-ésimo" menor valor em um intervalo.
Quando usar	Quando precisar identificar um valor que seja o segundo menor ou o terceiro menor, ou o "n-ésimo" menor valor em uma matriz.
Estrutura (sintaxe)	=MENOR([matriz]; [n])
Exemplos	=MENOR(A3:A15 ; 2) "procurando o segundo menor valor do intervalo A3:A15"
	=MENOR(A3:A15 ; 5) "procurando o quinto menor valor do intervalo A3:A15"
Pontos de atenção	Para procurar o "primeiro" menor valor, pode-se usar a função MÍNIMO().

CONT.VALORES()	
O que faz	Conta o número de células que não estão vazias em um conjunto de células.
Quando usar	Quando quiser fazer uma contagem de elementos em um ou mais intervalos. Por exemplo: saber a quantidade de funcionários em um cadastro ou quantidade de alunos que fizeram uma determinada prova.
Estrutura (sintaxe)	=CONT.VALORES([intervalo1]; [intervalo2]; [intervalo x])
Exemplos	=CONT.VALORES(A3:A5) "contando células não vazias em um intervalo" =CONT.VALORES(A3 ; A5 ; D7 ; E7) "contando células não vazias em células não adjacentes" =CONT.VALORES(B3:B5 ; D2:D4) "contando células não vazias em intervalos não adjacentes"
Pontos de atenção	Existem outras funções de contagem, entre outras: CONTAR.VAZIO(), CONT.SE(), CONT.NÚM().

CONTAR.VAZIO()	
O que faz	Conta o número de células vazias em um conjunto de células.
Quando usar	Quando quiser fazer uma contagem de informações que ainda precisam ser preenchidas, por exemplo, pode ser útil usar essa função.
Estrutura (sintaxe)	=CONTAR.VAZIO([intervalo contagem])
Exemplos	=CONTAR.VAZIO(A3:A5) "contando células vazias em um intervalo"
Pontos de atenção	A função CONTAR.VAZIO() não aceita mais de um intervalo. Existem outras funções de contagem, entre outras: CONT.VALORES(), CONT.SE(), CONT.NÚM().

CONT.SE()	
O que faz	Conta o número de células de um intervalo que correspondem a um determinado critério.
Quando usar	Quando quiser efetuar uma contagem de células de um intervalo em relação a uma condição, por exemplo: verificar quantas vezes um nome aparece em uma lista de clientes, quantos clientes moram em uma determinada cidade ou quantas notas de aluno são maiores que 7,5.
Estrutura (sintaxe)	=CONT.SE([intervalo contagem] ; [condição])
Exemplos	=CONT.SE(B3:B15 ; "Roberto") "contando quantas células contêm o nome Roberto" =CONT.SE(B3:B15 ; "> 7,5") "contando quantas células contêm valores maiores que 7,5" =CONT.SE(B3:B15 ; "*São Paulo*") "contando quantas células contêm o texto São Paulo, mesmo que tenha outras coisas escritas"

Funções de pesquisa e referência

PROCV()	
O que faz	Procura um valor em uma matriz e retorna o próprio valor, ou um valor relacionado. (Procura vertical)
Quando usar	Quando houver necessidade de buscar valores relacionados em uma matriz. Por exemplo, ao buscar a nota final de um aluno chamado "Roberto", em uma matriz com as notas dos alunos.
Estrutura (sintaxe)	=PROCV([valor procurado]; [matriz]; [colunas]; [correspondência aproximado])
Exemplos	=PROCV("Roberto"; "A2:C15"; 1 ; FALSO) "verificando a existência do nome Roberto no intervalo A2:C15. Se o nome existir, retorna o próprio nome, senão retorna erro" =PROCV("Roberto"; "A2:C15"; 2 ; FALSO) "procurando o nome Roberto (correspondência exata) e retornando o valor que estiver em uma coluna à direita, na mesma linha em que o nome for encontrado (quando o índice é 1, a coluna retornada é o próprio valor)" =PROCV(10; "A2:C15"; 2 ; FALSO) "procurando o número 10 (correspondência exata) e retornando o valor que estiver em uma coluna à direita, na mesma linha em que o número for encontrado. Se não houver o número 10, será devolvido um erro: #N/D " =PROCV(10; "A2:C15"; 2 ; VERDADEIRO) "procurando o número 10 (correspondência aproximada) e retornando o valor que estiver uma coluna à direita, na mesma linha em que o número for encontrado. Se não houver o número 10, será considerada a correspondência aproximada"

Pontos de atenção	O [valor procurado] deve ser idêntico ao valor que está na [matriz] e deve estar na primeira coluna da matriz. Use a correspondência aproximada apenas com a procura de valores "numéricos" e mantenha a coluna de procura (primeira coluna) em ordem crescente. A função *PROCH()* efetua uma procura semelhante, porém buscando nas colunas e retornando o valor nas linhas (procura horizontal).

ÍNDICE()	
O que faz	Retorna o valor da célula posicionada em uma determinada linha, coluna de uma matriz (intervalo).
Quando usar	Quando desejar retornar um valor que esteja posicionado em uma determinada linha, coluna de um intervalo. Por exemplo, retornar à segunda nota do aluno que estiver na linha *3*.
Estrutura (sintaxe)	*=ÍNDICE([intervalo] ; [linha] ; [coluna])*
Exemplos	*=ÍNDICE(B3:D15 ; 3 ; 3)* "retornando o valor que estiver na terceira linha e na terceira coluna do intervalo *B3:D15*. Neste caso, será retornado o valor da célula *D5*"
Pontos de atenção	A função *ÍNDICE()* é bem indicada para usar em conjunto com outras funções para não ficar com um retorno fixo.

CORRESP()	
O que faz	Retorna a posição relativa de um item em uma lista de itens (intervalo), que deve estar em uma única linha ou em uma única coluna.
Quando usar	Quando precisar saber em qual posição um item está localizado. Por exemplo, pode utilizá-la se quiser saber em qual linha está o nome do aluno "Roberto" ou em qual coluna está o nome da cidade de São Paulo.
Estrutura (sintaxe)	*=CORRESP([valor procurado] ; [matriz] ; [tipo de procura])*

Exemplos	=CORRESP("Roberto" ; A3:A15 ; 0) "procurando em qual linha está o nome do aluno Roberto na coluna A, no intervalo A3:A15. Retorna a posição do nome no intervalo (por exemplo: 3 = está na terceira linha do intervalo. Neste caso, estaria em A5)"
	=CORRESP("São Paulo" ; B3:F3 ; 0) "procurando em qual coluna está o nome da cidade de São Paulo na linha 3, no intervalo B3:F3. Retorna a posição da cidade no intervalo (por exemplo: 3 = está na terceira coluna a partir do início do intervalo. Neste caso, seria D3)"
	=CORRESP(100 ; A3:A15 ; -1) "procurando o número 100 (ou um número maior mais próximo de 100), no intervalo A3:A15"
	=CORRESP(100 ; A3:A15 ; +1) "procurando o número 100 (ou um número menor mais próximo de 100), no intervalo A3:A15"
Pontos de atenção	A função CORRESP() é muito indicada para achar a linha ou a coluna (ou mesmo os dois) para usar com uma função ÍNDICE().

Funções de lógica

SE()	
O que faz	Baseado em um teste lógico, retorna um valor, caso uma condição seja VERDADEIRA; e outro valor, caso seja FALSA.
Quando usar	Sempre que precisar decidir por uma dentre duas respostas possíveis, baseadas em um teste lógico (resposta do tipo sim/não para uma pergunta sobre uma condição conhecida). Por exemplo: responder aprovado, se uma nota for maior ou igual a 7,0, ou reprovado, caso seja menor.
Estrutura (sintaxe)	=SE([teste lógico] ; [resposta se verdadeiro] ; [resposta se falso])
Exemplos	=SE(B3>=7 ; "aprovado" ; "reprovado") "retorna **aprovado** quando B3 for maior ou igual a 7 e **reprovado** quando B3 for menor que 7"
	=SE(B3<7 ; "reprovado" ; "aprovado") "essa função é igual à anterior, porém com a condição invertida. Observe que a ordem das respostas deve estar de acordo com o teste lógico que for feito"
Pontos de atenção	A função SE() pode ser usada de forma combinada com outras funções ou com a própria função SE() para alternar entre mais de duas respostas. No Excel 2019 foi inserida a função SES() para trabalhar com várias condições, mas ainda é pouco usada, por ter menos profissionais que a conheçam.

SES()	
O que faz	Função nova do Excel 2019 que serve para utilizar várias condições em uma função *SE()*.
Quando usar	Sempre que for necessário "aninhar" mais de uma função *SE()* (colocar uma função dentro da outra), o profissional poderá substituir por *SES()* para facilitar o uso e a leitura da função.
Estrutura (sintaxe)	*=SES([teste1] ; [verdadeiro1] ; [teste2] ; [verdadeiro2] ; [teste n] ; [verdadeiro n])*
Exemplos	*=SE(B3>=9 ; "aprovado com louvor" ; B3>=7 ; "aprovado" ;* **verdadeiro** *; "reprovado")* "retorna aprovado com louvor para notas maiores que 9, aprovado para notas maiores ou iguais a 7 e reprovado para notas menores que 7"
Pontos de atenção	Observe que as condições são testadas na sequência. Ao criar a segunda condição, considere que a primeira foi avaliada como falsa, e assim por diante. Para criar uma condição final (semelhante a "caso contrário"), use a condição *VERDADEIRO*. O Excel entenderá que sempre deve entrar nessa condição, caso nenhuma das anteriores seja verdadeira.

SEERRO()	
O que faz	Devolve uma resposta "amigável", caso uma fórmula ou função (usada como condição) gere qualquer erro.
Quando usar	Quando uma fórmula ou função tiver probabilidade de retornar um erro, e esse erro for confundir o usuário da planilha.
Estrutura (sintaxe)	*=SEERRO([fórmula ou função] ; [resposta em caso de erro])*
Exemplos	*=SEERRO(B3/B4 ; "Célula B4 não pode ser 0 (zero)")* "retorna uma mensagem caso a célula *B4* seja igual a 0 (zero), em vez de mostrar o erro do Excel #DIV/0!"
Pontos de atenção	A função *SEERRO()* sempre será usada em combinação com uma outra fórmula ou função. Caso queira devolver uma resposta com base em uma condição que não seja o erro em uma fórmula ou uma função, use a função *SE()* ou a função *SES()*.

Outras funções importantes

Essas são apenas algumas das centenas de funções que o Excel 2019 tem disponíveis. Conhecer as funções é algo muito importante no uso de planilhas, porém esse é um tema explorado com mais detalhes nos livros e cursos de Excel Avançado.

TECLAS DE ATALHO

Para cada atividade existem recursos do Excel 2019 que são mais importantes, de modo que cada profissional fará um uso um pouco diferente das planilhas. Enquanto alguns vão usar mais gráficos para resumir os dados, outros farão planilhas com mais funções, porque precisam de mais interação. Do mesmo modo, cada profissional vai precisar de mais agilidade em um tipo específico de trabalho, e é por isso que adicionamos aqui algumas **teclas de atalho** que podem te ajudar a executar seu trabalho diário com mais rapidez. Escolha aquelas que te ajudarão mais e deixe-as à mão para acelerar seu trabalho.

Teclas de função

Tecla	Descrição
F1	**F1**: exibe o painel de tarefas *Ajuda* do Excel. **Ctrl+F1**: exibe ou oculta a *Faixa de Opções*. **Alt+F1**: cria um gráfico inserido dos dados no intervalo atual. **Alt+Shift+F1**: insere uma nova planilha.
F2	**F2**: edita a célula ativa e coloca o ponto de inserção no final do conteúdo. **Shift+F2**: adiciona ou edita um comentário de célula. **Ctrl+F2**: exibe a área de visualização de impressão.
F3	**F3**: exibe a caixa de diálogo *Colar Nome*. **Shift+F3**: exibe a caixa de diálogo *Inserir Função*.
F4	**F4**: repete o último comando ou ação, se possível. **Ctrl+F4**: fecha a janela da pasta de trabalho selecionada. **Alt+F4**: fecha o Excel.
F5	**F5**: exibe a caixa de diálogo *Ir para*. **Ctrl+F5**: restaura o tamanho da janela da pasta de trabalho selecionada.
F6	**F6**: alterna entre a planilha, a *Faixa de Opções*, o painel de tarefas e os controles de zoom.
F7	**F7**: abre a caixa de diálogo *Verificar Ortografia*.
F8	**F8**: ativa ou desativa o modo estendido. **Shift+F8**: permite adicionar uma célula não adjacente ou um intervalo. **Alt+F8**: exibe a caixa de diálogo *Macro*.

Tecla	Descrição
F9	**F9**: calcula todas as planilhas em todas as pastas de trabalho abertas. **Shift+F9**: calcula a planilha ativa. **Ctrl+F9**: minimiza a janela da pasta de trabalho para um ícone.
F10	**F10**: habilita ou desabilita as dicas de teclas. **Shift+F10**: exibe o menu de atalho de item selecionado. **Ctrl+F10**: maximiza ou restaura a janela da pasta de trabalho selecionada.
F11	**F11**: cria um gráfico do intervalo atual em uma folha de Gráfico. **Shift+F11**: insere uma nova planilha. **Alt+F11**: abre o editor do Microsoft Visual Basic for Applications.
F12	**F12**: exibe a caixa de diálogo *Salvar como*.

Atalhos para mover-se pela planilha e/ou selecionar

Tecla	Descrição
Seta para cima	Mover uma célula para cima em uma planilha.
Seta para baixo	Mover uma célula para baixo em uma planilha.
Seta para esquerda	Mover uma célula para a esquerda em uma planilha.
Seta para direita	Mover uma célula para a direita em uma planilha.
CTRL + Tecla Direção	Mover para a borda do intervalo de dados atual.
CTRL + END	Mover para a última célula usada de uma planilha.
CTRL + SHIFT + END	Selecionar até a última célula de uma planilha.
CTRL + HOME	Mover para a primeira célula usada de uma planilha.
CTRL + SHIFT + HOME	Selecionar até a primeira célula de uma planilha.
Page Down	Mover para a tela de baixo da planilha.
SHIFT + Page Down	Mover para a tela de baixo da planilha, selecionando a coluna.
CTRL + Page Down	Mover para a próxima planilha da pasta de trabalho.
ALT + Page Down	Mover para a tela da direita da planilha.
Page Up	Mover para a tela de cima da planilha.

Tecla	Descrição
SHIFT + Page Up	Mover para a tela de cima da planilha, selecionando a coluna.
CTRL + Page Up	Mover para a planilha anterior da pasta de trabalho.
ALT + Page Up	Mover para a tela da esquerda da planilha.
CTRL + Barra de Espaços	Selecionar uma coluna inteira.
SHIFT + Barra de Espaços	Selecionar uma linha inteira.
CTRL + T	Selecionar a planilha inteira.

Atalhos de formatação

Tecla	Descrição
CTRL + 1	Abrir a caixa de diálogo *Formatar Células*.
CTRL + ;	Inserir a data atual na célula selecionada.
CTRL + C	Copiar os dados do intervalo selecionado.
CTRL + X	Recortar os dados do intervalo selecionado.
CTRL + V	Colar os dados do intervalo selecionado.
CTRL + ALT + V	Abrir a caixa de diálogo *Colar Especial*.
CTRL + I	Formatar a fonte como *itálico*.
CTRL + N	Formatar a fonte como **negrito**.
CTRL + S	Formatar a fonte como sublinhado.
CTRL + 5	Formatar a fonte como ~~tachado~~.

Anotações

Resolução:
exercícios propostos

A seguir, as resoluções dos exercícios propostos de cada um dos capítulos.

Capítulo 1

Exercício proposto 1: alterar fonte do cabeçalho (passo a passo)

1. No Excel, na guia *Arquivo*, escolha *Abrir*.

2. Na lista de trabalhos recentes, localize a Planilha *Alunos Excel Senac*.

3. Selecione a Célula *A1*.

4. Clique na seta à direita do botão *Cor da Fonte* e, nas *Cores Padrão*, escolha *vermelho*.

Exercício proposto 2: formatar células em amarelo (passo a passo)

1. Com a planilha *Alunos Excel Senac* aberta, selecione todas as células em que aparece a nota 10,00.

2. Para formatar várias células ao mesmo tempo, clique sobre a célula *B9*.

3. Aperte a tecla *CTRL* e segure enquanto marca as demais células com o mouse nas outras células *B13, C6, C8, C9, D8, D9, D10, D11* e *D13*.

4. Clique na seta à direita do botão *Cor de Preenchimento* e, nas *Cores Padrão*, escolha *amarelo*.

Exercício proposto 3: gravar a planilha alterando nome (passo a passo)

1. Com a planilha *Alunos Excel Senac* aberta, selecione *Arquivo*.

2. Selecione *Salvar Como*.

3. Observe que na pasta *Documentos* o Excel já sugere o mesmo nome da planilha atual.

4. Clique no campo nome e modifique para: *Alunos Excel Senac Alterada*.

5. Clique em *Salvar*.

Capítulo 2

Exercício proposto 1: adicionar comando na Barra de Ferramentas de Acesso Rápido (passo a passo)

1. No Excel, selecione a opção *Personalizar Barra de Ferramentas de Acesso Rápido* (último botão da barra no formato padrão).

2. Observe que, para adicionar este recurso, não há necessidade de ter uma planilha aberta.

3. Na lista de comandos disponíveis, selecione *Novo*.

4. Pronto! A barra já é atualizada e o botão estará disponível.

Exercício proposto 2: abrir a planilha e excluir linhas (passo a passo)

1. Na guia *Arquivo*, escolha *Abrir*.

2. Na lista de trabalhos recentes, localize a planilha *Alunos Excel Senac Alterada*.

3. Selecione a linha *13*.

4. Observe que o exercício pede para deletar duas linhas. Podemos fazer isso deletando uma a uma, mas também podemos deletar as duas ao mesmo tempo.

5. Com a linha *13* selecionada, segure a tecla *CTRL* enquanto clica sobre a linha *14*. As duas linhas ficarão selecionadas.

6. Usando o menu de contexto, selecione *Excluir*.

7. Pronto as duas últimas linhas da planilha foram excluídas.

8. Salve a planilha.

CAPÍTULO 3

Exercício proposto 1: alterar a formatação condicional (passo a passo)

1. Abra a planilha *Alunos Excel Senac*.

2. Selecione o intervalo *E3:E15*.

3. Clique em *Formatação Condicional* e observe que, ao selecionar *Regras de Realce das Células*, entre as principais opções com ícones, só aparece *É maior do que...*, mas o exercício pede faltas "iguais ou maiores que 3".

4. Selecione *Mais Regras...*.

5. Na caixa de diálogo que irá abrir, localize a opção *é maior ou igual a*.

6. Digite *3* no campo à direita, para especificar o valor.

7. Em seguida, selecione *Formatar*.

8. Selecione *Preenchimento* e escolha a cor *amarela*.

9. Finalize clicando *OK* nas duas caixas de diálogo.

Exercício proposto 2: alterar a regra Valor da Célula =10 (passo a passo)

1. Clique sobre uma das células do intervalo *B3:D15*.

2. Na guia *Página Inicial*, no grupo *Estilos*, clique em *Formatação Condicional*.

3. Em seguida, escolha *Gerenciar Regras*.

4. Na caixa de diálogo *Gerenciador de Regras de Formatação Condicional*, clique na regra *Valor da Célula = 10*.

5. Selecione *Editar Regra* e, em seguida, *Formatar*.

6. Selecione *Preenchimento* e altere a cor para *verde*.

7. Finalize clicando *OK* nas duas caixas de diálogo.

Capítulo 4

Exercício proposto 1: abrir a planilha e preparar para a impressão (passo a passo)

1. No Excel, abra a planilha *Alunos Excel Senac Alterada*.

2. Na guia *Arquivo*, selecione *Imprimir*.

3. Clique na seta à direita em *Orientação*, e altere para *Orientação Paisagem*.

4. Em seguida, clique em *Configurar Página*.

5. Selecione *Cabeçalho/rodapé*.

6. Clique na seta da opção *Cabeçalho* e localize o nome da planilha.

7. Clique na seta da opção *Rodapé*, localize *Página 1* e clique em *OK*.

8. Selecione em *Impressora* a opção *Microsoft Print to PDF*.

9. Selecione *Imprimir*.

Exercício proposto 2: salvar a planilha com senha (passo a passo)

1. Abra a planilha *Alunos Excel Senac Alterada*.

2. Na guia *Arquivo*, selecione *Informações*.

3. Em *Proteger Pasta de Trabalho*, escolha *Criptografar com Senha*.

4. Digite a senha *ABC* e confirme.

5. Observe que escolhemos uma senha em caixa alta (letras maiúsculas).

6. Confirme com *OK*.

Capítulo 5

Exercício proposto 1 – Ajustando o formato Moeda e Contábil

1. Abra a pasta de trabalho *Alunos Excel Senac* e clique na planilha *Cadastro*.

2. Selecione o intervalo *F3:H22*.

3. No grupo *Número*, clique na seta à direita no grupo *Número*.

4. Na caixa de diálogo, escolha *Moeda*.

5. Observe atentamente o formato.

6. Em seguida, repita o procedimento, mas na caixa de diálogo escolha *Contábil*.

7. Observe as diferenças.

Exercício proposto 2 – Comparando Dólar e Euro

1. Abra a pasta de trabalho *Alunos Excel Senac* e clique na planilha *Cadastro*.

2. Selecione o intervalo *F3:H22*.

3. No grupo *Número* clique na seta do campo *Formato de Número de Contabilização* (botão com o desenho do dinheiro).

4. Na lista apresentada, escolha *Dólar*.

5. Observe atentamente o formato.

6. Em seguida, repita o procedimento, mas na lista escolha *Euro*.

7. Observe as diferenças.

Capítulo 6

Exercício proposto 1: criar a planilha mensalidade (passo a passo)

1. No Excel, abra a planilha *Alunos Excel Senac*.

2. Clique em *Nova planilha*.

3. Altere o nome da nova planilha para *Mensalidade*.

4. Selecione a planilha *Descontos*.

5. Clique na parte superior esquerda da planilha para selecionar a planilha inteira.

6. Tecle *CTRL + C*.

7. Selecione a nova planilha *Mensalidade*.

8. Como no passo anterior, clique sobre o canto superior esquerdo para selecionar a planilha inteira.

9. Tecle *CTRL + V*.

10. Observe que esta ação equivale a duplicar a planilha *Desconto*. Isso poderia ser feito com *Mover ou Copiar...*

11. Selecione a célula *B2* e altere para *Valor da Mensalidade*.

12. Selecione o intervalor *B3:B5* e altere a formatação para *Formato de Número de Contabilização*.

13. Digite os valores das mensalidades *150, 160, 180*, respectivamente.

14. Pronto!

Exercício proposto 2: alterar a planilha com PROCV (passo a passo)

1. Abra a planilha *Alunos Excel Senac* e clique na planilha *Cadastro*.

2. Selecione a célula *F3*.

3. Na guia *Fórmulas*, clique em *Inserir Função*.

4. Na caixa de diálogo *Inserir Função*, escolha: Categoria *Pesquisa e Referência*.

5. Selecione a função *PROCV*.

6. Clique em *OK*.

7. **Valor_procurado:** esse é o valor da planilha *Cadastro* que usaremos para localizar o valor correspondente na planilha *Mensalidade*. Neste caso, o curso que está na célula *D3*.

8. **Matriz_tabela:** esse é o argumento que define onde procurar a correspondência do *Valor_procurado*. Neste caso, será o intervalo *$A$3:$B$5* da planilha de *Mensalidade* (como a matriz tabela será sempre a mesma, a referência deve ser ABSOLUTA "$").

9. **Núm_índice_coluna:** quantidade de colunas para a direita que queremos deslocar na planilha *Mensalidade*, depois de achar o *Valor_procurado*. Como estamos procurando o valor da mensalidade de cada curso que está na coluna *B*, temos que deslocar *2* colunas para a direita.

10. **Procurar_intervalo:** Preencheremos *FALSO* para fazer a pesquisa da Correspondência Exata.

11. Usando a *Alça de Preenchimento*, arrastamos a *PROCV* até a célula F*22*.

Capítulo 7

Exercício proposto 1: criar uma classificação na planilha Notas (passo a passo)

1. Abra a planilha *Alunos Excel Senac* e clique na planilha *Notas*.

2. Selecione o intervalo *A2:G15*.

3. Na guia *Dados*, escolha *Classificar*.

4. Na caixa de diálogo *Classificar*, escolha:

5. Classificar por *Conceito Final*.

6. Classificar em *Valores das Células*.

7. Ordem *De A a Z*.

8. Clique em *Adicionar Nível*.

9. No segundo nível, escolha:

10. Classificar por *Médias*.

11. Classificar em *Valor das Células*.

12. Ordem *Do Maior para o Menor*.

13. Clique novamente em *Adicionar Nível*.

14. Classificar por *Faltas*.

15. Classificar em *Valor das Células*.

16. Ordem *Do Menor para o Maior*.

Capítulo 8

Exercício proposto 1: criar um gráfico de Coluna 3D (passo a passo)

1. Abra a planilha *Alunos Excel Senac* e selecione a planilha *Cadastro*.

2. Selecione o intervalo *C2:C22*.

3. Com a tecla *CTRL* pressionada, selecione o intervalo *E2:E22*.

4. Selecione a guia *Inserir*.

5. No grupo *Gráficos*, selecione a opção *Inserir Gráfico de Colunas ou de Barras*.

6. Selecione o gráfico *Coluna 3D*.

7. Pronto. Arraste o gráfico para a posição desejada.

Anotações

Anotações

Sobre o autor

Roberto Sabino é pós-graduado em mercados financeiros pela Universidade Presbiteriana Mackenzie de São Paulo e graduado em tecnologia em processamento de dados pela Faculdade de Tecnologia (Fatec) de São Paulo. É consultor, professor e conteudista especializado em Office e VBA. Tem ampla vivência em projetos de desenvolvimento de sistemas com diversas linguagens, incluindo automações com VBA. Atuou como gestor de projetos, analista de negócios e engenheiro de software em instituições financeiras de grande porte. É entusiasta do uso dos recursos do Microsoft Office como aceleradores de produtividade. Sempre teve na docência uma paixão, tendo atuado como professor em diversas instituições de ensino. Tem como *hobby* inventar novas ferramentas automatizadas com VBA.

Índice geral

Alterando o gráfico 153

Alterando o Zoom de uma planilha 76

Aperfeiçoamentos gerais 211

Apresentação 9

Barra de ferramentas de acesso rápido 31

Capítulo bônus – Guia de consulta rápida e dicas 213

Classificação de dados 131

Classificação e filtragem (Capítulo 7) 129

Classificando por múltiplas colunas 133

Colaboração on-line (Capítulo 11) 199

Colar Especial 178

Como acessar a versão on-line do Excel 201

Configurar impressão 79

Congelar painéis 182

Conhecendo o Excel (Capítulo 1) 13

Copiar, colar, desfazer e refazer 37

Criando a média dos alunos 97

Criando a primeira planilha (*Alunos Excel Senac*) 16

Criando cálculos com percentual (%) 95

Criando gráficos (Capítulo 8) 147

Diferenças entre versão on-line e versão Desktop 204

Edição de dados nas células 33

Editando com colaboração on-line 207

Entendendo o versionamento do Microsoft Office 191

Estilo de Célula 175

Exercícios resolvidos 25, 40, 66, 83, 106,124,140,163

Facilidades para compartilhar 191

Filtro avançado 138

Formatação básica da planilha 18

Formatação condicional 59

Formatando as células 47

Formatando como tabela 52

Formato do capítulo 171

Funções aninhadas 184

Funções de lógica: *SE* e *SES* 115

Funções de pesquisa e referência: *PROCV* 119

Funções estatísticas: *MÁXIMO* e *MÍNIMO* 114

Funções mais usadas (Capítulo 6) 109

Funções mais utilizadas 215

Funções matemáticas 112

Gráficos em 3D 161

Incluir links 185

Inserção e exclusão de dados, linhas e colunas 35

Introdução sobre o uso de funções 111

Menus de contexto 34

Minigráficos 162

Modelos 3D 195

Modos de visualização, imprimir e salvar (Capítulo 4) 71

Muito prazer, sou o Excel 2019! 15

Novas funções 193

Novidades do Excel 2019 (Capítulo 10) 189

Novos gráficos 196

O Excel como ferramenta de desenvolvimento profissional 208

O que é a Série Informática 11

O que é e para que serve uma planilha eletrônica 15

O que é, e para que serve a colaboração on-line? 201

Ocultar e reexibir planilhas 181

Opções avançadas para *Salvar como...* 80

Outras formas de usar os recursos de classificação 135

Para cada necessidade, um modo de visualizar 73

Principais tipos de gráficos 151

Produtividade e as ferramentas de escritório 31

Proteger a planilha 173

Quando usar classificação e filtragem 131

Recursos adicionais (Capítulo 9) 169

Recursos de cálculo (Capítulo 5) 87

Recursos de escrita na tela (tinta) 196

Recursos de formatação (Capítulo 3) 45

Recursos de produtividade (Capítulo 2) 29

Recursos de revisão 183

Referências a outras planilhas 104

Referências relativas *versus* referências absolutas 100

Resolução: exercícios propostos 229

Salvando a planilha 23

Teclas de atalho 225

Tipos de filtros diferentes 137

Usando fórmulas e funções 89

Usando gráficos recomendados 149

Usando múltiplos modos de visualização 75

Usando o OneDrive 205
Utilizando os filtros 135
Validação de dados 171
Visualizando os dados graficamente 149